大数据时代公共管理创新模式探索

袁迪嘉 著

北京工业大学出版社

图书在版编目（CIP）数据

大数据时代公共管理创新模式探索 / 袁迪嘉著．—北京：北京工业大学出版社，2021.9
　ISBN 978-7-5639-8087-1

Ⅰ．①大… Ⅱ．①袁… Ⅲ．①公共管理－创新管理－研究 Ⅳ．① D035-0

中国版本图书馆 CIP 数据核字（2021）第 197651 号

大数据时代公共管理创新模式探索
DASHUJU SHIDAI GONGGONG GUANLI CHUANGXIN MOSHI TANSUO

著　　者：	袁迪嘉
责任编辑：	张　娇
封面设计：	知更壹点
出版发行：	北京工业大学出版社
	（北京市朝阳区平乐园 100 号　邮编：100124）
	010-67391722（传真）　　bgdcbs@sina.com
经销单位：	全国各地新华书店
承印单位：	涿州汇美亿浓印刷有限公司
开　　本：	710 毫米 ×1000 毫米　1/16
印　　张：	12.5
字　　数：	250 千字
版　　次：	2022 年 7 月第 1 版
印　　次：	2022 年 7 月第 1 次印刷
标准书号：	ISBN 978-7-5639-8087-1
定　　价：	78.00 元

版权所有　　翻印必究

（如发现印装质量问题，请寄本社发行部调换 010-67391106）

作者简介

袁迪嘉，男，四川省乐山市人，管理学博士，毕业于四川大学。现为四川师范大学全球治理与区域国别研究院助理研究员。研究方向：边疆政治、公共管理、边疆治理、国际关系。主持或参与国家级和省级社科课题研究三项，发表中文核心期刊论文多篇，曾获得国家级优秀论文成果奖。

前　言

随着经济的飞速发展，各项科学技术研究取得了重大突破，我国已全面迎来了大数据时代，公共管理模式创新已成为当下必须重视的问题。在大数据广泛应用的背景下，公共管理的各项工作需要顺应时代发展潮流，相关部门需要积极应用大数据来促进公共管理工作水平的提高，从而保证公共管理工作的进一步优化，以促进社会可持续发展。

本书共五章。第一章为大数据，包括大数据的概念及发展历程、大数据产生的背景、大数据的主要内容、大数据的相关理论、大数据时代的特征等内容；第二章为公共管理，包括公共管理的内涵，公共管理产生的背景，公共管理的主体、价值观念和职能等内容；第三章为大数据时代公共管理的现状，包括我国公共管理的运行现状、世界主要发达国家公共管理应用大数据的情况、大数据时代公共管理面临的机遇与挑战等内容；第四章为大数据时代公共管理的实践，包括大数据时代网络舆情的公共管理、大数据时代乡村振兴背景下农村的公共管理、大数据时代高校的公共管理、大数据时代公共管理专业人才培养等内容；第五章为大数据时代公共管理创新模式的应用与思考，包括大数据时代公共管理领域存在的问题、大数据时代公共管理创新发展的意义、大数据时代公共管理创新模式发展的路径等内容。

本书结构合理，条理清晰，内容丰富新颖，是一本值得学习和研究的著作。在撰写本书的过程中，笔者参考了大量文献资料，在此向涉及的专家、学者表示衷心的感谢。另外，由于时间仓促，加之笔者水平不足，本书尚存在一些疏漏之处，敬请读者朋友批评指正。

目　录

第一章　大数据 ··· 1
第一节　大数据的概念及发展历程 ································ 1
第二节　大数据产生的背景 ······································ 13
第三节　大数据的主要内容 ······································ 16
第四节　大数据的相关理论 ······································ 23
第五节　大数据时代的特征 ······································ 33

第二章　公共管理 ··· 42
第一节　公共管理的内涵 ·· 42
第二节　公共管理产生的背景 ···································· 58
第三节　公共管理的主体、价值观念和职能 ························ 63

第三章　大数据时代公共管理的现状 ···························· 94
第一节　我国公共管理的运行现状 ································ 94
第二节　世界主要发达国家公共管理应用大数据的情况 ·············· 99
第三节　大数据时代公共管理面临的机遇与挑战 ··················· 107

第四章　大数据时代公共管理的实践 ··························· 111
第一节　大数据时代网络舆情的公共管理 ························· 111
第二节　大数据时代乡村振兴背景下农村的公共管理 ··············· 126
第三节　大数据时代高校的公共管理 ····························· 135
第四节　大数据时代公共管理专业人才培养 ······················· 149

第五章 大数据时代公共管理创新模式的应用与思考 …………… 162

　　第一节 大数据时代公共管理领域存在的问题 ……………… 162

　　第二节 大数据时代公共管理创新发展的意义 ……………… 168

　　第三节 大数据时代公共管理创新模式发展的路径 ………… 174

参考文献 ……………………………………………………………… 190

第一章 大数据

随着信息技术的快速发展，海量的数据已经成为社会最具价值的财富。移动互联网和物联网技术使信息传播极其迅速，大数据开始蔓延到社会的各行各业，从而影响着人们的学习、工作、生活，以及社会的发展。大数据技术的应用场景也越来越广泛，从市场营销到产品设计，从市场预测到决策支持，从效能提升到运营管理，世界已经进入大数据时代。本章主要包括大数据的概念及发展历程、大数据产生的背景、大数据的主要内容、大数据的相关理论、大数据时代的特征等内容。

第一节 大数据的概念及发展历程

大数据开启了一次重大的时代转型。大数据在短短的数年之内，从少数科学家的主张，转变为全球领军公司的战略实践，继而上升为大国的竞争战略，形成一股无法忽视、无法回避的历史潮流。互联网、物联网、云计算、智慧城市正在使数据飞速增长，一个与物理空间平行的数字空间正在形成。在新的数字世界当中，数据成为最宝贵的生产要素，顺应趋势、积极谋变的国家将成为新的领军者，墨守成规的国家将逐渐被边缘化，失去竞争的活力和动力。毫无疑问，大数据正在开启一个崭新的时代。

一、大数据的概念与特征

大数据本身是一个抽象的概念。从一般意义上讲，大数据是指无法在有限时间内用常规软件工具对其进行获取、存储、管理和处理的数据集合。

（一）狭义的大数据的概念

受早期研究者将数据作为一种工具的思想的影响，很多研究机构和学者将大数据作为一种辅助工具或者从其体量特征来进行定义。有分析师认为，大数据超过了在正常的时间内和在常用硬件的环境下，常规的软件工具计算、分析相关数据的能力。作为大数据研究先驱者的麦肯锡咨询公司，在2011年其有关大数据的研究报告中根据大数据的数据规模来对其进行诠释，给出了定义，即大数据指的是规模已经超出了传统的数据库软件工具收集、存储、管理和分析能力的数据集。需要指出的是，麦肯锡咨询公司在其报告中强调，并不是超过某一个特定的数据容量才能定义为大数据，因为随着技术的不断进步，其数据容量也会不断地增长，行业的不同也会使大数据的定义不同。

电子商务行业的亚马逊公司有专业的大数据分析专家，这些专家将大数据定义为，超过了一台计算机的设备、软件等的处理能力的数据量。

日本野村综合研究所的著名学者城田真琴在其专著《大数据的冲击》中通过对大数据的起源进行探讨，对大数据做出如下定义：大数据指的是运用现有的一般技术难以进行管理的大量数据的集合。

简而言之，对于大数据狭义的理解，研究者大多从微观的视角出发，将大数据理解为当前的技术环境难以处理的一种数据集或者能力。而在宏观方面，研究者目前还没有提出一种明确的看法，只有一些人提出了对于大数据的宏观理解。我们需要注意大数据在不同行业领域的差异，以及随着技术进步，数据容量不断增长的特点。

（二）广义的大数据的概念

广义的大数据的概念是以对大数据进行分析管理，挖掘数据背后所蕴含的巨大价值为视角，对大数据的概念进行定义的。维基百科对大数据给出的定义是，大数据或称为巨量数据、大资料，指的是所涉及的数据规模巨大到无法通过当前的技术软件和工具在一定的时间内进行截取、管理、处理，并整理成为需求者所需要的信息。

被誉为"大数据时代的预言家"的迈尔－舍恩伯格在其专著《大数据时代：生活、工作与思维的大变革》中将大数据定义为，大数据是人们获得新的认知、创造新的价值的源泉。大数据还为改变市场、组织机构，以及政府与公民关系服务。大数据是人们在大规模数据的基础上可以做到的事情，而这些事情在小规模的数据基础上是无法完成的。

国际商业机器公司（IBM）是从大数据的特征出发对其进行定义的，其认为大数据具有3V特征，即规模性（Volume）、多样性（Variety）和高速性（Velocity），故大数据是指具有容量难以估计、种类难以计数且增长速度非常快的数据。互联网数据中心（IDC）则在IBM的基础上，根据自己的研究，将3V特征发展为4V特征，即数据规模巨大（Volume），数据类型多样（Variety），数据的产生、处理、分析速度快（Velocity），数据的价值难以估测（Value）。所以，IDC 认为，大数据指的是规模巨大，类型多样，数据的产生、处理、分析速度快，需要数据库软件进行管理，且能够给使用者带来巨大价值的数据集。

通过对大数据的定义进行梳理我们可以发现，大多数研究机构和学者是从数据的规模，以及对于数据的处理方式来对大数据进行定义的，且多是从自身的研究视角出发的，因此对于大数据的定义，可谓仁者见仁，智者见智。

本书在参考了学术领域各个研究机构、行业以及企业对大数据的定义的基础上，将大数据定义为，在信息爆炸时代所产生的巨量数据或海量数据，并由此引发的一系列技术及认知观念的变革。它不仅仅是一种数据分析、管理以及处理方式，也是一种知识发现的逻辑，通过将事物量化成数据，对事物进行数据化的研究分析。大数据具有客观性、可靠性，其既是一种认识事物的新途径，又是一种创新发现的新方法。

（三）大数据的特征

目前，业界对大数据还没有一个统一的定义，人们普遍认为，大数据具备数据体量巨大、数据速度快、数据类型繁多和数据价值密度低四个特征，即 Volume、Velocity、Variety 和 Value，简称"4V"，如图 1-1 所示。下面分别对每个特征进行简要描述。

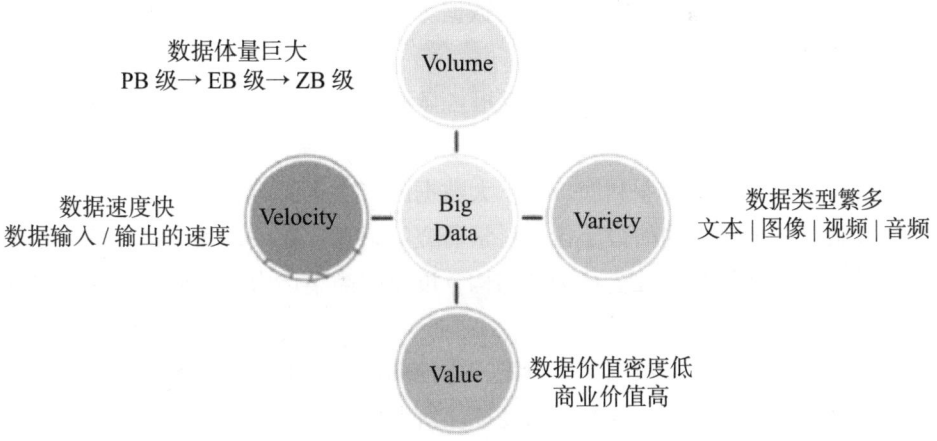

图 1-1 大数据的特征

①数据体量巨大（Volume）：表示大数据的数据体量巨大。数据集合的规模不断扩大，已经从 GB 级增加到 TB 级再增加到 PB 级。近年来，数据量甚至开始以 EB 和 ZB 来计数。例如，一个中型城市的视频监控信息一天就能达

到数十 TB 的数据量。百度首页导航每天需要提供的数据超过 1.5 PB，如果将这些数据打印出来，会用超过 5 000 亿张 A4 纸。

②数据速度快（Velocity）：表示大数据的数据产生、处理和分析的速度在持续加快。加速的原因是数据创建的实时性特点，以及将流数据结合到业务流程和决策过程中的需求。数据处理速度快，处理模式已经开始从批处理转向流处理。业界对大数据的处理能力有一个称谓——"1 秒定律"，也就是说，人们可以从各种类型的数据中快速获得高价值的信息。大数据的快速处理能力充分体现出它与传统的数据处理技术的本质区别。

③数据类型繁多（Variety）：表示大数据的数据类型繁多。传统产业产生和处理的数据类型较为单一，大部分是结构化数据。随着传感器、智能设备、社交网络、物联网、移动计算、在线广告等新的渠道和技术不断涌现，产生的数据类型无以计数。现在的数据类型不再只是格式化数据，更多的是半结构化或者非结构化数据，如邮件、博客、即时消息、视频、照片、点击流、日志文件等。企业需要整合、存储和分析来自复杂的传统和非传统信息源的数据，包括企业内部和外部的数据。

④数据价值密度低（Value）：表示大数据的数据价值密度低。大数据由于体量不断加大，单位数据的价值密度在不断降低，然而数据的整体价值在增加。以监控视频为例，在一小时的视频中，有用的数据可能仅仅只有一两秒，却是非常重要的。现在许多专家已经将大数据等同于黄金和石油，这表示在大数据当中蕴含了无限的商业价值。

根据中商产业研究院发布的研究报告显示，2017 年中国大数据产业规模达到 4 700 亿元，同比增长 30%。通过对大数据进行处理，找出其中潜在的商业价值，将会产生巨大的商业利润。当下大数据的产生主要与人类社会生活网络结构的复杂化、生产活动的数字化、科学研究的信息化相关，其意义和价值在于可帮助人们解释复杂的社会行为和结构，以及提高生产力，进而丰富人们发现自然规律的手段。

从本质上来说，大数据具有以下三方面的内涵，即大数据的"深度"、大数据的"广度"以及大数据的"密度"。所谓"深度"是指单一领域数据汇聚的规模，可以进一步理解为数据内容的"维度"；"广度"是指多领域数据汇聚的规模，侧重体现在数据的关联、交叉和融合等方面；"密度"是指时空维度上数据汇聚的规模，即数据积累的"厚度"以及数据产生的"速度"。

面对不断涌现的大数据应用，数据库乃至数据管理技术面临新的挑战。传统的数据库技术侧重考虑数据的"深度"问题，主要解决数据的组织、存储、查询和简单分析等问题。数据管理技术在一定程度上考虑了数据的"广度"和"密度"问题，主要解决数据的集成流处理、图结构等问题。这里提出的大数据管理是要综合考虑数据的"广度""深度""密度"等问题，主要解决数据的获取、抽取、集成、复杂分析、解释等技术难点。因此，与传统数据管理技术相比，大数据管理技术难度更大，数据处理的"战线"更长。

二、大数据的发展历程

（一）大数据在国外的发展历程

大数据的历史最早可以追溯到18世纪，美国统计学家赫尔曼·霍尔瑞斯为了统计1890年的人口普查数据，发明了一台电动器来读取卡片上的洞数，该设备让美国用一年时间就完成了原本耗时8年的人口普查活动，由此在全球范围内开创了数据处理的新纪元。

1944年，卫斯理大学图书馆员弗莱蒙特·雷德对大数据时代的到来进行了预见。他出版了《学者与研究型图书馆的未来》一书，在书中他认为美国高校图书馆的规模每16年就翻一番。

1961年，普赖斯出版了《巴比伦以来的科学》。在这本书中，普赖斯通过观察科学期刊和论文的增长规律来研究科学知识的增长。他得出以下结论：新期刊的数量以指数方式增长而不是以线性方式增长，每15年翻一番，每50年以10为指数倍增长。普赖斯将其称为"指数增长规律"。

1980年，特詹姆斯兰德在第四届美国电气和电子工程师协会大规模存储系统专题研讨会上做了一个报告，报告题为《我们该何去何从？》。在该报告中，他指出所有数据正在被无选择地保存以避免错失有价值的信息。

1981年，匈牙利中央统计办公室开始实施了一项调查国家信息产业的研究项目，包括以比特为单位计量信息量。这项研究一直持续至今。

1986年，哈尔·B.贝克尔在《数据通信》上发表了《用户真的能够以今天或者明天的速度吸收数据吗？》一文，预计数据记录密度将大幅增长。

1993年，匈牙利中央统计办公室首席科学家伊斯特万·迪恩斯编制了一本国家信息账户的标准体系手册。

1997年，迈克尔·考克斯和大卫·埃尔斯沃思在第八届美国电气和电子工程师协会关于可视化的会议论文集中发表了《为外存模型可视化而应用控制程序请求页面调度》的文章。这是在美国计算机学会的数字图书馆中大数据发展历程综述第一篇使用"大数据"这一术语的文章。

1999年8月，史蒂夫·布赖森、大卫·肯怀特、迈克尔·考克斯、大卫·埃尔斯沃思以及罗伯特·海门斯在《美国计算机协会通讯》上发表了《千兆字节数据集的实时性可视化探索》一文。这是《美国计算机协会通讯》上第一篇使用"大数据"这一术语的文章。

2001年，美国一家在信息技术研究领域具有权威地位的高德纳咨询公司首次开发了大数据模型。

2001年，梅塔集团分析师道格·莱尼发布了一份研究报告，报告题为《3D数据管理：控制数据容量、处理速度及数据种类》。十年后，3V作为定义大数据的三个维度而被广泛接受。

2005年，海杜普（Hadoop）项目诞生。Hadoop是由多个软件产品组成的一个生态系统，这些软件产品共同实现全面功能和灵活的大数据分析。

2007年，著名图灵奖获得者吉姆·格雷在一次演讲中提出，"数据密集型科学发现"将成为科学研究的第四范式。

2008年末，"大数据"得到部分美国知名计算机科学研究人员的认可，业界组织计算社区联盟，发表了一份有影响力的白皮书《大数据计算在商务、科学和社会领域创建革命性突破》。它使人们的思维不仅局限于数据处理的机器。此组织可以说是最早提出大数据概念的机构。

2008年，在谷歌公司成立十周年之际，著名的《自然》杂志出版了一期专刊，专门讨论未来的大数据处理相关的一系列技术问题和挑战，其中就提出了"大数据"的概念。

大约从2009年开始，"大数据"逐渐成为互联网信息技术行业的流行词汇。

2009年，印度政府建立了用于身份识别管理的生物识别数据库，联合国全球脉冲项目已研究了对如何利用手机和社交网站的数据源来分析和预测从螺旋价格到疾病暴发之类的问题。美国政府通过启动大数据相关网站的方式进一步开放了数据的大门，网站向公众提供各种各样的政府数据，这一行动促使各国政府相继推出类似举措。

2010年2月，肯尼斯·库克尔在《经济学人》上发表了长达14页的大数据专题报告《数据，无所不在的数据》。库克尔在报告中提到，世界上有着无法想象的巨量数字信息，并以极快的速度增长。科学家和计算机工程师已经为这个现象创造了一个新词汇——大数据。库克尔也因此成为最早预测大数据时代趋势的数据科学家之一。

2010年12月，美国总统办公室下属的科学技术顾问委员会（PCAST）和信息技术顾问委员会（PITAC）向奥巴马和国会提交了一份《规划数字化未来》

的战略报告，把大数据收集和使用的工作提升到体现国家意志的战略高度。

2011年5月，麦肯锡咨询公司的全球研究院发布了一份报告——《大数据：创新、竞争和生产力的下一个新领域》。大数据开始备受关注，这也是专业机构第一次全方面介绍和展望大数据。

2012年，在瑞士达沃斯召开的世界经济论坛上，大数据是主题之一，在该会议上发布的报告《大数据，大影响》宣称，大数据已经成为一种新的经济资产类别。

2012年，在美国总统选举中，那些精于数字计算的数据挖掘团队把传统的投票放在一边不用，而是利用大数据来规划这次选举将如何进行。如利用房产记录、选举记录甚至是期刊的订阅记录等来预测人们对候选人的看法，这些看法是否能被改变，以及为此要采取怎样的措施等。

2012年3月，美国奥巴马政府在白宫网站上发布了《大数据研究和发展倡议》，这一倡议标志着大数据已经成为重要的时代特征。

2012年3月22日，奥巴马政府宣布将2亿美元（1美元≈6.3199元人民币）投资于大数据领域，这是大数据技术从商业行为上升到国家科技战略的重要举措。在之后的电话会议中，政府对大数据的定义是"未来的新石油"，大数据技术领域的竞争，事关国家安全和未来。

2012年4月，美国软件公司Splunk在纳斯达克成功上市，成为第一家上市的大数据处理公司。Splunk的成功上市促进了资本市场对大数据的关注，同时也促使厂商加快大数据布局。

2012年7月，联合国在纽约发布了一本关于大数据政务的白皮书《大数据促发展：挑战与机遇》，全球大数据的研究和发展进入了前所未有的高潮。这本白皮书总结了各国政府如何利用大数据响应社会需求，指导经济运行，更好地为人民服务，并建议成员国挖掘大数据的潜在价值。

2014年4月，世界经济论坛以"大数据的回报与风险"为主题发布了《全球信息技术报告（第13版）》。该报告认为，在未来几年中针对各种信息通信技术的政策甚至会更加重要，接下来世界各国将对数据保密和网络管制等议题展开积极讨论。

2014年5月，美国白宫发布了有关全球大数据的研究报告《大数据：抓住机遇、保存价值》。该报告鼓励使用数据推动社会进步，同时需要相应的框架、结构与研究，来帮助美国人对于保护个人隐私、确保公平或是防止歧视方面坚定信仰。

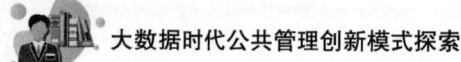

由于大数据技术的特点和重要性，目前国内外已经出现了"数据科学"的概念，即数据处理技术将成为一个与计算科学并列的新的科学领域。

（二）大数据在国内的发展历程

为了紧跟全球大数据技术的发展浪潮，我国政府、学术界和工业界对大数据也予以了高度的关注。工信部发布的物联网"十二五"规划中，把信息处理技术作为四项关键技术创新工程之一提出来，其中包括了海量数据存储、数据挖掘、图像视频智能分析，这都是大数据的重要组成部分。

2012年7月，为挖掘大数据的价值，阿里巴巴集团在管理层设立"首席数据官"一职，负责全面推进"数据分享平台"战略，并推出大型的数据分享平台"聚石塔"，为天猫、淘宝平台上的电商及服务商等提供数据云服务。随后，阿里巴巴集团创始人马云在2012年网商大会上发表演讲，称从2013年1月1日起该集团将转型重塑为平台、金融和数据三大业务。阿里巴巴集团也是最早提出数据化运营的企业。

为了推动我国大数据技术的研究发展，2012年，中国计算机学会（CCF）发起组织了CCF大数据专家委员会。CCF大数据专家委员会还特别成立了一个大数据技术发展战略报告撰写组，对中国大数据技术与产业发展进行研究。

2013年，中央电视台邀请了《大数据时代：生活、工作与思维的大变革》的作者迈尔－舍恩伯格以及美国大数据存储技术公司LSI总裁阿比，做了两期大数据专题谈话节目"谁在引爆大数据""谁在掘金大数据"。国家级媒体对大数据的关注和宣传体现了大数据技术已经成为国家和社会普遍关注的焦点。国内的学术界和工业界也都迅速行动，广泛开展大数据技术的研究和开发。

2013年以来，国家自然科学基金等重大研究计划都已经把大数据研究列为重大的研究课题。国家实验室也成立了数据科学院，并于2014年12月22日举办了"大数据论坛——数据科学与技术"，对大数据发展战略和各大数据专项进行了探讨。

（三）大数据的发展趋势

作为继移动互联网和云计算后的一大热点关键词，大数据成为一种资源、一种工具，其以后的发展趋势也为各个行业领域所关注。根据互联网数据中心预测，大数据行业每年以40%的速度高速增长，由其发展所引起的相关行业市场规模以每年翻一番的速度进行扩大。对于大数据的话题讨论也逐渐从最初大数据的内涵、特征转移到如何利用、挖掘大数据背后巨大的、潜在的价值。

未来的大数据发展具有哪些趋势？行业领域如何把握新的机遇、实现可持续发展？这些都值得我们进行思考。

趋势一：可视化推动大数据平民化。

近几年来，"大数据"这一概念迅速深入人心，公众直接看到的大数据更多是以可视化的方式呈现的。可视化实际上已经极大地拉近了大数据和普通公众之间的距离，即使是对IT技术不了解的普通公众和非技术专业的常规决策者也能够更好地理解大数据及其分析的价值，从而可以从国计和民生两方面充分发挥大数据的价值。

可视化是通过把复杂的数据转化为可以交互的图形，帮助用户更好地理解和分析数据对象，发现、洞察其内在规律。数据是人类对于客观事物的抽象表述，人类对于数据的理解和掌握是需要经过学习训练才能实现的。理解更为复杂的数据必须要越过更高的认知壁垒，才能对客观数据对象建立相应的心理图像，完成认知理解过程。好的可视化能够极大地降低这个认知壁垒，将复杂未知数据的交互探索变得可行。对大数据走向平民来说，可视化技术的进步和广泛应用的意义是双向的。一方面，可视化作为人和数据之间的界面，结合其他数据分析处理技术，为广大使用者提供了强大的理解、分析数据的能力。可视化使大数据能够被更多人理解、使用，使大数据的使用者从少数专家扩展到更广泛的公众。另一方面，可视化也为公众提供了方便的工具，可以主动分析处理与个人工作、生活、环境有关的数据。多年前，可视化研究已经开始讨论为大众服务的可视化。在今天的大数据背景下，可视化将进一步推动大数据平民化。在这一过程中，我们亟须更方便且满足大众使用需要的可视化方法和工具。可视化也将进一步和个人使用的移动通信设备（手机）相结合。在这一过程中，将有更多面向大众的大数据可视化公司涌现出来。

趋势二：多学科融合与数据科学的兴起。

很多与大数据相关的专门实验室、专项研究院所相继出现，一些专门著作纷纷出版，人们认为数据科学的雏形已经出现。大数据并不是简单的"大的数据"。在近些年对大数据的阐述中，至少有两种典型的论述：一种是点出"小数据"的重要性；另一种是去掉"大"字而强调"数据"本身，强调数据科学、数据技术、数据治理、数据产业等。大数据技术是多学科、多技术领域的融合，数学和统计学、计算机类技术、管理类理论等都有涉及，大数据应用更是与多领域产生交叉。这种多学科之间的交叉融合，呼唤并催生了专门的基础性学科——数据学科。基础性学科的夯实将让学科的交叉融合更趋完美。

在大数据领域,从表面上看,许多相关学科研究的方向大不相同,但是从数据的视角来看其实是相通的。随着社会的数字化程度逐步加深,越来越多的学科在数据层面上趋于一致,可以采用相似的方法进行统一研究。从事大数据研究的人不仅包括计算机领域的科学家,也包括数学等领域的科学家。

趋势三:大数据安全与隐私问题令人忧虑。

大数据的安全和隐私问题一直以来是各行业组织所担忧的问题,这样的担忧至少包括以下三方面。

第一,大数据所受到的威胁也就是常说的安全问题。这里并不是指利用大数据进行安全分析的"安全大数据"应用,而是指当大数据技术、系统和应用聚集了大量价值的时候,必将成为被攻击的目标。虽然现在影响巨大的、针对大数据的攻击还没有出现,但是可以预见这样的攻击未来会发生。

第二,大数据的滥用所带来的问题,比较典型的就是个人隐私泄露的问题。在传统采集分析模式下,很多本来得到保护的隐私在大数据分析能力下面临被泄漏的危机。类似的问题还包括大数据分析能力带来的商业秘密泄露和国家机密泄露。

第三,心智和意识上的安全问题。这包括两个方面:一方面是忽视安全问题的盲目乐观;另一方面是过度担忧所带来的对于大数据应用发展的制约。比如,大数据分析对隐私保护的副作用促使大家必须对隐私保护的接受程度有一个新的认识和调整。

大数据技术分别作用在业务、威胁、保障措施三个要素上,带来保护大数据、对抗大数据级威胁、大数据用于安全三方面的安全发展空间。

趋势四:新热点融入大数据多样化处理模式。

大数据的处理模式更加多样化,Hadoop 不再成为构建大数据平台的必然选择。在应用模式上,大数据处理模式持续丰富,批量处理、流计算、交互式计算等技术面向不同的需求,将持续丰富和发展;在实现技术上,内存计算将继续成为提高大数据处理性能的主要手段,相对于传统的硬盘处理方式而言,前者在性能上有了显著提升。特别是开源项目 Spark,目前已经被大规模应用于实际业务环境中,并发展成为大数据领域最大的开源社区。Spark 拥有流计算、交互查询、机器学习、图计算等多种计算框架,支持 Java、Scala、Python 等语言接口,使数据使用效率大大提高,吸引了众多开发者和应用厂商的关注。值得说明的是,Spark 系统可以基于 Hadoop 平台构建,也可以不依赖于 Hadoop 平台独立运行。

很多新的技术热点持续地融入大数据的多样化模式中,目前不会有一统天下的唯一模式。从 2015 年中国大数据技术大会众多技术论坛的安排也可以看到这种多样化态势。技术各有千秋，形成一个更加多样、平衡的发展路径，也可满足大数据的多样化需求。中国计算机学会大数据专家委员会的专家认为，这样的态势还会持续下去。

趋势五：大数据社会治理和民生领域应用。

基于大数据的社会治理成为业界关注热点，涉及智慧城市、应急、税收、反恐、农业等多个领域。大数据从来都是应用驱动、技术发力，在最易获得大数据应用成果的互联网环境之后，大数据走向国计民生领域成为必然趋势。国计与民生并不互斥，涉及民生的国计将是快速发展的热点中的热点。比如，医疗健康等都与百姓生活密切相关，同时也是国家大计。

趋势六：《促进大数据发展行动纲要》驱动产业生态。

国务院在 2015 年 8 月 31 日印发了《促进大数据发展行动纲要》（以下简称"纲要"）。纲要明确指出了大数据的重要意义，大数据成为推动经济转型发展的新动力、重塑国家竞争优势的新机遇、提升政府治理能力的新途径。纲要还清晰地提出了大数据发展的主要任务：加快政府数据开放共享，推动资源整合，提升治理能力；推动产业创新发展，培育新兴业态，助力经济转型；强化安全保障，提高管理水平，促进健康发展。纲要还提出了组织、法规、市场、标准将对大数据的发展起到重大的推动作用，成为产业快速发展的催化剂和政策标杆，而各个地方政府一定会出台类似的配套政策。在中央和地方的政策推动下，政府的大数据专项扶植政策和一些相关政策（如"大众创业、万众创新"的"双创"政策）集中出台。

政府牵引产业生态，带动数据共享交换。政府带动的数据共享将成为数据流转的原动力，让数据开放共享、交换交易成为产业生态的新态势，政策让数据流转起来。国有和民间资本的集中注入，大数据相关的基础设施建设的投入，使政策和市场双重发力，让资金流转起来。政府牵引的产业生态发展成为大数据发展历程中的突出特点。

趋势七：深度分析推动大数据智能应用。

在技术方面，深度分析会继续成为一个代表，推动整个大数据智能的应用。这里谈到的智能，尤其强调的是涉及人的相关能力延伸，如决策预测、精准推荐等。这些涉及人的思维、影响、理解的延伸，都将成为大数据深度分析的关键应用方向。相比于传统机器学习算法，深度学习提出了一种让计算机自动学习产生特征的方法，并将特征学习融入模型建立的过程中，从而减少了人为设计特征导致的不完善问题。深度学习借助深层次神经网络模型，能够更加智能地提取数据不同层次的特征,对数据进行更加准确、有效的表达。而且训练样本数量越大,深度学习算法相对于传统机器学习算法就越有优势。

目前,深度学习已经在容易积累训练样本数据的领域,如图像分类、语言识别、问答系统等应用中获得了重大突破,并取得了成功的商业应用。随着越来越多的行业和领域逐步完善数据的采集和存储,深度学习的应用会更加广泛。当然,在分析领域,也并不会是深度学习一统天下的局面。由于大数据应用的复杂性,多种方法的融合将成为常态。

趋势八:数据权属与数据主权备受关注。

数据权属与数据主权被高度关注,在个人和一般机构看来是数据权属问题,从国家层面看来是数据主权问题。大数据凸显了数据的巨大价值。而数据的权属问题并不是传统的财产权、知识产权等可以涵盖的权属问题。数据成为国家之间争夺的资源,数据主权成为网络空间主权的重要形态。数据成为重要的战略资源。人口红利、自然资源、经济实力、文化优势等都纷纷体现为数据资源储备和数据服务影响力。而数据资源化、价值化是数据权属问题和数据主权问题的根源。过度关注数据权属并仿照财产权或知识产权模式对数据增加过多的限制,不利于大数据的发展。在商业层面和科研层面,现阶段应当看淡一些数据权属问题,而在国家层面,应当积极推行数据主权认识,并且鼓励数据进口,适当限制数据出口。

趋势九:互联网、金融、健康保持热度,智慧城市、企业数据化、工业大数据是新增长点。

我国大数据应用领域最早取得成果的就是互联网应用(包括电子商务等),而持续受到高度关注的应用领域还包括金融和健康,互联网、金融、健康可称为大数据应用领域的"老三样"。而智慧城市、企业数据化、工业大数据则成为新的增长点,这"新三样"就是城市、企业、工业的数据化,或者说是城市生活、企业贸易和管理、工业生产过程的数据化。"新三样"是一种更广泛的应用领域覆盖。

趋势十:开源、测评、大赛催生良性人才与技术生态。

大数据是应用驱动、技术发力,技术与应用一样至关重要。决定技术的是人才以及技术生产方式。开源系统将成为大数据领域的主流技术和系统选择。以 Hadoop 为代表的开源技术拉开了大数据技术的序幕,大数据应用的发展又促进了开源技术的进一步发展。开源技术的发展降低了数据处理的成本,引领了大数据生态系统的蓬勃发展,同时也给传统数据库厂商带来了挑战。新的替代性技术都是新技术生态对于旧技术生态的侵蚀、拓展和进化。对数据处理的能力、性能等进行测试、评估、比对的第三方形态出现,并逐步成为热点。相对公正的技术评价有利于优秀技术占领市场,驱动优秀技术的研发生态。各类创业创新大赛纷纷举办,大赛为人才的培养和选拔提供了新模式。各类创业创新大赛完善了人才生态。

未来大数据产业技术发展的趋势预测可以简单解读为四个关键词:一是"民生",在众多的大数据相关应用中,相对来说,与民生相关的大数据可能会得到更快的发展,如医疗健康、社会治安、环境保护等;二是"多样性和融合性",包括技术模式融合、产业融合等各方面的融合;三是"政策拉动";四是"生态",产业生态、技术生态等生态的构建是发展的大环境。

第二节　大数据产生的背景

大数据时代悄然来临,带来了信息技术发展的巨大变革,并深刻影响着社会生产和人民生活的方方面面。在全球范围内,世界各国政府均高度重视大数据技术的研究和产业发展,纷纷把大数据上升为国家战略加以重点推进。企业和学术机构纷纷加大技术、资金和人员投入力度,加强对大数据关键技术的研发与应用,以期在第三次信息化浪潮中占得先机,引领市场。大数据已经不是"镜中花、水中月",它的影响力和作用力正迅速触及社会的每个角落,所到之处,或是颠覆,或是提升,都让人们深切感受到了大数据实实在在的威力。

一、第三次信息化浪潮

第三次信息化浪潮涌动,大数据时代全面开启。人类社会信息科技的发展为大数据时代的到来提供了技术支撑,而数据产生方式的变革是促进大数据时代到来至关重要的因素。

20世纪80年代,个人计算机(PC)开始普及,使计算机走入企业和千家万户,大大提高了社会生产力,也使人类迎来了第一次信息化浪潮,苹果、微软、联想等企业就是这个时期的标志。20世纪90年代,人类开始全面进入互联网时代,互联网的普及把世界变成"地球村",每个人都可以自由徜徉于信息的海洋中,由此,人类迎来了第二次信息化浪潮,这个时期也缔造了雅虎、谷歌、阿里巴巴、百度等互联网巨头。21世纪初期,云计算、大数据、物联网的快速发展拉开了第三次信息化浪潮的大幕,大数据时代已经到来,也涌现出一批新的市场标杆企业。

二、信息科技为大数据时代提供技术支撑

信息科技需要解决信息存储、信息传输和信息处理三个核心问题，人类社会在信息科技领域的不断进步为大数据时代的到来提供了技术支撑。

（一）存储设备容量不断增加

数据被存储在磁盘、磁带、光盘、闪存等各种类型的存储介质中，随着科学技术的不断进步，存储设备的制造工艺不断升级，容量大幅增加，速度不断提升，价格却在不断下降。

早期的存储设备容量小、价格高、体积大。例如，IBM 在 1956 年生产的一个早期的商业硬盘，容量只有 5 MB，不仅价格昂贵，而且体积有一个冰箱那么大。相反，今天容量为 1 TB 的硬盘，大小只有 3.5 英寸（约 88.9 厘米），读写速度达到每秒 200 MB，价格仅为 400 元左右。廉价、高性能的硬盘存储设备，不仅提供了海量的存储空间，同时大大降低了数据存储成本。与此同时，以闪存为代表的新型存储介质也开始得到大规模的普及和应用。闪存是一种新兴的半导体存储器，从 1989 年诞生第一款闪存产品开始，闪存技术不断获得新的突破，并逐渐在计算机存储产品市场中确立了自己的重要地位。闪存是一种非易失性存储器，即使发生断电也不会丢失数据，因此，它可以作为永久性存储设备。它具有体积小、质量轻、能耗低、抗震性好等优良特性。闪存芯片可以被封装制作成 SD 卡、U 盘和固态盘等各种存储产品。SD 卡和 U 盘主要用于个人数据存储，固态盘则越来越多地应用于企业级数据存储中。现在基于闪存的固态盘，每秒钟读写次数有几万甚至更多，访问延迟只有几十微秒，允许我们以更快的速度读写数据。

总体而言，数据量和存储设备容量二者之间是相辅相成、互相促进的。一方面，随着数据的不断产生，需要存储的数据量不断增加，对存储设备的容量提出了更高的要求，促使存储设备生产商制造更大容量的产品以满足市场需求；另一方面，更大容量的存储设备进一步加快了数据增长的速度，在存储设备价格高企的年代，由于考虑到成本问题，一些不必要或当前不能明显体现价值的数据往往会被丢弃。但是，随着单位存储空间价格的不断降低，人们开始倾向于把更多的数据保存起来，以期在未来某个时刻可以用更先进的数据分析工具从中挖掘价值。

（二）中央处理器处理能力大幅提升

中央处理器（CPU）处理速度的不断提升也是促使数据量不断增加的重要

因素。性能不断提升的 CPU 大大提高了数据处理的能力，使我们可以更快地处理不断累积的海量数据。从 20 世纪 80 年代至今，CPU 的制造工艺不断提升，晶体管数量不断增加，运行频率不断提高，核心数量逐渐增多，而同等价格所能获得的 CPU 处理能力也呈几何级数上升。近些年来，CPU 的处理速度大幅提升，在很长一段时期，CPU 处理速度的提升一直遵循"摩尔定律"，性能每隔 18 个月提高一倍，价格下降一半。

（三）网络带宽不断增加

1977 年，世界上第一条光纤通信系统在美国芝加哥市投入商用，自此人类社会的信息传输速度不断被刷新。进入 21 世纪，世界各国更是纷纷加大宽带网络建设力度，不断扩大网络覆盖范围和传输速度。我国移动通信宽带网络迅速发展，4G 网络基本普及，5G 网络覆盖范围不断扩大，各种终端设备可以实现随时随地地传输数据。在大数据时代，信息传输不再遭遇网络发展初期的瓶颈和制约。

三、数据产生方式的变革促成大数据时代的来临

数据是我们通过观察、实验或计算得出的结果。数据和信息是两个不同的概念。信息是较为宏观的概念，它由数据的有序排列组合而成，传达给用户某个概念、方法等。而数据则是构成信息的基本单位，离散的数据没有任何实用价值。

数据有很多种，如数字、文字、图像、声音等。随着人类社会信息化发展进程的加快，我们在日常生产和生活中每天都会产生大量的数据，如商业网站、政务系统、零售系统、办公系统、自动化生产系统等，每时每刻都在不断产生数据。数据已经渗透到当今每一个行业和业务职能领域，成为重要的生产因素。数据推动着企业的发展，并使各级组织的运营更为高效。可以这样说，数据将成为每个企业获取核心竞争力的关键要素。数据资源已经和物质资源、人力资源一样成为国家的重要战略资源，影响着国家和社会的安全、稳定与发展。因此，数据也被称为"未来的石油"。

数据产生方式的变革是促成大数据时代来临的重要因素。总体而言，人类社会的数据产生方式大致经历了三个阶段：运营式系统阶段、用户原创内容阶段和感知式系统阶段。

（一）运营式系统阶段

人类社会最早大规模管理和使用数据，是从数据库的诞生开始的。大型零

大数据时代公共管理创新模式探索

售超市销售系统、银行交易系统、股市交易系统、医院医疗系统、企业客户管理系统等大量运营式系统都是建立在数据库的基础之上的,数据库中保存了大量结构化的企业关键信息,用来满足企业的各种业务需求。

在这个阶段,数据的产生方式是被动的,只有当实际的企业业务发生时,才会产生新的记录并存入数据库。比如,对于股市交易系统而言,只有当发生一笔股票交易时,才会有相关记录生成。

(二)用户原创内容阶段

互联网的出现使数据传播更加便捷,人们不需要借助于磁盘、磁带等物理存储介质来传播数据,网页的出现更进一步促进了大量网络内容的产生,从而使人类社会数据量开始呈现"井喷式"增长。但是,互联网真正的数据爆发产生于以"用户原创内容"为特征的 Web 2.0 时代。Web 1.0 时代主要以门户网站为代表,强调内容的组织与提供,大量上网用户本身并不参与内容的产生。而 Web2.0 技术以博客、微博、微信等服务模式为主,强调自我服务,大量上网用户本身就是内容的生成者。尤其是随着移动互联网和智能手机终端的普及,人们更是可以随时随地地使用手机发微博、传照片,数据量开始急剧增加。

(三)感知式系统阶段

物联网的发展最终导致了人类社会数据量的第三次跃升。物联网中包含大量传感器,如温度传感器、湿度传感器、压力传感器、位移传感器、光电传感器等,此外,视频监控摄像头也是物联网的重要组成部分。物联网中的这些设备每时每刻都在自动产生大量数据,与 Web 2.0 时代的人工数据产生方式相比,物联网中的自动数据产生方式将在短时间内生成更密集、更大量的数据,使人类社会迅速步入大数据时代。

第三节 大数据的主要内容

数据技术是一个不断完善的过程,经历了由无数据到小数据、由小数据到大数据的演变。在数据采集、存储、传输、处理、安全等技术环节取得全面突破的前提下,大数据由空想走向理想,由理想走向现实。数据的组织形式变得越来越复杂,除了包含传统的关系型数据库中的数据之外,大数据的数据格式还包括非结构化的社交网络社交数据、监控产生的视频音频数据、传感器数据、交通数据、互联网文本数据等各种复杂的数据。

一、大数据原理模拟

为了便于人们理解大数据的原理，我们设想了一个简单的大数据业务需求场景及其解决方案，如图 1-2 所示。

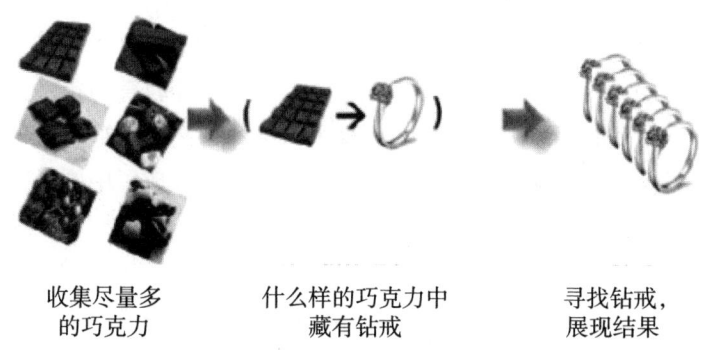

收集尽量多　　　　什么样的巧克力中　　　寻找钻戒，
的巧克力　　　　　藏有钻戒　　　　　　展现结果

图 1-2　大数据业务需求场景及解决方案示例

该大数据业务需求解决方案中使用的 3 个技术分别可以进行如图 1-3 所示的归纳：①收集尽量多的巧克力是数据获取与治理技术，它提供了大数据生效基础的数据；②分析巧克力的特征是数据分析技术，它给大数据提供了大智慧；③展现结果是数据展现技术，及时和有效地可视化大数据的结果才能使大数据真正发挥其作用。

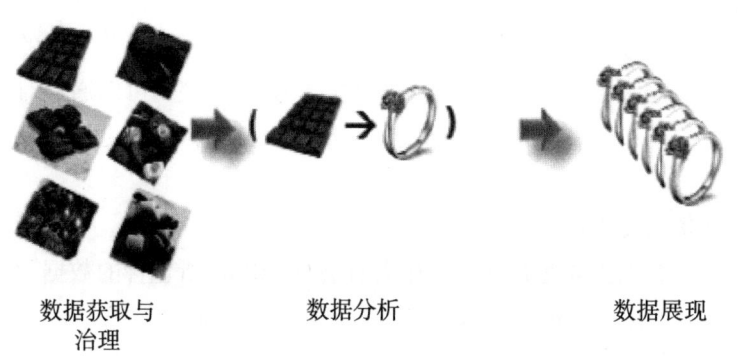

数据获取与　　　　数据分析　　　　　　数据展现
治理

图 1-3　大数据业务需求解决方法归纳

通过上述大数据生效原理模拟，可以分析得出大数据的优势所在——多、快、好、省。这 4 点优势对应着大数据的"4V"属性，量多、省时、高价值、低处理成本。人们也喜欢做出这样的总结，大数据就是数据、技术和思维的"三足鼎立"，思维又是大数据生效的关键中的关键。

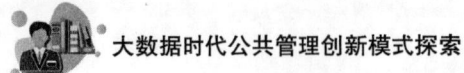

二、大数据环境下的数据来源

第一，社交数据。

社交数据是指通过用户使用社交网络平台如 QQ、微博、微信、Facebook 等产生的数据。QQ 作为腾讯公司最受欢迎的即时通信软件，占据了国内社交软件每月活跃用户数量的榜首，在世界范围内该项指标排名第二，仅次于 Facebook。社交媒体的使用正在从大城市里接受过高等教育的年轻人群扩张到更小的城市、更多的年龄组别以及受教育水平不那么高的人群。另外，随着中国人越来越多地使用移动互联网，腾讯公司的微信已经成了中国社交媒体领域的霸主。

第二，传感器数据。

随着互联网的飞速发展，物联网的概念正在被广泛接受。物联网顾名思义就是指物物相连的互联网。物联网是新一代信息技术的重要组成部分，如果把互联网的功能结构比喻为人类的大脑，那么物联网就是互联网的神经系统，负责感知各种现实生活或者虚拟世界的变化。物联网的数据主要依靠各种类型的传感器来获得，如视频采集器、音频采集器、空气传感器、水系传感器等。这些通过传感器产生的传感数据也是大数据的一个重要数据来源。

第三，音频视频数据。

音频视频数据主要是指通过视频、音频监控产生的相关数据，如沃尔玛、国美等大型超市通过自身的视频监控系统产生的大量视频监控数据。他们可以通过整理、观察、分析这些数据研究超市物品的摆放，通过浏览顾客的消费过程改进设施、改善服务来提高自己的销售数量。交通管理局可以通过对公路上的摄像头拍摄的视频监控信息来进行收集、整理、分析，进而更加直观地了解城市交通状况。

第四，互联网文本数据。

互联网文本数据主要是指互联网中各种各样的网页所包含的数据，根据相关统计，世界上最近一月的网页数据的数量已经超过 400 亿。

第五，其他数据。

其他数据是指通过企业内部收集、市场调研等传统方式产生的数据。这些数据的主要特点是数据量较小，数据结构相对简单，数据价值较高，有时会包含一些商业机密等重要信息，一般获取成本较大或者根本无法获取。

三、大数据的数据采集方法

随着大数据时代的到来，数据源较传统数据源发生了变化，因此数据的采集方式也相应发生了改变。针对不同数据源，我们总结了几种常见的大数据时代常用的数据采集方法。

（一）采集系统日志

在大数据时代，很多互联网企业特别是大型的互联网企业，如百度、腾讯、阿里巴巴，每天都有很大的业务流水量，他们往往会在一些现有的开源框架的基础上开发出自己的海量数据采集工具，这些海量数据采集工具多用于系统日志的采集。这些数据采集工具均能满足每秒数百兆的日志数据采集和传输需求。淘宝网现在拥有中国超大规模的单 Master 节点的 Hadoop 集群。淘宝网的 Hadoop 集群拥有超过 2 860 个节点，这些节点全部基于 Intel X86 架构的服务器，其总存储容量 50 PB（1 PB=1 024 TB，1 TB=1 024 GB），实际可用的容量超过 40 PB，日均作业数超过 15 万，有效支撑了淘宝网的日常运营。

（二）采集网络数据

网络数据采集主要通过一些网页数据获取工具，如网络爬虫或者通过网站公开的应用程序接口（API）等方式从网站上获取数据信息。这些数据采集方法可以将网页数据或者其他数据从网站上抽取出来，统一存储到本地。网络爬虫支持网页上的视频、音频等文件或者附件的采集，极大地降低了数据采集工作的难度，提高了数据采集效率。

Apache Nutch 是一个可扩展的开源网络爬虫软件。Apache Nutch 使用开源 Java 实现，提供了运行搜索引擎所需的全部工具，包括全文搜索和 Web 爬虫。现在 Apache Nutch 分为两个版本，即 1x 版本和 2x 版本，其中 2x 版本是在 1x 版本的基础上不断发展和扩展产生的，二者之间的主要区别是 2x 版本引入了 Goma 作为存储抽象层，从而支持各种数据库，如 HBase 等。

新浪微博 API 的数据中心模块提供了包含粉丝分析、内容分析、互动分析和行业趋势分析的数据分析 API，极大地缩短了数据采集过程，为大数据舆情分析和大数据金融分析等数据分析作业提供了极大的便利。

除此之外还有一些付费的数据采集机构提供了数据采集的一站式服务，如八爪鱼采集器通过付费购买采集规则，可以采集各种类型的网络数据：金融数据，如季报、年报、财务报告，包括每日最新净值自动采集；各大新闻门户网站实时监控，自动更新及上传最新发布的新闻；监控各大社交网站、博客，自动抓取企业产品的相关评论；收集最新、最全的职场招聘信息，做到一个平台发布，其他平台自动更新等。八爪鱼采集器还支持将数据采集结果保存为自定义的、规整的数据格式。

（三）其他数据采集方法

对于企业在生产经营过程中产生的或者科研机构通过一定的科学研究所产生的，具有一定商业价值的或者保密性质要求较高的数据，可以通过与企业或者相关研究机构合作，通过购买或者合作等方式采集数据。与此同时，有一些公共机构发布了可供研究使用的大规模数据集。

数据堂是一家专注于互联网综合数据交易和服务的公司，其提供的服务包括数据交易、数据定制、移动应用数据服务等，数据品类包含语音识别、健康医疗、交通地理、电子商务、社交网络、图像识别、统计年鉴等，同时也提供与科学研究相关的涉及生物、化学、农业科学等方面的数据信息。

中国气象数据网是提供气象资料的共享的公益性网站，该网站由一个主节点和分布在国家级和省级气象部门的若干个分节点网站组成。国家气象信息中心负责中国气象科学数据共享服务网的建设和管理。中国气象局国家气象信息中心是中国气象学科的国家级数据中心，负责承担全国和全球范围内的气象数据及其产品的收集、处理、存储、检索和服务。该网站提供了全球高空探测资料、地面观测资料、海洋观测资料、数值分析预报产品、我国农业气象资料、地面加密观测资料、天气雷达探测资料、飞机探测资料、风云系列卫星探测资料、沙尘暴监测、风廓线资料等。

四、大数据采集的常用工具——网络爬虫

大数据研究的是数据的全体，大数据的研究对象除了包含传统的关系型数据库中的数据之外，其数据格式主要是非结构化的社交网络社交数据、监控产生的音频视频数据、传感器数据、交通数据、互联网文本数据等各种复杂的数据，同时由于这些非结构化数据往往数据很多、结构不统一，获取方式也存在一定的交叉，因此在获取方面相对比较困难。与此同时，针对这些不同的复杂数据的获取工具专业性要求较高，需要一定的学习成本。

对于这部分非结构化数据而言，一些机构提供了免费的公共API，如数据采集方法中提到的新浪微博，或者一些公共机构发布的可供免费使用和研究的数据集，如中国气象数据网的气象数据。最主要的数据获取方式是通过网络爬虫来进行获取，下面我们重点介绍网络爬虫。

（一）网络爬虫的概念和原理

网络爬虫作为搜索引擎的基础构件之一，是搜索引擎的数据来源。网络爬虫的性能直接决定了系统的及时更新程度和内容的丰富程度，直接影响着整个搜索引擎的效果。

我们可以把网络爬虫想象成一个在网格上爬来爬去的虫子，网页中的统一资源定位器（URL）就相当于网格的边框，网络爬虫通过一个网页的 URL 爬取到另一个网页就相当于虫子从一个网格沿着边框爬到另一个网格，这样就完成了一次网络爬取。通用网络爬虫的基本原理如图 1-4 所示。

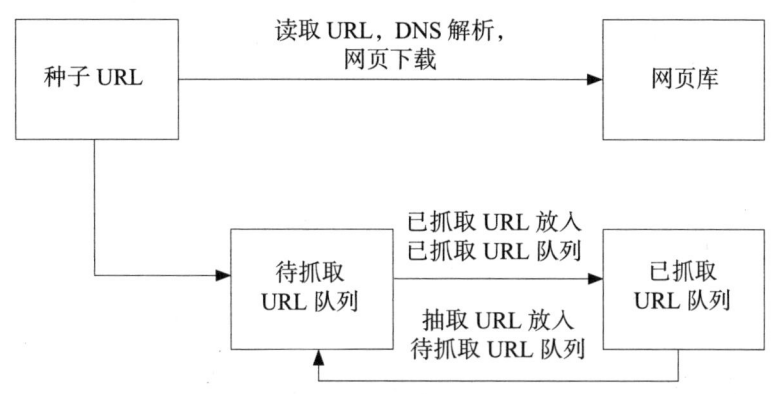

图 1-4　通用网络爬虫的基本原理

为了爬取网页数据，我们首先需要一组精心挑选的 URL 作为爬虫起始爬取的种子，然后将这组种子放入待爬取 URL 队列，接下来从待爬取 URL 队列中取出待爬取的 URL，解析该 URL 的域名解析服务器（DNS）地址，然后将 URL 对应的网页下载到网页库中完成对该网页的爬取，同时把该 URL 放入已抓取 URL 队列。此外，如果网页中含有其他 URL，那么抽取这些 URL 放入待抓取 URL 队列。依次在待抓取 URL 队列、网页库和已抓取 URL 队列之间循环，直到爬取结束即完成了网页爬取。

（二）网络爬虫的常用爬取策略

通过以上介绍我们很容易得到一个结论，网络爬虫的性能高低关键在于网络爬虫的爬取策略。爬取策略是指网络爬虫的爬取规则，即网络爬虫在获取 URL 之后在待抓取 URL 中应该采用什么策略进行爬取。常见的爬取策略有深度优先策略、宽度优先策略、OPIC 策略、大站优先策略等，下面分别介绍其具体内容。假设图 1-5 中的每一个节点代表一个网页，箭头符号表示箭尾的网页有 URL 指向箭头对应的节点。

21

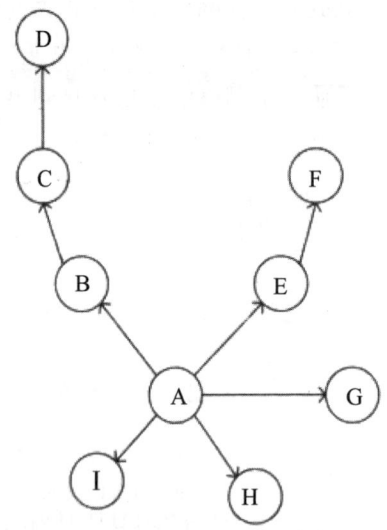

图 1-5　网页 URL 示意图

1. 深度优先策略

深度优先策略是在网络爬虫发展早期常用的爬取策略，深度优先策略的核心是使用回溯法，即选取一个 URL 作为爬取的初始位置，然后选择在该网页中的一条 URL 进行爬取，依次类推直到爬取到一个不包含任何超链接的超文本标记语言（HTML）文件为止。深度优先策略的优点是显而易见的。首先，其算法简单，类似于图论中的深度优先算法。其次，其能够遍历一个完整的 web 站点或者嵌套层次较深的 web 站点。但是深度优先策略也有其自身的缺点，如果网页嵌套层次太深，可能网络爬虫会出现"进得去，出不来"的情况，特别是在网络飞速发展的今天。

2. 宽度优先策略

宽度优先策略是首先抓取完一个已抓取网页中的所有 URL，然后抓取所有这些 URL 所对应的页面，最后依次类推，一直到抓取完成。就好像在一个大型企业中，总公司把通知下发到各个分公司，各个分公司再把通知下发到各个分支机构一样。例如，在图 1-5 中，在抓取页面 A 完成后，按照宽度优先策略，需要抓取的是 B、E、G、H、I，由于 G、H、I 页面没有 URL 链接，因此抓取停止，B 接下来要抓取的页面是 C，E 接下来要抓取的页面是 F，由于 F 页面没有 URL 链接，抓取停止，C 页面有 URL 指向页面 D，在页面 D 抓取完成后，D 没有 URL，整个抓取完成。

3.OPIC 策略

OPIC 策略的核心思想是，在一般情况下，如果一个网页被别的网页指向的次数越多，那么这个网页就越重要，体现在爬取策略上就是对页面的重要性进行打分。在算法开始前，给所有页面一个相同的初始值，即认为此时网页的重要程度相同。当下载了某个页面之后，将该页面的值平均分配给所有从该页面中分析出的链接，对于待抓取 URL 队列中的所有页面按照值的大小进行降序排序，值大的优先抓取。

4.大站优先策略

大站优先策略基于这样一个前提，即在一般情况下影响力较大的网站网页的质量会比其他影响力较小的网站网页质量高。例如，我们在日常生活中购物的时候总是会在潜意识中认为在亚马逊或者京东商城购物会比在一些名不见经传的小型购物网站购物要安全可靠得多。对网页中待爬取的 URL 依照所属网站的影响力或者其他量化标准进行排名，影响力大的优先爬取，这就是大站优先策略。

第四节 大数据的相关理论

大数据的出现开启了大规模生产、分享和应用数据的时代，能让我们通过对海量数据进行分析，以一种前所未有的方式获得全新的产品、服务或独到的见解，最终形成变革之力，实现重大的时代转型。这就好像当我们感受浩瀚无垠的宇宙时，用望远镜只能看到宇宙的冰山一角，但更广阔的区域都在后面，等待着我们进一步的探索。云计算正是大数据探索过程中的动力源泉，通过对大数据进行检索、分析、挖掘、研判，可以使决策更为精准，释放出数据背后隐藏的价值。大数据正在改变我们的生活及理解世界的方式，正在成为新发明和新服务的源泉，而更多的改变正蓄势待发。

一、大数据储存和处理

面对大数据的多样性，在储存和处理这些大数据时，我们必须知道两个重要的技术，其分别为数据仓库技术、Hadoop。当数据为结构化数据，来自传统的数据源时，可采用数据仓库技术来储存和处理这些数据；当数据为非结构化数据时，Hadoop 则是最适合的技术。结构化数据包括企业的企业资源计划（ERP）、客户关系管理（CRM）、软件配置管理（SCM）和人力资源管理等应用系统，以及支持日常业务应用的核心系统等。这些系统产出的结构化数据保留在关系数据库内，由事先设定的格式或结构所组成。但一个企业可能同时拥有好几个数据库，若这些数据库之间各自独立，数据就等同于被拆散在不同的数据库中，因此将会很难拼凑出运营的全貌。此时，数据仓库就变成了重要的角色。

（一）数据仓库概述

数据仓库是指具有主题导向、整合性、长期性与稳定性的数据群组，是经过处理整合，且容量特别大的关系数据库，用以储存决策支持系统所需的数据，供决策支持或数据分析使用。

1. 主题导向

满足日常作业需求的信息系统重点在于相关的应用软件是否符合业务所需，为使系统响应时间缩短，数据库或文件系统的设计常各自独立，且数据内容常有重复或不一致的现象。就银行业而言，以贷款或信用卡部门为例，各部门均使用其专属的客户档案，因其含有业务所需的数据字段。数据仓库信息系统的重点是在企业经营时，保存重要的主题组件。同以银行业为例，客户、产品及交易即重要的主题组件。各应用系统中此三类主题，在通过相关的整合后，便能反映企业经营的状况。

2. 整合性

当确认相关的主题组件后，各应用系统的数据须经过整合，以便执行相关分析作业。例如，数据内容的一致性（以性别为例，男/女、0/1等；以长度为例，厘米、米等；以日期为例，干支纪年、公元纪年等），数据字段命名的统一，数据属性的统一。另外，为避免数据的重复及不一致的现象，须执行相关正规化的作业。

3. 长期性

日常性作业的信息系统，受限于软硬件设备的容量及响应时间等因素，常无法保留太长时间的信息（只保存60～90天的信息）。数据仓库系统为了执行趋势分析，常须保留1～10年的历史数据。每一笔数据均会含有一个时间的卷标，用以区别数据的时点，以利于执行特定期间的分析作业。

4. 稳定性

日常性作业的信息系统，其数据内容常常频繁地存取及变动。当数据从日常性作业的信息系统中转入数据仓库系统后，主要用于大量数据查询及分析。

事实上，从忠于原始数据源的角度来看，变动数据仓库内的数据，是不合理且不道德的做法。

（二）数据仓库架构

1. 分布式的架构（数据超市）

数据超市是企业级数据仓库的子集，其建置的目的是为企业中个别的部门或单位服务。数据超市通常只为特定的决策支持应用程序或使用群组服务，通常是由下到上利用部门的资源来建置的。数据超市通常只有特定主题的汇总或详细的数据，其建置虽然较为容易，却无法满足企业对信息一致性的要求。特定的数据超市仅可满足特定使用者的需求。跨数据超市的应用需求必须再经由一次数据转换作业，故使用时极为不便。

2. 集中式的架构（数据仓库）

企业级的数据仓库所包含的是企业整体的信息，这些信息整合自多个运作系统的数据源。一般而言，其是由数个主题领域所组成的。企业级数据仓库的信息包括实时的详细信息、汇总的信息，数据库的容量可能从 50 GB 到 1 TB 不等。企业级的数据仓库的建置与管理往往非常昂贵且耗时，建置的方法通常是从上到下由统筹的信息服务单位主导的，在集中式架构下，其亦有两种建置模式。

（1）中央数据超市

该模式虽然可将企业的数据整合在一起，却不提供对所有明细数据的查询，用户仅可接触部分的数据而已。此种架构无法满足各类应用需求。

（2）企业数据仓库加独立数据超市

该模式可满足所有的应用需求。用户可在独立数据超市中快速地查询信息，亦可依需求至企业数据仓库内查询数据明细。

3. 数据仓库的影响力

数据仓库对于企业的贡献在于"效果"，能适时地向高阶主管提供其最需要的决策支持信息。简单地说，就是运用信息科技将宝贵的营运数据建成协助主管做出各种管理决策的整合性"智库"。利用这个"智库"，企业可以灵活地分析所有细致深入的数据，以建立企业的优势。

二、大数据执行和应用——数据挖掘

数据挖掘，亦称数据探勘、数据采矿，是指在庞大的数据库当中，利用各种技术与统计方法，将大量的历史数据进行分析、归纳与整合等工作，找出有

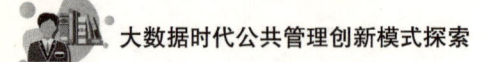

趣的且有意义的数据。综合专家学者对于数据挖掘的定义，我们可了解到数据挖掘吸引人之处主要是，能快速地从数据当中撷取人们所需要的信息，亦能有效地分析大量的与多维度的数据。

（一）数据挖掘与其他学科的关系

1. 数据挖掘与统计学

统计学是搜集、展示、分析及解释数据的科学，不是统计分析方法的集合，而是处理数据的科学。

数据挖掘大部分核心功能的实现都以计量和统计分析方法作为支撑。这些核心功能包括聚类、估计、预测、关联分组以及分类等。统计学、数据库和人工智能共同构成数据挖掘技术的三大支柱。许多成熟的统计方法构成了数据挖掘的核心内容，如回归分析、判别分析、聚类分析、探索性数据分析等统计方法，一直在数据挖掘领域发挥着巨大的作用。

因此，若是硬要去区分数据挖掘和统计学的差异其实是没有太大意义的。数据挖掘技术中的模糊计算等理论方法，也都是由统计学学者根据统计理论所发展衍生的。换一个角度看，数据挖掘理论中有相当大的比重是由高等统计学中的多变量分析所支撑的。但是为什么数据挖掘的出现会引发各领域的广泛关注呢？其主要原因是相较于传统统计分析而言，数据挖掘有下列几项特性。

①处理大量实际数据的功能更强，且无须太专业的统计背景去使用数据挖掘的工具。

②数据分析的趋势是从大型数据库中抓取所需数据并使用专属计算机分析软件进行分析，数据挖掘的工具更符合企业需求。

③数据挖掘和统计分析有应用上的差别，毕竟数据挖掘目的是方便企业终端用户使用而非给统计学家检测使用。

2. 数据挖掘与机器学习

机器学习是近几十年来兴起的一门多领域交叉学科，涉及概率论、统计学、算法复杂度理论等多门学科。机器学习理论主要是设计和分析一些让计算器可以自动"学习"的算法。机器学习算法是一类从数据中自动分析获得规律，并利用规律对未知数据进行预测的算法。因为学习算法中涉及了大量的统计学理论，机器学习与统计推断学联系尤为密切，也被称为统计学习理论。在算法设计方面，机器学习理论关注可以实现的、行之有效的学习算法。很多推论问题属于无程序可循难度，所以部分的机器学习研究是开发容易处理的近似算法的。

机器学习已经有了十分广泛的应用，如数据挖掘、计算机视觉、自然语言处理、生物特征识别、搜索引擎、医学诊断、检测信用卡欺诈、证券市场分析、DNA 序列测序、语音和手写识别、战略游戏和机器人运用等。

3. 数据挖掘与数据库联机分析处理

数据库联机分析处理（OLAP）是对制式化、关联性低的数据进行分析，以供决策人员参考。数据挖掘在本质上与统计分析及 OLAP 有所不同。统计分析仅能针对较少量的数据，就数据的关联性或统计学上不同的目标加以分析；而 OLAP 则是一般数据仓库所采用的分析报告，可以针对制式化以及关联性较低的数据加以分析。OLAP 工具能从过去数据中得知结果，但无法像数据挖掘一样告诉人们"结果发生的原因"。

（二）数据挖掘的功能

1. 数据分类

数据分类是数据挖掘常见的功能之一，顾名思义是将分析对象依不同的属性分类并加以定义，建立不同的类组。数据挖掘中的数据分类是指针对未发生的结果进行预测分类，主要包含归纳和推论两个步骤。其主要目的在于提高分类的准确度，建立分类规则，再评估准则的优劣。其常用"判定树"算法。

2. 数据估计

数据估计是根据不同相关属性数据的连续性数值，找出各属性间的关联性，以了解并获得某一特定属性未知的连续性数值。其常用"回归分析"及"类神经网络"算法。

3. 数据预测

数据预测工作的目的在于以其他属性的值为基础来预测特定属性的值。而这个被预测属性的值通常被称为目标变量或是因变量，而其他属性则被称为解释变量或自变量。数据预测的主要方法在于建立数据当中因变量与自变量间的关系。其常用"回归分析""时间序列分析"及"类神经网络"算法。

4. 数据关联分组

数据关联分组主要用来发现数据中特征属性间具有高度关联性的一种模式，其所发现的模式通常是用规则来表现的。其常用"关联规则"（又称"购物篮分析"）算法。

5. 数据聚类

数据聚类主要是利用数据中类似或相同的项目，将同构型较高的数据区分为不同的聚类，聚类内数据相似度越高越好，聚类间差异度越大越好。在研究对象当中，根据不同的研究目的必定会有异质化的现象，但异质化的现象可能是几个同质化的群组所形成的。数据聚类的主要目的便是将不同的同质化的组别差异找出来。其常用"判别分析"与"聚类分析"算法。

（三）数据挖掘的步骤

数据挖掘建模的标准流程，亦称跨行业数据挖掘标准流程（CRISP-DM）。CRISP-DM 为一种阶段式的方法论，如图1-6所示。

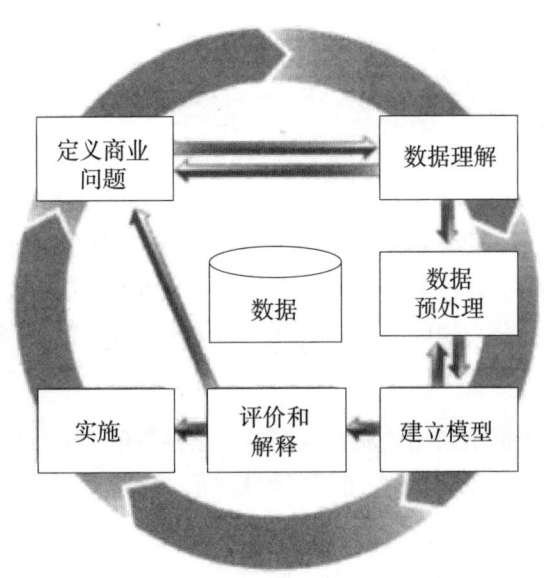

图 1-6　数据挖掘建模的标准流程

1. 定义商业问题

数据挖掘的中心价值在商业问题上，所以初步阶段必须对组织的问题与需求进行深入了解，经过不断与组织讨论与确认过后，拟订一个详尽且可达成的方案。

2. 数据理解

定义所需要的数据，收集完整数据，并对所收集的数据做初步分析，包括识别数据的质量问题、对数据做基本观察，除去噪声或不完整的数据，可提升数据预处理的效率，接着建立假设前提。

3. 数据预处理

因为数据源不同，常会有格式不一致等问题，因此在建立模型之前必须进行多次检查和修正，以确保数据完整并得到净化。

4. 建立模型

根据数据形式，选择最适合的数据挖掘技术，并利用不同的数据进行模型测试，以优化预测模型。模型越精准，有效性及可靠度越高，对决策者做出正确的决策越有帮助。

5. 评价和解释

在测试中集中得到的结果只对该数据有意义。在实际应用当中，使用不同的数据集其准确度便会有所差异。因此，此步骤最重要的目的便是了解是否有尚未被考虑到的商业问题盲点。

6. 实施

数据挖掘流程通过良性循环，最后将整合过的模型应用于商业上，但模型的完成并非代表整个项目的完成，知识的获得也可以通过组织化、自动化等机制进行预测应用。该阶段包含计划部属、监督、维护、传承与最后报告结果，形成整个工作循环。

三、大数据可视化

可视化是一门利用人眼的感知能力和人脑智能对数据进行交互的可视表达以增强认知的学科。它将不可见或难以直接显示的数据映射为可感知的图形、符号、颜色、纹理等，以增强数据识别效率，高效传递有用信息。它的起源、发展和演变与人类文明的发展息息相关。在计算机发明之前，科学家观测物理现象时采用绘画的方式记录；测绘学家采用地图标记空间方位和属性；统计学家采用图表统计采样数据。进入计算机时代后，在科学和工程发展过程中产生的大量科学数据催生了科学可视化；而网络、信息传播和社交网络的兴起，将信息可视化推向前沿。大数据时代的来临，提升了可视化的重要性。

数据可视化和可视分析作为一个新兴的研究领域，受到越来越广泛的关注。早在麦肯锡咨询公司2011年发布的一个报告中，可视化就被列为数据科学的关键技术之一。美国国家科学院2014年发布的一份关于大数据分析前沿的调研报告认为可视化是一种混合式人机融合的数据分析技术。

（一）可视化概述

可视化的作用体现在多个方面，如揭示想法和关系、形成论点或意见、观察事物演化的趋势、总结或积聚数据、寻求真相和真理、传播知识和探索性数据分析等。从宏观的角度看，可视化的三个功能如下。

①信息记录。传统的信息记录采用文字或口传等方式，而可视化符号可形象而直观地记载复杂的概念和事物，且能扩充人脑内存，激发智力和洞察力，帮助验证科学假设。如果说计算机图形学是为自然景象拍照的，数据可视化就是数据的摄像师。例如，DNA 分子结构的发现直接受益于对 DNA 结构的 X 射线衍射照片的分析。

②信息推理和分析。数据分析的任务包括定位、识别、区分、分类、聚类、分布、排列、比较、内外连接比较、关联、关系等。可视化提供直观的信息感知机制，帮助人脑形象地理解和分析所面临的任务，降低数据理解的复杂度，突破常规统计分析方法的局限性。例如，英国医生将霍乱病例发生的地址和取水的关系映射到地图上，从而发现了霍乱的根源。

③信息传播与协同。视觉感知是人类最主要的信息通道，它输入了人从外界获取的 70% 以上的信息。俗语称"百闻不如一见""一图胜千言"。复杂信息传播与发布的最有效途径是将数据进行可视化。例如，法国人查尔斯·米纳德制作的 1812—1813 年拿破仑进军莫斯科大败而归的历史事件的可视化作品直观地呈现了军队的位置和方向，军队汇聚、分散和重聚的地点与时间，军队减员的过程，以及军队撤退时低温造成的减员等信息。

数据可视化将不可见的现象变成可见的图形符号，并从中发现规律和获取知识。可视化的终极目标是对事物实质的洞悉，而非可视化结果图像本身。这包含多重含义：发现、决策、解释、分析、探索和学习。针对复杂的数据，已有的统计分析或数据挖掘方法往往是对数据的简化和抽象，隐藏了数据真实的结构。可视化可还原乃至增强数据中的全局结构和具体细节。

衡量可视化的标准有三个。

第一，真，即真实性，指是否正确地反映了数据的本质，以及对所反映的事物和规律有无正确的感受和认识。

第二，善，即倾向性，指可视化所表达的意象对于社会和生活具有什么意义和影响。

第三，美，即可视化的艺术完美性，指其形式与内容是否和谐统一，是否有可欣赏性。

可视化主要包含科学可视化、信息可视化与可视分析学三个方向。

①科学可视化。科学可视化的应用领域主要是物理学、化学、气象气候、航空航天、医学、生物学等，旨在探索三维空间内物理和化学现象的结构、模式、特点、关系和演化。经过数十年的发展，科学可视化的基础理论与方法已经相对成形。

②信息可视化。信息可视化的主要处理对象是抽象的、非结构化的数据集合（如文本、图表、层次结构、地图、软件、复杂系统等）。信息可视化起源于统计图形学，又与信息图形、视觉设计等现代技术相关。其关键挑战是在有限的展现空间中以直观的方式传达抽象信息。

③可视分析学。可视分析学被定义为一门以可视交互界面为基础的分析推理科学。它综合图形学、数据挖掘和人机交互等技术，以可视交互界面为通道，将人的感知和认知能力以可视的方式融入数据处理过程，形成人脑智能和机器智能优势互补，建立螺旋式信息交流与知识提炼途径，完成有效的分析推理和决策。

（二）大数据可视化流程

大数据可视化流程中的核心要素包括如下三个方面。

1. 数据的表示与变换

数据可视化的基础是数据的表示和变换。输入数据必须从原始状态变换到一种便于计算机处理的结构化的数据表示形式。这些结构通常存在于数据本身，需要研究有效的数据提炼或简化方法以最大限度地保证信息、知识的内涵。

2. 数据的可视化呈现

数据可视化向用户传播了信息，而同一个数据集可对应多种视觉呈现形式，即视觉编码。数据可视化的核心内容是从巨大的多样性的空间中选择最合适的编码形式。判断某个视觉编码是否合适的因素包括感知与认知系统的特性、数据本身的属性和目标任务。

3. 用户交互

对数据进行可视化的目的是完成目标任务。目标任务可分成三类：生成假设、验证假设和视觉呈现。交互是通过可视的手段辅助进行分析决策的工具。

图1-7展示了以数据模态为依据的可视化流程：数据分析、过滤、可视映射和绘制。

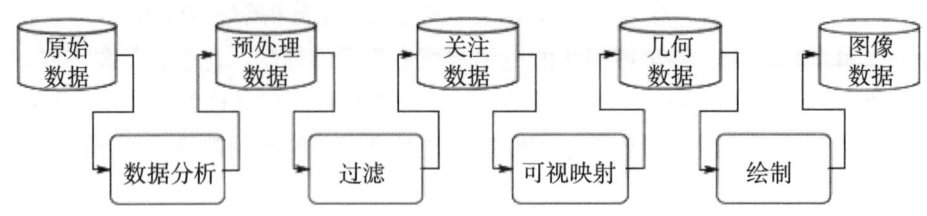

图 1-7　可视化流程

从数据变换的角度看，可视化流程也可理解为四个数据阶段和三种数据转换操作。四个不同的数据阶段为原始数据、分析模型、可视模型和视图。三种数据转换操作为数据转换（对输入数据的清洗、处理、统计、特征计算、挖掘和分析）、可视化转换（为数据集选择合适的可视化表达形式）和视觉映射转换（将数据集的属性映射为可视化表达形式的各个视觉通道）。在每个数据阶段，我们可采用不同的计算算子。

（三）大数据可视化特点

围绕数据的本质，数据科学已经被看成一门新的学科。作为数据科学中的重要环节，数据可视化和可视分析与数据处理的生命周期的各个环节的结合越来越紧密。大数据可视化和可视分析的研究将在整个大数据框架下展开，且呈现如下三个主要趋势。

第一，对象正从传统的单一数据来源扩展到多来源、多维度、多尺度等广泛的数据。

大数据时代的四个挑战：数据尺寸大、数据类型繁多、数据变化快、数据价值密度低。工业领域目前关注解决海量数据存储和数据并行计算等问题，迎接数据尺寸大的挑战。自动的数据挖掘技术的最佳应用场合是，待处理的数据的属性和整合不随时间变化，数据质量好，用户对待挖掘的目标有所认识。如果这些条件不能满足，特别是当存在以下问题时，基于人的可视化和可视分析方法具有更强的优势：数据有不同的来源，数据不完整、不统一，需要发现未知的规律。为了解决这些问题，人们需重新设计符合大数据特性的可视化方法和新技术，提高已有方法在新型数据上的效能。

第二，用户正从少数专家用户扩展到广泛的不特定的群体。

在新媒体时代和大数据时代，分析和理解数据的需求越来越广泛，从传统的科学研究者和商业用户，扩展到社会化媒体和每个信息消费者。可视化的广谱性和易用性将是新的挑战。特别是，在移动端、互联网甚至物联网等新型环境中，开发便于普通用户使用和操作的可视化方法，以及便于实现各类可视化方法的编程语言和开发环境是当前所需。可视化方法需强调其可扩展性、使用和开发的便捷性。

第三，可视化和可视分析在大数据和数据科学的框架下开展。

可视化包含数据变换、数据呈现和数据交互三个重要部分。从数据处理的流程来看，数据可视化是数据分析软件中暴露给用户的与数据打交道的接口，类似于海平面上的冰山。可视化之外存在其他的环节，如数据整合、数据搜索、数据挖掘、知识管理、多用户协作、网络传输、移动化等。面向大数据的可视化需要将可视化和可视分析贯穿于整个数据处理的生命周期，实现符合数据特性的可视化和可视分析。

第五节 大数据时代的特征

我们知道大数据时代已经来临。我们可以从两个角度来理解大数据，如果把"大数据"看成形容词，它描述的是大数据时代下数据的特点；如果把"大数据"看成名词，它体现的是数据科学研究的对象。大数据是信息科技高速发展的产物，要全面深入理解大数据的概念，必须理解大数据产生的时代背景，然后根据大数据产生的时代背景来理解大数据的概念。数据在以前被忽视，现在却被视为资产，这是大数据时代的重要变革。就如同科幻小说作家科利·多克托罗对大数据的评价：我们须很乐观而务实地看待大数据革命，你只要抬头看看周遭发生的大变化，就会明白这场革命已然开始，更大的变化即将到来。

我们可以这样来定义大数据时代：大数据时代是建立在通过互联网、物联网等现代网络渠道广泛收集大量数据资源的基础上的数据存储、价值提炼、智能处理和展示的信息时代。在这个时代，人们几乎能够从任何数据中获得可转换为推动人们生活方式变化的有价值的知识。

大数据时代的基本特征主要体现在以下几个方面。

①社会性。在大数据时代，从社会角度看，世界范围内的计算机联网使越来越多的领域以数据流通取代产品流通，将生产演变成服务，将工业劳动演变成信息劳动。信息劳动的产品不需要离开它的原始占有者就能够被买卖和交换，这类产品能够通过计算机网络大量复制和分配而不需要额外增加费用，其价值增加是通过知识而不是通过手工劳动来实现的。实现这一价值的主要工具就是计算机软件。

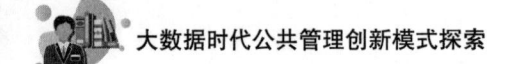

②广泛性。在大数据时代，随着互联网技术的迅速崛起与普及，计算机技术不仅促进自然科学和人文社会科学各个领域的发展，而且全面融入人们的社会生活中，人们在不同领域采集到的数据量之大，达到了前所未有的程度。同时，数据的产生、存储和处理方式发生了革命性的变化，人们的工作和生活基本上都可以实现数字化。

③公开性。大数据时代展示了从信息公开到数据技术演化的多维画卷。在大数据时代会有越来越多的数据被开放，被交叉使用。在这个过程中，虽然会考虑对于用户隐私的保护，但开放的、公共的网络环境是大势所趋。这种公开性和公共性的实现取决于若干个网络开放平台或云计算服务的实现，以及一系列受到法律支持或社会公认的数据标准和规范的出台。

④动态性。人们借助计算机通过互联网进入大数据时代，充分体现了大数据是基于互联网的实时动态数据，而不是在历史的或严格控制的环境下产生的内容。由于数据资料可以随时随地产生，因此不仅数据资料的收集具有动态性，数据存储技术、数据处理技术也随时更新，即处理数据的工具也具有动态性。

我们也认识到，零售业、金融业、医疗业、政府等公私领域，均隐藏有大数据。通过大数据就能够解读和预测无数的现象，包括协助诊断早产儿的健康情况、帮忙规划快递的送货路线等。

当社会各阶层、各行业都意识到大数据对日常生活、企业经营和政府治理带来的转变时，相关大数据的分析平台和软件随即而生，支撑起整个大数据的技术也逐渐成熟。想要进行简单或基础数据分析的研究者，不需从理论方法的基础开始学习，只需熟悉分析平台及软件的操作，最重要的是研究者需具备创新思想，因此用户导向的信息再运用评价会是数据挖掘最重要的发展趋势。因此，大数据将全面改变我们的生活，对经济、社会和科学研究带来较大影响。

在这波新潮流中，我们也须懂得保护自己，避免个人数据和隐私受到侵害，从"信息（数据）拥有者"向"信息（数据）用户"方向转变才能适应大数据时代的要求。

一、互联网与大数据

互联网技术的不断普及，其每天所催生的巨量数据使世间万物不断走向数据化，数据量化的节奏不断加快。在由"万事皆数"过渡到"万物皆数"的过程中，互联网每天所产生的数据对大数据时代的来临起着关键性作用。

（一）互联网的产生

互联网最初是因军事的需要而产生的。1969年，美军阿帕网（ARPA）在美国国防部高级研究计划局的支持下,首先用于军事连接,后将美国西南部的加利福尼亚大学洛杉矶分校、斯坦福大学研究学院、加利福尼亚大学圣塔芭芭拉分校和犹他州大学的四台主要的计算机连接起来,由剑桥大学执行,在1969年12月开始联机运行。随着计算机在军事上的广泛运用,计算机上保存的军事机密越来越多,其安全性显得尤为重要,军事专家担心如果计算机上的重要军事机密数据泄露的话,会导致整个战争的失败。因此,如何在原有计算机上除能够储存数据外,还能够通过某种渠道促使两台计算机,或是多台计算机之间进行数据的相互传递和备份,成为军事专家的现实需要。他们极力促进这一数据传递方式的实现,这也促进了早期互联网的形成。

20世纪七八十年代,我们对各类远程信息的接收大多依靠收音机或者电视机这样的渠道。这种模式的信息数据传播主要是通过信息源利用信号塔进行信息四面八方传播,接收者利用收音机、电视机进行信息接收。需要注意的是,这种"信号塔"与"接收"的模式,在整个过程中,接收者是被动的,而且发送信息方也对所传播的信息质量、受众数量、受众偏好等信息数据没有完整的记录。互联网的诞生使人类进行信息交流的方式发生了质的变化。经济的高速发展,电子产品更新换代进程的加快,使互联网与大众的基础规模日益扩大。人类也越来越习惯于通过互联网接收和传播信息数据。与传统的信息接收和传播模式相比,互联网模式只有当用户利用互联网进行访问时,服务站在接收到请求后,会立即在万千信息中寻找到用户所需求的信息内容进行回馈。在这个过程中,用户的客户端早已记录下了用户的访问记录数据量、内容、停留的时间等多种信息数据。尽管用户会删除这些数据,但数据后台已将这些记录保存下来,这些保存下来的海量信息数据其背后所蕴含着难以估算的巨大价值。

例如,在淘宝网上经营的一家食品销售店铺,为了增强自身的竞争力和更准确地了解消费者的需求,其需要掌握消费者购买意愿及购买能力等相关信息。为了解这些信息,其需要对进入店铺的消费者进行调查研究,所需了解的信息包括:长时间以来消费者进入网上店铺的浏览量,每次浏览的食品有哪些,加入购物车的食品是什么品类,在店铺停留的时间有多长,从确定购买到支付完成的消费周期有多久。如果按照传统的销售策略,进行该项目就需要一系列的工作,或是进行大样本调研问卷进行调查获得数据资料,或是安装摄像头进行监控调查,或是通过选取忠诚的消费者样本进行电话咨询,不管怎么样,都需要大量的人力、物力、财力投入。而如果想节约成本的话,就失去了消费者购买商品后所留下的大量消费信息。互联网大数据的出现会使这一系列的成本降到很低。通过互联网上的用户每次操作访问记录,就可以很清楚地得到这一系

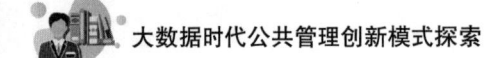

列的数据。在这一过程中，当消费者点击淘宝网店铺的页面时，就相当于进入了店铺，对店铺所展示的食品进行点击，就类似于消费者拿起食品进行分析比较，与商家进行谈话交流，商家就可以测算出消费者所关注的问题。消费者把食品放在购物车中就相当于试穿，通过购物车进行结算就相当于购买，而从最开始进入店铺到支付结算，关闭网页的时间记录就相当于一个消费周期，消费者通过不断对比所确认购买的服装价格相当于此类消费者的购买能力。同时，网站对于消费者的类型、品位都有了一个精准的记录，并且获得这些大数据样本的成本几乎为零。在实体店中的消费者行为和心理都如实地反映在了访问记录中，这可以大幅度降低商家的存储、操作成本。

（二）互联网催生大数据

从1969年互联网诞生至今，互联网技术已发展成熟。世界经济技术的高速发展使互联网作为"王谢堂前燕"，"飞入寻常百姓家"，普及面日益扩大。相关报告显示，在人口大国之中，美国、日本、俄罗斯的互联网普及率最高，巴西、中国次之，印度和印尼最低。从中国的互联网普及率来看，中国互联网络信息中心（CNNIC）在北京发布的第47次《中国互联网络发展状况统计报告》显示，截至2020年12月，我国网民规模达9.89亿，互联网普及率达70.4%。2020年，我国互联网行业在抵御新冠肺炎疫情和疫情常态化防控等方面发挥了积极作用，为我国成为全球唯一实现经济正增长的主要经济体，国内生产总值（GDP）首度突破百万亿元，圆满完成脱贫攻坚任务做出了重要贡献。

移动互联网塑造的社会生活形态进一步加强，"互联网+"行动计划推动政企服务多元化、移动化发展。互联网的迅猛发展和快速普及使大量的数据信息在采集、存储、传输、处理、管理等方面越来越便捷。同时，互联网的发展也使其所产生的数据类型变得复杂多样，由最初的结构化数据，发展到非结构化数据、半结构化数据等。就大数据而言，在互联网上一天，都会潜在的拥有众多数据的"产生者"和"发送者"，这些"产生者"和"发送者"每时每刻都贡献出各种各样、难以计量的数据。这些数据可以是结构化数据，如数字、符号，也可以是非结构化数据，如文本、图像、声音等。这些接连不断出现的数据，催生着大数据浪潮的来临。

二、信息技术与大数据

信息技术指人们获取信息、传递信息、存储信息、处理信息、显示信息、分配信息的相关技术，它包括现代通信技术、电子计算机技术、微电子技术等。在信息科学技术中，有关信息数据的采集能力、存储能力、分析处理能力，以及信息之间远程传递能力是最为关键的。如果把人类历史上信息技术发展的五次信息技术革命看成世界不断数字化的过程，我们就会发现一条信息技术进步与大数据时代来临的逻辑线。

（一）信息采集技术

获得信息是人类认识世界的基础，因此也是人类改造世界和人类本身发展的基础。人类从客观世界获得的信息越多、内容越丰富，则人类对客观世界的认识也越深刻，对客观世界的利用、改造及对人类本身发展也越有利。传统数据采集方式数据来源单一，且存储、管理和分析的数据量也相对较小，大多采用关系型数据库和并行数据中心即可处理。在大数据时代下，如何从数据量大、增长速度快、数据类型复杂、实用性高的数据中采集出使用者所需要的信息，向传统的数据采集技术提出了难题。2006年后出现的数据采集技术使这一难题得到攻克。这些技术能有效满足每秒数百 MB 的日志数据采集和传输需求，为大数据的数据信息采集构建了快速发展的平台。

（二）信息存储技术

传统的信息存储一般分为在线存储和离线存储，以前数据量小、数据结构单一，一般的存储技术就能够解决信息存储问题。传统的存储技术也存在着存储成本较高、管理不便的劣势。在大数据时代下，数据规模日益增长，数据结构也变得复杂，行业数据存储还伴随着需要良好的响应速率的问题。传统的信息存储技术已不再适应，对更高一级的信息存储技术的需求问题亟待解决。随着数据的爆发性增长，其所衍生出的独特架构推动存储技术的发展。在容量问题上，海量的数据存储需要存储系统的相对扩展，传统的网络附属存储（NAS）系统遇到了瓶颈，而基于对象的存储架构就能够很好地解决这一问题。在延迟问题上，Scale-out 架构存储系统的发展解决了大数据"实时性"的问题；在存储成本上，重复删除等技术已进入主存储市场，可以处理更多的数据类型。事实上，近几年来，存储的成本一直呈现下降的趋势。

（三）信息分析处理技术

20 世纪 60 年代开始的第五次信息技术革命，标志着人类信息科技史上首次实现了计算机的普及应用，以及首次实现了计算机与现代化通信技术的有机结合。与此同时，随着电子通信技术的快速发展，社会事务管理、军事应用以及科学研究需要能够处理大规模数据、解决数学计算问题的设备及技术。

在 IT 行业领域有一个著名的"摩尔定律"，即在同样面积上的集成电路可容纳的晶体管数目，每隔 12 个月会翻一倍，性能也会得到提升。该定律被

广泛地应用到了网络、数据存储等多个领域。作为英特尔公司的创始人之一的摩尔先生，在1965年发现了该定律之后，使IT领域有了一个衡量技术进步的考核指标。后来人们发现这不仅适用于对存储器芯片的描述，也可以用来说明计算能力和磁盘存储容量。因此，"摩尔定律"被工业作为性能预测的基础，并主宰了信息产业的发展。在1981年到2015年的时间里，信息产业产品不断推陈出新，计算机新产品产出的周期大大缩短。整个产业乃至个人都不断吐故纳新，更新自有的计算机设备，从而推动信息产业的巨大进步。以计算机行业而言，从2008年到2010年初，两年的时间里，该行业沿着"摩尔定律"在内存容量、网络速度、存储介质、CPU性能等方面得到了大幅度的提高，实现了计算能力的重大突破，成为处理大数据信息的重要力量。计算机行业的不断发展也促使各类组织在计算机方面支出费用的不断增加。各行业对计算机方面支出费用的增加从侧面反映了一个共同的特点，即目前各行业都非常注重开发或引进更多先进的信息管理技术和数据分析软件，期望更多的、更先进的处理技术应用在大数据方面，进行数据管理，进行决策等。

例如，微软公司历来是信息科学技术操作系统等方面的行业巨头，微软公司从DOS 1.0起步，直到最新的Windows 11系统，操作系统和计算能力得到了大幅度的提升。每当英特尔公司开发出计算能力更强的芯片，微软公司就会随即研发出功能更强大、操作更方便的操作系统。用户在试用时抑或是使用了新的操作系统和计算能力系统后，会明显地感觉到原有的系统变慢，因此都会采取措施升级原有的硬件设备。

这样的更新模式会不断地循环发生。从大规模集成电路计算机发展到现在，新一轮的操作系统和计算能力提升不断地激发用户又一轮的升级换机的热情。在这一段不断发展的时间里，微软公司的信息处理技术和计算分析能力获得了很大的提升。

（四）信息传递

信息传递从古代的邮驿传递制度、鸿雁传书到近代的电话、电报，直至1977年，世界上第一条光纤通信系统在美国芝加哥市投入商用，逐渐实现了信息传输能力的大幅提升。有人甚至将光纤传输带宽的增长规律称为"超摩尔定律"。信息传递能力发展进入快车道，带动了大数据进入了高速发展时期。

各国政府相继推出宽带战略，以促进信息数据的快速传播。根据IDC在2015年发布的《2014年全球宽带状况报告》，截至2014年，大约有140个国家制订了相关的国家计划，制定了战略或政策，以促进宽带发展。从宽带的使用价格来看，IDC通过对2005年至2014年全球宽带价格的监测，发现固定宽带价格占人均国民总收入的比重下降了65%,到2013年,大多数国家已经达到了当初确立的目标,即基本的固定宽带服务价格低于人均月收入的5%。中国从2010年至2014年,国际出口带宽半年增长率为10.9%。

三、云计算与大数据

数据的规模大小是一个不断变化的指标,计算单位经历了从PB到EB再到ZB的数据规模,甚至在以后的发展过程中会超越ZB。在单一数据集里,传统的软件处理工具可以在合理的时间内进行访问、管理。数据的储存大多是以零散的方式保存在个人计算机或便携式存储设备中,企业将自己的数据保存在数据服务器中。传统的存储方式存在分布离散、存储容量有限、携带不便、共享性较差的特点。随着数据规模的不断扩大,现有的数据储存和访问方式已难以满足用户的需要,云计算的出现使这一系列的问题有了一个很好的解决途径。

云计算,尤其是公用云计算,可以通过互联网由众多的用户共享,简单来说,就是通过互联网的形式建立了一个简单快捷的数据"存储中心",这个中心按照云概念来进行定义的话,可称之为"云端"。在我们需要运用数据,或者对数据进行计算的时候,可以通过网络浏览器或是专业的应用程序进行访问。通过这种方式就可以很便捷地实现将信息共享给需要的计算机或是其他设备。此外,海量的数据需要足够的空间来容纳,价格低廉、速度快捷、安全、绿色的数据中心成为发展大数据的关键。数据中心是新时期的信息工厂,是知识经济的基础设施。从海量的数据中提取有价值的信息,进行数据分析,将影响政府、金融、零售、娱乐、媒体等各大领域,并将带来革命性的变化。云计算为大数据提供了可以弹性扩展,相对便宜的存储空间和计算资源,使中小企业也可以像亚马逊一样通过云计算来完成大数据分析。很多企业不惜通过支付高昂的费用,倾其人力、物力来进行数据的收集、存储,通过提供基于"云"的服务,积累大量的数据,成为实际上的"数据中心"。数据是这些大型网站核心的资产。Facebook的投资机构认为,数据对于未来信息技术的发展起着战略导向的作用,谁拥有更海量的数据,谁就最有可能成为下一个软件行业的领导者。

例如,谷歌搜索以其快捷的搜索速度在搜索引擎领域独占鳌头,其背后的数据中心可谓功不可没,这主要因为谷歌公司在全球分布着众多的数据中心。谷歌公司甚至在其每年的财务预算中,都会特地为数据中心的建设规划一部分资金。

从云计算概念的提出到云计算技术、云计算基地的建设,国内外云计算的服务已经发展到成熟的阶段。从国内来看,近些年,我国对于云计算的基地建

大数据时代公共管理创新模式探索

设正如火如荼地进行。国内金融机构、通信网络运营商、互联网机构以及各级政府机构大多拥有了自己的数据中心，甚至有的金融机构已实现了在全国范围内进行数据的采集、存储及其他工作。

云计算基地的建设为数据的储备和访问奠定了良好的基础，可以说为大数据的发展壮大搭建了更大的平台。如果说大数据是一个具有无限潜力的"演员"，其发展需要不断壮大的"舞台"，那么云计算便可以说是能够满足其发展需求和拓展大数据前景的"舞台"了。可以说，云计算是大数据诞生的前提和必要条件，没有云计算，就缺少了集中采集数据和存储数据的商业基础。云计算为大数据提供了存储空间和访问渠道，大数据则是云计算的灵魂和必然的升级方向。

在一份关于大数据的发展报告中，有这样一个观点，如果没有云计算，那么大数据的发展会华而不实。云计算从其本质上来看，是一场IT领域内的变革，也可以说是一种理念、技术架构和标准，以其为基础的信息数据储存、分享和数据挖掘手段和虚拟化软件，能够为大数据的分析、预测提供帮助，使决策更加科学精准。云计算在其发展计算的过程中也会产生大量的数据。云计算与大数据的结合可能成为人类认识事物的新的工具。实践证明，人类对客观世界的认识是随着技术的进步以及认识世界的工具更新而逐步深入的。过去人类首先认识的是事物的表面现象，通过因果关系由表及里，由对个体认识进而找到共性规律。现在将云计算和大数据相结合，人们就可以利用高效的、低成本的计算资源分析海量数据的相关性，快速找到共性规律，加深人们对于客观世界有关规律的认识。

四、物联网与大数据

物联网作为信息时代信息领域的一个关键词，其本质是传感器技术进步的产物。多数人对于物联网的理解局限于物联网是为烤箱、冰箱、恒温器组建的网络，但事实上，这些家电也只是物联网发展的冰山一角。物联网一分钟可以产生非常多的数据。作为物联网表现形式之一的嵌入式传感器，利用物联网可以在这些机器和设备中传输温度、湿度、风速、位置、燃料消耗、辐射水平等这些数据。此外，人们还可以通过传感器监测大气中的温度、压强、风力，监测交通工具的使用状态、矿井的安全性等。

物联网产生的数据量不仅包括虚拟运行管理产生的数据量，还包括监控数据、娱乐数据等。根据调查统计数据显示，物联网所记录的2015年"双十一"期间，淘宝网在凌晨1点14分，响应的请求达到300亿次；新浪微博晚上可以产生 100 万次以上的响应。中国联通也进行大数据搜集，他们以前给用户每一个月发一次账单，很多用户对此产生怀疑，但事实上，中国联通详细记录用户的上网记录，一秒钟达 83 万条。

社交网络使越来越多的人愿意在这个时代分享自己的见闻感受，而我们通过计算机、手机等电子设备在网上进行的每一个操作都被服务器记录了下来，社交网络中的个人信息也成为大数据时代商家博弈的一大焦点。据中国互联网络信息中心（CNNIC）统计，截至 2020 年 12 月，我国网民规模达 9.89 亿，较 2020 年 3 月增长 8 540 万，互联网普及率达 70.4%。

社交网络用户与日俱增，在给社交网络开发商带来丰厚利润的同时，也使社交网络为大数据带来了一类最新的、最具活力的数据类型。人们通过社交网络来传达自己的喜怒哀乐，网民之间的情绪相互感染，网络的喜好通过网络关系链进行传播。商家可以通过社交网络形成的网络链来研究消费者的心理及消费行为等影响因素。用户和数据是社交网络的最大财富，如何通过大数据的收集和分析，来提供高质量的各种服务，创造更大的价值，成为各领域组织实现自身的价值，增强自身竞争力所面临的新挑战。

五、智能终端与大数据

古人只能用"山重水复疑无路"来感叹对地理方位的难以把控，如今我们仅需拿出智能手机，使用导航软件，便可以轻易地找到目的地；古人只能用"一衣带水连双山，绿树成荫桃花艳"等美好的诗词来表达他们所看到的壮丽景色，我们则可以用笔记本电脑，在网络上就可以浏览世界名山大川、人文景色，还可以用照相机、摄影机将美好的景色永久保存下来，并与亲朋好友分享。在如今各类智能终端普及的时代，计算机、智能手机、智能手表等智能终端不仅创新了人类沟通交流的方式，还提供了大量的信息数据。这些作为数据来源和载体的智能终端能随时随地给我们提供数据信息。

智能终端不仅仅局限于个人应用，许多行业也已经开始大规模地部署终端产品。这些应用进一步方便了人类的生产和生活，其引发的颠覆性变革也揭开了移动互联网发展的序幕，开启了一个新的技术产业周期。美国最大的风险投资基金公司凯鹏华盈的合伙人发布的一份关于智能终端产品发展趋势的报告中提出，在不久的将来，智能终端产品在全球的保有量将会超越传统的相关产品，并且这一发展趋势将会一直持续下去。

智能终端广泛普及和快速增长，不仅为大数据时代的到来从数量上提供了更大的数据量，而且丰富了大数据的数据类型。可以说，智能终端不仅成为大数据应用的重要入口，还为大数据的发展提供了得天独厚的土壤。

第二章 公共管理

公共管理是在传统的公共行政学基础上形成的一门新兴的社会科学，它源于世界性的政府改革运动，目前已经成为管理科学中引人注目的新兴学科。公共管理作为一门理论性和实践性兼备的学科，是研究公共组织依法运用公共权力、管理社会公共事务、实现社会公共利益过程的社会科学。它旨在帮助公共管理者获得解决公共问题、满足公众需求及处理社会公共事务所需要的知识、技能与策略。公共管理以公共组织为依托，依照规范对社会进行有效管理。本章主要包括公共管理的内涵，公共管理产生的背景，公共管理的主体、价值观念和职能等内容。

第一节 公共管理的内涵

公共管理作为一门新兴学科，诞生于20世纪70年代的美国。公共管理是公共组织依法运用公共权力管理社会公共事务、实现社会公共利益的过程。公共管理水平决定国家发展水平和社会进步程度，研究公共管理对提高我国社会管理水平与效率具有重要意义。

一、公共生活是公共管理的基础

公共生活是人们在公共空间里相互联系、相互影响的共同生活。人类对公共生活的追求有着悠久的历史，但是不同的时代有不同的公共生活，不同时代公共生活的内涵也不同。

在中国，人们对美好公共生活的追求从大同世界的传说中可略见端倪。这个传说源自《礼记》，书中有对美好生活的描述："大道之行也，天下为公。选贤与能，讲信修睦。故人不独亲其亲，不独子其子，使老有所终，壮有所用，幼有所长，矜、寡、孤、独、废疾者皆有所养，男有分，女有归。货恶其弃于地也，不必藏于己；力恶其不出于身也，不必为己。是故谋闭而不兴，盗窃乱贼而不作，故外户而不闭。是谓大同。"这段文字描绘出来的是人人敬老、人人爱幼、无处不均匀、无人不饱暖的理想社会。可以想象,这个时代人们对公共生活的理想是人与人之间能够互相敬爱、互相帮助,公共产品能够满足全体人民的需要,人人平等,人与社会关系和谐。这种对公共生活的美好理想,在政治制度专制、物质产品匮乏的奴隶社会和封建社会只能是一种美好的愿望而已,不具备实现的必要条件。

在西方社会,也有类似的关于理想社会的各种设想。其中有影响的是关于黄金世界的传说,还有柏拉图的《理想国》同样是对美好社会公共生活的描述。后者描述的是人人平等,户户富贵,人与人之间、人与社会之间和谐友好,互相帮助,国家和平稳定的生活。人们希望生活在人人为大家、大家为人人的社会中,人们都对美好公共生活有着不懈的追求。随着时代的变迁,人类公共生活形态在不断演变,更加趋向文明、宽容、和平和开放。但是,古代人对美好公共生活的理想与现代人对公共生活的追求是不一样的,有些人甚至认为,在前资本主义社会是没有公共生活的。从词源上讲,公共生活和私人生活的提法来自西方文化。在英文中,早期"公共生活"是与社会的共同利益联系在一起的。到了17世纪末期,公共生活和私人生活的含义慢慢变得接近于现在我们对这两个词的理解。

公共生活是人们的共同生活,它为个性的表达提供了广阔的空间,属于自由王国和永恒世界。而私人生活则意味着一个由家人和朋友构成的生活区域,私人生活的隐私权是受法律保护的。到了18世纪初期,"公共生活"这个词获得了现代含义,变成了由独立自由人构成的相互包容的公共空间。在这个公共空间中,人们用公共理性来处理社会事务,由此,公共理性成为现代政治文明的基础。

公共理性是公共生活与社会制度安排的基础,现代的民主制度就是建立在这种思想的土壤上的,文明生活的建立也是建立在人们对公共生活幸福追求的基础上的。

从理论上讲,著名哲学家汉娜·阿伦特在其撰写的《人的条件》一书中提出了"公共领域"和"私人领域"的理论。阿伦特把公共领域和私人领域建立在人的存在的基础上,把人类的劳动、工作和行动看成其存在的基本条件,组成一个"共在的世界"。这个"共在的世界永远是我与他人共有的世界",根据人类活动空间的不同和行动性质的差异将这个世界分成了公共领域和私人领域。公共领域的特点是公共性,它是在权力成为公共用品以及在政府与私人事务之间出现公共空间之后的产物。资产阶级革命使公共性的代议制政府取代了个人化的宫廷君主，政治契约的制度化使国家与社会日益分离，这就造成了早期中世纪的代表型公共领域向现代资本主义公共领域的转型。与此同时，社会变革分化瓦解了传统的等级结构，又造就了以市民阶级为主导的、个人化的新兴社会。这样就为近代公共领域的形成和发展提供了条件和基础。公共领域的形成为人们提供了一个理性的批判空间，由于社会是作为国家的对立面出现的，它一方面明确划定一片私人领域不受公共权力管辖，另一方面在生活过程中又跨越个人家庭的局限，关注公共事务。因此，那个永远受契约支配的领域将成为一个批判的领域。这也就是说，它要求公众对它进行合理批判。

德国哲学家哈贝马斯把资产阶级公共领域理解为一个由私人集合而成的公众领域。就社会结构而言，它是介于国家与社会之间并对二者进行调停的领域；就其目的而言，它借此形成公共舆论，把社会声音传达给国家，从观念上将政治权威转变为理性权威。公共领域最好被描述为一个关于内容、观点的交往网络。在那里，各种观念被一种特定方式加以过滤和综合，从而成为根据特定议题而形成的公共意见或舆论。根据公共领域的现实特征，我们可以把公共领域理解为原则上向所有人开放的社会公共生活空间，它是独立的社会主体以社会组织为存在形式，在社会个人和政治国家之间通过在场或不在场的公众舆论平等自愿协商，并就普遍利益问题达成共识、形成公共理性，从而对国家政治行为进行民主控制的理性沟通活动。可见，公共领域与公民意识的形成密切相关，它是公民培养公民能力、表达公民诉求的场所。成熟而完善的公共领域是公民意识形成的基础。公民意识是公共领域为保障公民身份、公民权利的安全有序而必备的一套公共行为规范、规则、道德标准等，其目的是保证来到公共场所的每位公民的利益和安全不受侵犯和损害。也就是说，公共领域的秩序来自每位公民对公共生活领域的法律、法规、道德行为规范的遵守，这是创造一个安全、有序、和谐的公共场所的必要条件。

在中国的社会生活领域中，公共领域可以说是最薄弱的一个组成部分，这与中国几千年的封建专制制度和新中国成立以来的政治体制有着直接关系。在中国"家国同构"的封建专制制度下，人和人之间依血缘关系组成家族单位，以此确立亲疏离合，而不是依经济、政治利益重新组合社会关系。新中国成立以后，社会结构虽然发生了巨大变化，但由于受历史传统和文化的影响，公共空间仍然处在形成之中。政府习惯于用行政手段进行经济管理和社会管理，政府无所不能和无所不包是普遍现象。基层政府把行政管理视为行政管制，整个行政管理体系就是以政府为中心，以方便管理为原则，以指示、命令为管理手段，严格控制企业和一切社会组织乃至公民个人的行动。在这样的社会结构中，政治权力成为社会管理的中心，政治结构与家庭私人生活直接连接，两者之间没有一个既独立于政治权力又独立于家庭私人事务之外的公共性中间地带，这就是公共领域的缺失。公共领域的缺失使公民主要活动局限在家庭和单位，缺少公共生活领域的体验和实践，这为我们未来完善公共领域规则、提高公民公共生活质量提供了较大的空间。

（一）公共生活的含义和特点

公共生活作为人类的生存方式，成为现代人不可或缺的重要活动，也有学者将公共生活领域称为公共领域。但是，对于什么是公共生活，人类历史上有很多思想家对这一问题的回答却是仁者见仁、智者见智。目前常见的观点如下。

①社会说。持有这种观点的人认为，公共生活领域就是市民社会，公共生活就是市民的社会生活。市民的社会生活是一个由多元化的公共领域构成的非国家领域，它包括生产单位、家庭、志愿性组织和社区服务组织，市民受到法律保障并实行自治。公共生活是将国家和市民社会力量结合起来以最大限度地实现平等和自由的复合体，国家和市民社会相互依存，互为对方民主化的条件。

②理性说。这种观点认为，在一个社会中，公民个人只有在以合乎道德的方式运用个体理性的时候，理性才是有价值的。这也是我们获得公共理性的唯一可靠的方式和路径。现代社会的公共生活应该是不在任何个人的意志支配下的生活。我们之所以重视公共理性，是因为在我们的意识里，没有谁能够代表公共理性，也没有谁能够为我们发现公共理性，优良的社会生活只能来自公民个人的理性。换句话说，优良的公共生活来自每个人的道德努力。因此，一个组织良好的社会应该是个体理性得到充分尊重的社会。只有公民的个体理性得以充分运用的时候，我们才能防止任何个人的价值偏好通过某种方式成为整个社会的偏好。

③政治说。哈贝马斯认为，人是一种在公共空间中生存的政治动物。进而言之，人是一种动物，由于他天生就处于一个公共的社会关系网络之中，因此他逐渐形成了成为人的能力。但这只有在一个充满文化活力的公共空间中才有可能实现。在公共空间观念中，最初展示出来的是一个遭到压制的共同体的兴衰特征。在现有社会条件下，对于社会一体化而言，民主共和国的政治公共领域具有一种特别的意义。也就是说，复杂的社会从规范意义上讲，只有通过公民之间抽象和合法的团结才能得到维持，相互并不认识的公民之间，只有通过公共意见和意志的形成过程才能形成或重新形成一种脆弱的公共性。

④伦理说。这种观点认为，近代市民社会发展中出现国家与社会相分离的

状况，形成两个独立实体。不仅市民社会自愿进行交换的私人领域独立出来，而且公共交往方式也在发生变化。公共交往的伦理关系与政治关系相区分，公民的日常生活伦理角色与公民政治角色相区分，越来越失去关联性。公民身份的确立是通过契约而获得的，国家不是使公民过一种幸福的生活，而是过一种安全的生活，为了维护个人的财产、自由和生命权利不受侵犯。公共政治的目的是对国家的承认、服从与忠诚，并对国家权力加以制约。在此，国家作为一种必要的恶而存在，国家的道德目的是保护公民的个人权利，保障公共利益的实现。政治国家以代理人的身份谋求福利，以取信于民的方式获得合法性。国家伦理在于确定宪法价值，坚持民主方向。这个伦理政治架构带来的公共生活是在规则伦理约束的，它将伦理对政治公民的作用看作对行为的控制而不是对信念的控制，将公民身份看作一种强大的约束。正义是通过政治意识形态的制度化强制来实现的。伴随着国家与社会二元化进程，伦理政治同一结构被拆解，在近代社会中，约束个体的日常生活伦理规范不能演化成政治秩序来协调社会关系。近代公共生活伦理形态以政治国家的出现为基础，伦理忠诚、信念是指向理性的政治架构的，或者说政治合理性是国家用高品质的政府来保障的。

⑤联合说。马克思对未来"公共生活"做了如下界定：在控制了自己的生存条件和社会全体成员的生存条件的革命无产者的集体中，情况就完全不同了。在这个集体中个人是作为个人参加的，它是个人的这样一种联合（自然是以当时已经发达的生产力为基础的），这种联合把个人的自由发展和运动的条件置于他们的控制之下。它所包含的意思有：第一，未来"公共生活"是建立在一定物质生产条件基础上的；第二，联合起来的个人能够实现对生产条件的控制；第三，对于马克思而言，重建"公共生活"的目的是实现个体自由和发展，而不是使人重新依附于共同体。

上述关于公共生活的解释各有千秋。本书的观点是，公共生活是指一定社会共同体中的人们为了该共同体的生存和发展而进行的处理其公共事务的共同活动，即公共生活的实质就是一定社会共同体的生存和发展。公共生活的主体是多元化的，包括个人、国家、政府、非政府组织等。这些主体所进行的处理公共事务的活动一起构成了公共生活领域。

公共生活的特点表现在以下几个方面。

第一，客观存在性。公共生活是建立在人类活动基础上的一种客观社会存在。首先，公共生活是人类社会生活的重要组成部分，是人类共同活动的重要领域，没有公共生活很难想象人类的生活质量；其次，公共生活是以社会共同体为主体的，这种社会共同体是以人与人的同时存在和人们的同时在场形成的客观人类共同体,它不是虚拟的,也不是理念性的;再次,公共生活的存在方式是实践,正是人与人之间交往的需要促成了公共生活的形成,所以,公共生活是建构在人类实践基础上的,是一种客观的社会存在;最后,公共生活是不以人的意志为转移的,它由社会的经济基础所决定,并随着社会的发展而不断变化着其表现形态。

第二,普遍存在性。自从人类社会产生以来,人们的生活就有一个共同的空间,这个共同的空间就是公共生活领域。首先,公共生活在地域上具有普遍性,公共生活是不同国家和人民的共同选择,每一个国家都有符合本国历史文化传统的公共生活内容和公共生活方式。其次,公共生活是人类普遍的一种行为方式。不同国家和不同时代的人们都有公共生活的需求,而且把公共生活看成衡量人类生活质量和国家公共管理水平的一种标志。公共生活丰富的国家和地区,其社会的开放程度、民主程度和幸福程度就高一些,就会位列世界强国之列。

第三,主体差异性。公共生活是在多元化社会主体下人们的公共选择。因此,人们必须面对在思想价值观念、社会制度选择、公民行为方式和公民生活目标上的差异性,这种差异构成了公共生活主体间交往互动的现实条件。只有当人们能够尊重彼此之间的差异,在容忍彼此之间差异的基础上求得共识,才能实现社会的和谐发展。所以,求同存异是公共生活得以和谐进行的前提条件。公共生活领域的存在是以差异性和多样性为前提的,是"异质"的"统一"。正是社会主体在规则的约束下,互相尊重彼此的差异性,宽容对待不同的文明形式、不同的思想观点、不同的生活方式,才维持了社会的和平及有序发展。现代生活就是以公共生活为主导的求同存异的生活状态,人们以追求公共的善为生活目标。

第四,追求公共性。公共生活领域是人的共同体,它主要以国家为其存在的标志,以多元共在性为其存在的形式,弘扬的是以价值理性为核心的生存论世界观。公共生活主体必须接受并遵守实现公共生活所必需的规范、秩序和惯例,明确公共生活主体的权利和义务,寻求生活的共同价值观念、共同生活方式和共同审美情趣。

第五,参与自愿性。参与自愿性是指人们是否参与社会公共生活完全取决于其本人的自由选择。首先,参与的自愿性意味着融入社会公共生活是以人们的自愿选择为前提的。参与公共生活的范围和内容由人们自主决定,不受任何其他人及社会组织的限制和支配。而且参与公共生活是基于人们社会交往和互利的需要。因此,自愿性是参与公共生活的基本原则,即参与公共生活是人们自由选择的结果,不存在任何强制的情况。其次,参与公共活动自愿。人们

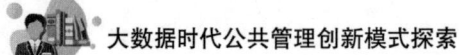

有兴趣和时间就参加公共活动，没兴趣和时间也可以不参加公共活动，参加公共活动也是遵循自愿原则的。再次，公共活动内容自定。公共活动内容由参与者自己决定，参与者拥有相当大的自由度和自主性。最后，公共资源自筹。公共生活所必需的人力资源、资金资源和物质资源等都需要靠参与者自筹，一切都需要在自愿的前提下，获得参与者提供的志愿服务和社会捐助来维持其正常运行。

（二）公共生活的原则和功能

公共生活是充满活力的领域，它对人类社会和人的行为具有重要意义和功能。著名哲学家黑格尔认为，公共生活是人类的根本存在方式和生活方式。人类社会及人类自身的发展归根到底是公共生活的全面发展，人类应当从公共生活中找到自己安身立命的根据，找到生存与生活的意义。

1. 共生的原则与功能

共生是个生物学用语，原意是指两种不同生物之间所形成的紧密互利关系。这种情况在动物界、植物界和细菌世界都存在。在共生关系中，一方为另一方提供有利于其生存的帮助，同时也获得对方的帮助。共生的原则就是公共生活各个主体之间互为对方存在的前提和条件。共生的功能也就是各个社会群体奉献社会、凝聚力量、共同发展。以公共性为基点的人类公共生活是由异质、多样的私人参与其中的生活形式。公共性不是纯粹的同一性，而是包含着差别的统一体，所以相对于个体而言，公共生活意味着多样的独立个体生活的相关性、联系性。换言之，参与公共生活的每个人都不能无视他人的存在。共生意识就是公共生活的这一现实在人们观念中的反映。共生是公共生活的基本价值，而共生意识就是构建健康合理的公共生活的观念基础，舍此就不会存在公共生活和真正现代意义的私人生活。随着市场经济和科技的发展，共生意识对于人类生活来说更加重要。共生意识是人类（不同的民族、国家、文化、文明）应对经济全球化的认识工具和实践武器。我国著名社会学家费孝通在谈到不同文化的关系时提出"各美其美，美人之美，美美与共，天下大同"的文化共生原则。当前人们把"和平与发展"确定为时代主题，民族、国家之间的关系中遵循着要"对话"不要"对抗"的国际关系准则等，这些都是现代社会生活的共生性在人类意识不同层面的体现。共生意识的本质在于"和而不同"。

2. 和谐的原则与功能

和谐既是一种公共生活中各个社会主体的行为准则，也是一种文明社会的生活状态，还是一种凝聚社会正能量、推进文明进步的精神力量。作为准则，和谐是指"和"于公共生活体系中"不同"的主体（个人、集团、国家、民族），在利益（政治的、经济的、文化的）的形成和实现方面既是独立自主的，又是相关互动的。各主体既要"为己"，又要"利他"。基于利益之上的各主体动机和行为之间，既有差异、冲突，也有一致、统一，共生在公共生活体系中的各利益主体都旨在追求基本权利平等、相互尊重基础上"公平"生活，因此，公共生活中的利益实现方式就不应是"两败俱伤"的，否则就与公共生活本身存在的目的和价值相悖。因此，为了维护公共生活的正常进行，人们必须把生活主体在动机和行为方面的对立或冲突控制在一定的范围内，化对立为和谐。和谐是公共生活的一个基本原则。因此，"协商""对话""合作"就成为正确解决公共生活中利益矛盾的价值导向和行为准则。在人类的公共生活中，进入公共生活的主体及其利益诉求都有其存在的合理性、正当性，各个国家（或个人）民族文化、各类文明之间也没有孰优孰劣之别，处理这些不同主体之间的关系问题，只能通过协调实现公共生活中的公平。

3. 合作的原则与功能

合作就是个人与个人、群体与群体之间为达到共同目的，彼此相互配合的一种联合行动的方式，合作是人类公共生活的主要原则，也是整合社会力量的重要方式，合作的价值基础来自公共生活中各利益主体之间的"共生性"和"和谐性"的关系。参与公共生活的主体如果具有合作意识，就能建立起高度的制度性和非制度性的信任关系。同时合作还是人类生存得以维持和延续的前提条件，对社会公共生活具有整合和塑造功能。一个民族乃至整个人类社会的形成、维系和发展，就是人类合作而不是冲突和对抗的结果。正因为人类在漫长的发展过程中悟出了"合作比不合作好"的真理，才有人类社会乃至各种类型社会组织的存在和发展。从这个角度来讲，国家作为人类社会最重要的组织形态也是人类合作的产物。契约论认为，国家在本质上是自然人之间的权利契约，是人类为了避免在冲突中使双方共同灭亡而进行的理性选择。国家就是这种社会契约的表征和社会组织形态，而国家权力（公共权力）则仅仅意味着原来由个人行使的主权，现在以更有利于每个人的现实生活目标的方式委托给共同指定的代理人。人类生活的历史事件也表明，合作多于纷争，合作优于纷争，尤其对公共生活来说更是如此，因为进入公共生活领域的主体会自觉或不自觉地意识到参与公共生活的目的是通过合作（主要不是通过竞争）实现自身的那部分与公共相关联的利益。从和谐到合作，才能真正把"对话"作为处理各种利益

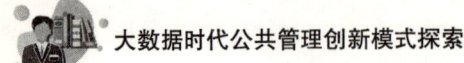

主体关系的一个准则,才能把"和平与发展"确立为当今时代的主题,并基本上在世界范围内达成共识。这些都说明合作原则对于公共生活的价值和意义。

4. 共赢的原则与功能

在人类的共同生活中,共赢是指合作的双方或多方能够共同获得利益。其实质是指人们在社会生活交往中获得的一种互利、共享的结果。而且这种共赢的结果可能是自觉达成的,也可能是自发实现的。对于人类生活而言,共赢的最高价值不仅是作为人类共同活动的结果,而且是作为人们的价值观念和行为动机能够被更多的人所接受。因为,在公共生活乃至人类的其他生活领域中,和谐与合作都仅仅具有工具、手段的价值和意义。也就是说,人类在生活中的和谐与合作,不是为了合作而合作,也不是为了和谐而和谐,而是以和谐与合作为途径及手段达到合理实现各自利益和共同利益的目的。在不同生活领域中,人的利益实现的方式也不会完全相同,但是在公共生活中,人的利益(私人的、集体的、公共的)相关性、互动性、连带性更强,利益的获取主要是通过协调而不是对抗、合作而不是竞争的方式实现的。因此,公共生活中的主体必须树立共赢的价值理念,坚持共赢的伦理原则,自觉树立平等尊重、互惠利他的行为理念。因为,从公共生活的本质规定来看,共赢不仅仅是人类行为理性选择的结果,也是引导社会发展的重要动力。只有坚持共赢的原则,才能使公共生活主体之间的交往博弈结果不是"零"而是"自觉地"共赢,这既是公共生活的目的,也是公共生活中利益主体的行为准则。公共利益作为公共生活的价值基础和公共生活规则秩序的价值取向,不是纯粹抽象的、空洞的思辨产物,而是具体现实地参与到公共生活之中的各主体利益的公共"整合"。公共利益以私人利益为基础,私人利益构成公共利益。因此,在公共生活中,个人与个人之间、集体(民族、国家)与集体之间、个人与集体之间,在利益实现上也都应该是共赢而不是"单向度"的关系。从这个意义上看,无视他人和集体利益以及忽视个人、强调集体利益的观念和做法,都与公共利益和私人利益之间真实的辩证关系不符合。所以,只有从共赢的视角去思考和处理个人与集体、国家、民族之间的关系,才能找到集体主义价值观的经济必然性、道德合法性的伦理根基,才能使集体主义价值观真正成为人类社会公共生活的价值准则。

二、公共管理的理论界定

(一)外国学者对公共管理概念的阐述

公共管理作为人类探索社会管理的一种理论与实践,自产生之日起就众说纷纭，莫衷一是。国外学者多有见解，概括起来主要是从以下四个角度来界定。

第一，从管理的角度界定。从管理的角度界定公共管理，是把管理学作为其理论基础，把公共管理建立在"好的管理必然足以医治社会与经济的毛病"的假设上，目标是建立一个管理主义的国家。其代表人物是克拉克和纽曼。他们认为，公共管理是一种组织信仰与实务，是新的国家机关经营方式。他们的主要观点有：一是社会的进步有赖于生产力的发展和生产效率的提高；二是必须运用先进的科学技术来提高生产力；三是建设一支具有纪律性的、能够熟练掌握科学技术的公务员队伍，才能实现公共组织的管理目标；四是政府管理是一项专业技术，政府经营的成功取决于具有专业技能的管理者的管理水平与技术能力；五是管理者必须拥有管理的权力才能扮演其重要的角色。

第二，从公共行政的角度界定。从公共行政的角度定义公共管理的学者将公共管理与公共行政视为同义词，认为公共管理是公共行政发展的一个新阶段。其理论基础是公共行政学和政治学。理论假设是将公共行政视为一组功能性的社会系统，这一系统根据其自行拟定的次序规则运行，并且受复杂与变迁的社会环境制约。

这一理论的代表人物是德国学者考宁。这一理论的具有代表性的观点有两种。第一种观点是，公共行政的运作必须依据特定的次序与原则，该次序与原则是基于社会的反映与功能分化的结果。公共行政的产生必须根据政治行政系统所排定的优先顺序或政府与公民社会的密切关系与义务，同时国家机关拥有合法强制执行的权力，它不能依据市场规则运作。这个定义强调公共行政的"公共"特质，认为公民社会与市场无法取代公共行政的运作。政府是社会公共管理的重要主体，对社会发展具有不可替代的领导和组织功能。第二种观点是，公共行政是国家机关与公民社会之间的连锁关系，这种互动的平等关系可以分为两种：一是产出连锁，指将国家机关的信息与资源输出到公民社会的过程；二是投入连锁，指将公民社会的需求与意见投入国家机关内部的过程。这种连锁关系必须是双向的沟通。这一方面是私营部门对国家机关的政策需求，另一方面是国家机关执行公共政策，向公民社会提供公共服务的要求。

第三，从政策管理的角度界定。从政策管理的角度界定公共管理，是将公共管理视为政策管理。其理论基础是政策科学，代表人物是林恩和马苏金。

他们认为，政策管理是指在广泛的裁判基础上进行需求的认定、备选方案的分析、计划的选择与资源的分配。将政策管理等同于公共管理的理由如下：第一，公共管理与政策分析紧密结合，两者是不可分离的科学活动；第二，政策管理者所进行的活动非常广泛，包括需求认定、备选方案分析、计划选择与资源配置，由此可见，其工作内容与政策分析重叠，无法分离；第三，政策管理者所从事的活动必须受到公共责任、组织能量、个人技巧与能力的限制；第四，政策管理者的目的在于为政府的政策行动进行政治上的有利解释，所以政策管理者的地位很高，绝非一般事务官能比，应属于机关中的重要管理人员。

第四，从新公共管理的角度界定。从新公共管理的角度界定公共管理的理论基础是经济学和管理学中的交易成本理论、代理理论、公共选择理论和新泰勒主义。

新公共管理打着"以少胜多"的口号，引进市场机制与民间力量，试图以绩效管理、参与管理、契约管理与责任管理解决官僚体制的僵化与无能的问题，期盼建立一个"成本最少、效率最高、回应最快、品质最好"的企业型政府。因此，效率、效果、经济、品质就成为新公共管理追求的价值目标。

新公共管理的代表人物是奥斯本和盖布勒，他们两人合著的主要著作是作为美国国家绩效评估报告改革基础的《改革政府：企业精神如何改革着公营部门》。书中所提到的新公共管理、政府再造和绩效管理等名词已经成为公共管理的主要范畴。

他们认为公共管理有八大信条。

第一，以理性方式从事管理活动，强调策略管理在设定目标与制定政策上的重要地位。

第二，改变政策与行政分离的组织结构，创造一个负责提供服务的行政单位，其服务对象既包括组织内部的其他单位，也包括组织外部的公众。

第三，改变层级节制的组织结构，将管理责任依据实践目标的绩效成果指派给个别管理者。

第四，以效率、效果与经济标准衡量组织成就，发展绩效指标，仅作为相互比较与未来决策的参考。

第五，发展一套改变组织文化的政策，希望能从传统公共服务的价值文化转变为市场导向与企业精神导向的新公共服务模式。

第六，执行人力资源管理技术，强化个人主义，弱化集体主义色彩，动员组织成员支持组织与结构变迁。

第七，创造弹性的、回应的与学习的公共组织，发展以公民为焦点的公共服务取向，希望从供给导向转变为需求导向，不再受制于专业的供给者，而需回应被服务群众的需求。

第八，将传统以预算和层级结构控制的恩惠关系转变为买方与卖方的价格、数量和品质的契约关系。

以上是国外学者从不同角度对公共管理内涵的阐释，其基本内容有三个方面。

第一，公共管理不是一种意识形态或文化形式，而是一种新兴专业或管理实务，是西方国家用来解决政府低效等问题的一种新方法。

第二，公共管理与传统的公共行政不同，是一种新修正的公共行政。目前，公共行政在政府管理中仍占据主流地位，特别是在德国与法国，公共行政几乎包含了公共管理的全部内容。在英国、美国、新西兰、加拿大等国家虽然出现了以公共管理取代公共行政的趋势，但并未完全推翻公共行政的基本理论。所以，从公共行政角度界定公共管理是不妥当的。

第三，公共管理与新公共管理为同义词。英国、新西兰和澳大利亚等国学者比较偏好使用"新公共管理"一词，对于他们而言，新公共管理似乎更能表示出当前政府再造的世界趋势。美国学者则交互使用"公共管理"与"新公共管理"的概念，认为二者之间没有差别。

（二）国内学者对公共管理概念的阐述

国内学者对公共管理概念的理解也是仁者见仁，智者见智，观点颇丰，主要有以下几个方面。

1. 张成福和党秀云的观点

张成福和党秀云教授在其著作《公共管理学》一书中，将公共管理定义为，以政府为核心的公共部门整合社会的各种力量，广泛运用政治的、经济的、管理的、法律的方法，强化政府的治理能力，提升政府绩效和公共服务品质，从而实现公众福祉与公共利益。他们认为，公共管理作为公共行政和公共事务广大领域的一个组成部分，其重点在于将公共行政视为一门职业，而将公共管理者视为这一职业的实践者。这一学科的实质在于：第一，公共管理承认政府部门治理的正当性；第二，公共管理强调政府对社会治理的主要责任；第三，公共管理强调政府、企业、公民社会的互动以及在处理社会以及经济问题中的责任共负；第四，公共管理强调多元价值；第五，公共管理强调政府绩效的重要性；第六，公共管理既重视法律和制度，又关注管理战略和管理方法；第七，公共管理以公共福祉和公共利益为目标；第八，公共管理将公共行政视为一种职业，而将公共管理者视为职业的实践者。

2. 王乐夫的观点

王乐夫在《论公共管理的社会性内涵及其他》一文中指出，公共管理是对公共事务进行管理的社会活动。具体来说，公共管理是公共管理主体为了解决公共问题、实现公共利益，运用公共权力对公共事务施加管理的社会活动。

公共管理的特点有：第一，公共管理研究的对象是国家、政府与社会公共组织的公共事务及其管理过程；第二，公共管理研究的目的是谋求社会公共利益；第三，公共管理具有垄断性；第四，公共管理以行政手段和法律手段为主，带有强制性。

3. 张良的观点

张良认为，公共管理是指社会公共组织以及其他组织推进社会整体协调发展、增进社会共同利益，通过制度创新和手段创新对社会公共事务进行调节和控制的活动。

他认为公共管理的基本特征有以下几个方面。第一，公共管理的主体是多元的，包括社会公共组织和社会其他组织两大类。社会公共组织主要有政府组织、准行政性组织、非政府组织、非营利性组织、社会民间团体等。其他组织主要有企业等。企业在参与公共管理的过程中有营利要求，但其营利程度被严格控制在公益范围内。第二，作为公共管理客体的社会公共事务表现出不断扩展的趋势，其表现为社会公共事务的内容增多，涉及的地域范围逐渐扩大，并出现全球范围内的社会公共事务。第三，公共管理的目的是推进社会整体协调发展和增进社会公共利益实现。公共利益是社会成员在共同使用的基础上的共享利益。公共利益既是公共管理的根本目的，也是公共管理的本质要求。第四，公共管理的职能是调节和控制。调节就是根据公共管理客体的变化，及时调整公共管理的任务和目标，引导公共管理主体之间的互相协同和配合；控制就是在公共管理具体实施过程中，随时纠正偏离目标的行为，使各项管理活动保质保量按时完成。通过调节和控制能够让社会公共事务处于有序、有效、可控的状态，以充分满足社会成员的共同需要。第五，公共管理体制和手段面临创新的迫切任务，与传统的行政管理有着明显的区别，需要采取新的管理体制和管理手段。

4. 吴肇基的观点

吴肇基在其主编的《公共管理学》一书中，将公共管理定义为，政府为促进社会整体协调发展，采取各种方式对涉及社会全体公众整体的生活质量和共同利益的一系列活动进行调节控制的过程。这一概念强调公共管理是对公共事务的管理，其目的是维护公共利益、为公众群体服务，其内容包括公共政策的制定，公共资源的组织、协调和控制，公共物品的合理利用和监管，提供公众所需要的社会服务等。公共管理主要是由政府部门负责组织高、中、低层管理人员具体实施的管理行为和过程，公共管理机制由问题的确立、解决方案的提出，到决策、实施和评估效果的基本运行过程构成。

（三）公共管理的科学内涵

根据国内外学者对公共管理的分析，再结合我国的实际情况，我们认为公共管理的概念应该概括为，公共管理是研究公共组织依法运用公共权力管理社会公共事务，实现社会公共利益的过程。

这一概念包括如下内容。

第一，公共管理的主体是多元化的公共组织。公共组织是以实现公共利益为目的的，为社会提供公共服务的公法人组织。公法人是根据公法规定而成立的法人，以公共事务为成立目的。公法人是在法律上能够作为权利和义务主体的法人，作为法人在管理过程中因为管理者职务行为产生的法律效果可以由组织来承担，这是使公共管理活动具有统一性和连续性的一种法律技术，是公共组织的法律理论基础。公共性是公共组织与其他组织相区别的标志。公共组织包括政府组织和非政府公共组织两种，它们是公共管理的组织依托。

第二，公共管理的目的是实现公共利益。公共利益就是全体社会成员的共同利益。公共利益在价值上具有多元性和综合性，它包含着生存、安全、秩序、效率、公平、公正、民主、效益等基本价值。这些价值是保证社会成员进行正常有序的共同生活所必需的。因此，公共利益的实现是公共管理的根本目的，公共利益的实现体现为提供的公共服务。公共管理为公民提供的公共服务内容包括公共事务的管理和公共产品的供给。公共事务即社会成员为保证社会生活的正常有序进行而共同要求处理和实现的事务。由于社会生活的领域十分广泛，因而公共事务的内容亦十分广泛，它几乎涉及社会生活的所有方面。公共产品是指具有消费的非排他性和非竞争性的产品，它包括有形的产品，如国防、治安、道路、桥梁等公共设施，以及其他公共物品，也包括无形的产品，如法律、规章制度、政策以及意识形态等。

第三，公共管理的基础是公共权力。公共组织之所以能够管理社会公共事务，是因为它具有来自人民所授予的公共权力。公共权力使公共组织具备了影响和支配社会成员行为的强制性力量，它是公共管理活动得以进行的保证，没有公共权力，公共管理就不能有效进行，公共权力是公共管理的依据和基础。因此，拥有公共权力是公共组织具有社会公共事务管理权的主要标志。

公共权力是指用于处理公共事务的权力。公共权力来源于全体人民的政治权利。我国宪法规定"中华人民共和国一切权力属于人民"，这说明我国的公

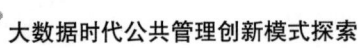

共权力来源于人民的授权。在阶级社会中,公共权力本质上是统治阶级的权力。公共权力具有规范、导向和发展的功能。作为规范,它提供社会法律和道德等行为准则,维护社会生活的基本秩序,保持社会稳定;作为导向,它提供社会发展战略和规划,保持社会良性运行、协调发展;作为发展,它靠一系列的社会政策指引社会进步。

第四,公共管理的内容是社会公共事务。社会公共事务指全体社会成员的事务。其具体内容有公共安全与秩序、公共问题、公共财产和公共资源等。公共安全与秩序就是公共组织为全体社会成员提供的国防、治安、民主等方面的服务,保证国家政权独立、社会秩序稳定、人民参政议政的团结安定的政治局面;公共问题即社会问题,一些具有全局性的、政治性的社会问题靠社会主体和市场主体是解决不了的,要由公共组织去解决;公共财产是人们共同拥有的财产,也是公共物品,是由公共财政支出的,其来源是纳税人的税收,它是公共组织管理的经济基础;公共资源即所有人都有可能享用和受益的,是以物质性存在的能源、道路、桥梁、交通等设施与物品,公共资源既是公共组织给社会成员提供服务的内容,又是服务的工具和载体。

第五,公共管理要依法进行。依法管理即公共管理要依法进行,它包括管理根据由法律提供,管理手段受法律约束,管理行为负法律责任。管理根据由法律提供是指公共管理的权力来源于人民通过法律的授权,法律授权即管理,法无授权即禁止。用法律限制公共权力在公共领域范围内行使,防止公共权力侵犯公民的合法利益。管理手段受法律约束是指,公共组织在社会公共事务管理领域内,依照法定职权和程序,把国家法律法规实施到具体的管理活动中,以达到有效而合理的管理目标,旨在把公共组织的管理行为限制在法律的范围内,处于人民的监督下,防止公共权力的滥用。管理行为负法律责任是指,作为公共组织要为自己的行为负法律责任,给公民造成的各种损失要承担法律后果,以保证公共服务的质量和水平。

(四)公共管理的特质分析

如果将我国学者与西方学者关于公共管理内涵及外在表现进行系统分析归纳,可以看出公共管理有以下几方面的特质。

第一,公共管理是将私营部门的管理手段运用到公共部门管理上,但是并未改变公共部门作为公共管理主体的公共性。公共管理在承认公共利益、公共意见、公共价值、公共服务等公共行政理论基本价值的基础上,主张学习与吸收私营部门的管理策略与方法,改革政府管理方式,以实现公共部门所追求的效率、效果、公平与卓越的目标。所以，美国国家绩效评估报告中所主张的"企业型政府"，并不是将政府与企业画上等号，而是指运用私营部门的管理手段或管理精神来解决公共部门低效率和高成本的问题，让公共部门更好地满足公民需要，并不是改变公共部门的主体公共性质。

第二，公共管理选择性地运用市场机制手段，并不是将公共服务完全市场化。公共管理由于受到公共选择理论的影响，主张引进市场机制，将公共服务民营化，以加强竞争，降低预算与权力的扩大化，因此而形成了"市场取向的公共行政"理论或"市场驱动的公共管理"理论。"市场取向的公共行政"或"市场驱动的公共管理"是指有选择性地运用市场机制的手段与方法，并非从实质上将政府予以"市场化"。实际上，政府既非企业，公共部门又未丧失主体公共资格，不可能成为市场的代名词。公共管理者在将公共服务交给市场之前，通常都会经过谨慎的可行性研究。

第三，公共管理既不是公共行政，也不是政策执行，更不排斥二者的基本理论，而是主张吸收二者的长处，修正二者的不足。公共管理与公共行政、政策执行是不同的。公共行政的分析单元是政府组织行为，其目的是建立某些规范性的规则，作为其行为指南；政策执行的分析单元是公共计划本身，其目的是使公共计划的执行能够达到当初所设定的目标。因此，公共管理基本上是吸收公共行政和政策执行而发展出来的新兴领域。从公共行政与公共管理的区别而论，前者是指依据事前决定的程序与规则对于资源进行有次序的安排，后者则是进行资源管理以达成一组目标的裁量权。所以，管理者必须要设定目标，要有自主管理权，要拥有专业能力与技巧从事这些活动。

因此，公共管理与公共行政的区别在于，前者一方面重视目标的设定与成果的衡量，另一方面强调个人的责任，后者则强调管理过程与规则。从政策执行与公共管理的区别而论，首先，从研究重点而言，前者着重于进行组织的结构与过程研究，后者则重视公共计划的成果与绩效；其次，从知识基础而言，前者是在政治学、公共行政与政策领域内，后者则是整合各个学科的观点，如对政策学、经济学、社会学、心理学、管理学等不同学科领域进行研究，其理论基础的涵盖面较广。就公共管理学者而言，公共行政的管理程序与原则是非常值得吸收的，政策执行强调以公共计划为单元的概念亦很受重视，所以公共管理吸收且修正了公共行政与政策执行的理论观点。

第四，公共管理重视与外部环境的关系，强调最高管理者的策略设计。公共管理兼顾内部与外部环境的关系，特别是重视外部环境，所以主张采取策略性的观点进行资源管理。该策略通常包括如何认定公民的需求，如何拟定计划，

如何进行资源配置，怎样进行有效的管理与服务等。但传统的公共行政则仅重视组织内部的环境因素，强调以标准作业程序完成组织目标。传统的公共行政将政府组织视为基本范畴，探讨的主题是，应该如何建制，行政人员应解决哪些问题，解决程序是什么，如何才能达到管理效率目标。因此，其分析重点为政府的行政管理程序与原理，但是公共管理者的分析重点是政府组织中最高管理者的策略，他们所面对的问题是如何为他们的计划或政府组织设计适宜的管理策略。

第五，公共管理不完全等于政府管理，它是政府部门与私营部门、非政府组织、非营利部门、公民社会或个人进行的合作模式。传统的公共行政强调的是以政府部门为主体的管理，可以称之为政府管理，但公共管理中所谓的管理者不一定是政府部门，非政府组织、非营利部门等都是公共管理者，且都扮演着积极角色，所以，公共管理非常强调合作关系。

第六，公共管理与政策分析具有密切关系。公共管理与公共政策的形成与制定密切相关，公共管理活动本身是公共政策执行过程的一部分。政策管理是结合公共政策与公共管理知识于一体的。公共政策是一种"战术"，公共管理则是一种"战略"，两者有先后之分，但关系密切。公共政策分析对公共部门的改革具有十分重要的意义。政策分析主要是关注政府做些什么样的课题，公共管理则关注如何做的问题，事实上，两者密切相关。

西方政府在管理实践中非常重视以公共管理改进公共政策设计，根据美国会计总署的评估，美国联邦计划当中至少有 17 项因为公共政策设计不良而导致税款浪费。所以，美国计划增强联邦政府官员与国会机构的政策设计与评估能力，准备邀请美国国家公共行政学院、布鲁金斯学会与大学公共政策研究学院共同研究政策设计手册，提供相关训练课程，以提高联邦官员的政策设计能力，从而提高公共管理的效率与水平。

第二节　公共管理产生的背景

20 世纪 60 年代末 70 年代初，以美国为代表的西方国家连续出现了一系列社会、经济与政治危机问题，政府改革的呼声此起彼伏，传统的公共行政学说面临着严峻的挑战。对此，西方行政学界做出了积极、有力的回应。他们反观传统公共行政的固有缺陷，开始用全新的视角、理性的价值观来研究公共行政的现在与未来，从而引发了公共管理运动。

一、公共管理产生的学科背景

公共管理涉及政治学、公共行政学、管理学、经济学、政策学、社会学和心理学等众多学科，但其主要是在公共行政学的基础上建立起来的。公共行政学的发展是其产生的主要学科背景。以1887年威尔逊发表《行政学研究》为标志，公共行政学成为一门独立的学科，其发展经历了三个阶段。

（一）传统理论时期（1900—1930年）

"公共行政"这一概念最早出现于德国学者史坦因1865年撰写的《行政学》一书中，但是，他所说的行政学主要内容是行政法，也没有形成理论体系。1887年，美国学者威尔逊在其《行政学研究》中提出建立一门独立的学科——公共行政学，并提出了公共行政学的主要观点及范畴，这被学术界看作公共行政学诞生的标志。

公共行政学诞生之后就引起了学术界的重视，相关方面的著作相继出现。威尔逊为此被誉为"公共行政学的奠基人和鼻祖"。1926年，美国学者怀特在其撰写的《行政学导论》中，论述了公共行政的重要性和科学研究的可能性。1927年，美国学者魏劳毕出版《行政学原理》一书，比较系统地阐述了行政学理论体系。至此，公共行政学这门学科基本形成。

传统理论时期即公共行政学形成时期，人们常称为科学管理阶段，也有人因为这一时期的管理原则与后人所谓的X理论相似而称它为X理论阶段。当时公共行政学的形成受到工商企业管理理论的重大影响，许多工商企业管理的原理被借用到公共行政学中。美国管理学家泰勒在1911年出版的《科学管理原理》一书中，提出了以分工协作、研究动作与时间关系、规范操作程序方式、培训职工、规定定额和实行差别工资的办法来提高效率的主张，推动了管理学的革命，泰勒因此被称为"科学管理之父"，其主张对公共行政的产生和发展产生了积极作用。与泰勒同时期的法国管理学家法约尔1916年出版了《工业管理和一般管理》一书，把管理分为计划、组织、指挥、协调和控制五个环节，并确定了管理十四条原则，对早期的公共行政学也有重要影响。法约尔被称为"管理理论之父"。这一时期公共行政的代表性观点是美国政治学家古德诺的政治与行政两分法理论。古德诺主张，政治是国家意志的表现，行政是国家意志的执行。怀特也主张政治不要干扰行政，行政维持价值中立，以追求经济与效率为目标。这一阶段的公共行政理论研究的主要特点包括：第一，侧重行政制度、机构、程序、方法的研究，主要贡献是系统地论述了公共行政的研究对象、内容和方法，关注如何有效运用资源以执行政策，提出了一些原理和原则，为

公共行政理论体系的建立奠定了基础,对提高工作效率也起到积极作用;第二,这一时期公共行政研究的缺陷是过分重视机械效益,而忽视环境影响及人的主观能动性。

(二)行为科学时期(1930—1960年)

由于行为科学在早期也被称为人际关系学说,所以,人们也把行为科学时期称为人际关系时期。这一时期公共行政学有了新的发展,这可以从社会组织和新兴学科理论两方面得以证明。20世纪30年代出现世界性的经济危机,传统管理理论的弱点逐渐暴露出来,客观上提出了加强公共行政理论研究的要求。时任美国总统的罗斯福积极推进行政改革实践,促进了公共行政理论发展。美国哈佛大学梅奥等三位教授于1927至1932年,在霍桑工厂进行了一系列有关人的行为的试验,得出在其他条件不变的情况下,可以通过注重人的行为来提高效率的新理论。其他学者也从不同角度提出一些新的管理理论,如巴纳德提出发挥非正式组织作用的理论;马斯洛提出依次满足人的生理、安全、社交、尊重、自我实现五个层次的需要,以调动人的积极性的"需要层次"理论;麦格雷戈从评价人性出发提出X理论和Y理论,把传统管理理论称为X理论,把他自己提出的人并非天生厌恶劳动,只要通过民主领导、适当授权、积极沟通、启发自觉就可以发挥人的潜能的理论,称为Y理论。麦格雷戈的论述影响较大,故有人称这一理论阶段为Y理论阶段。这一阶段的公共行政学理论的特点是,第一,强调研究人的行为和人际关系,从人与组织、环境的关系角度来研究决策问题,因而使行政学研究的重点和角度发生了转变,也使行政学理论体系大大完善了;第二,这一时期公共行政理论的缺陷是过分重视人的行为因素而忽视了对政治环境的研究与了解,没有很好地发挥组织结构和法制的作用。

(三)系统理论时期(1960—1980年)

社会经济、政治和科技的飞速发展,特别是系统理论的崛起、电子计算机的应用,向公共行政理论发展提出了新要求也提供了新思路和新方法。这一时期的主要管理流派有三个:系统管理学派、权变理论学派、管理科学学派。

系统管理学派兴盛于20世纪60年代,它运用一般系统理论、系统分析方法来研究管理,其主要代表人物是理查德·约翰逊、詹姆斯·罗森茨韦格、弗里蒙特·卡斯特。他们三人1963年出版的《系统理论与管理》一书是系统管理学派的代表作。所谓系统管理,即把公共行政作为系统进行管理。其管理理论有四个特点:一是以目标为中心;二是以系统为中心,强调系统整体化;三是以责任为中心;四是以人的管理为中心。

权变理论学派形成于 20 世纪 70 年代，它也是用系统的观点来考察管理的，是对现代管理有较大影响的理论流派。权变理论学派认为，行政管理是一个由若干个子系统组成的系统，组织管理受外界环境的影响。系统是自变量，管理是因变量，管理的方式要随着行政系统内外部环境的改变而改变，没有一成不变的管理模式。这一理论被广泛应用于计划、组织和领导的研究当中。

管理科学学派又称管理数量学派，该学派认为管理就是制定和运用数学模型与程序的系统，就是用数学符号和公式表示计划、组织、决策等合乎逻辑的程序，求出最优解，以达到管理目标。这一阶段公共行政理论研究的特点有以下几个方面。第一，以全面性、整合性姿态出现，综合了前两个时期的理论研究成果，强调整体宏观研究，既重视与外界环境之间关系的研究，又注重本系统内各部分关系的研究，既强调组织结构、工作程序制度等静态因素，又强调人的因素及动态因素。第二，运用系统理论等现代科学理论的新成果来进行研究，使行政管理逐步走向定量化、科学化。为此，人们也称这个时期为科学化阶段。第三，公共行政基本理论建立在三个假设基础上：一是公共行政与私人部门的行政没有本质区别；二是强调一般管理；三是企业绩效优于政府绩效，主张用企业精神改造政府，将公共行政转向管理，为日后公共管理发展创造了条件。公共行政的发展为政府管理提供了理论指导，提高了政府对社会管理的效率。但是，公共行政还有一些理论和实践问题没有解决。一是公共行政管理与私人企业管理是否相同？二是企业是否比政府有更高的绩效？问题的出现，说明公共行政忽略了公共管理所处的政治环境和公私管理的差别，使公共行政陷入了有管理无公共的窘境，在这样的背景下，西方学者开始试图将传统的公共行政理论和现代管理理论结合起来探讨，不同于传统公共行政研究的新途径，即公共管理研究途径。公共行政理论为公共管理理论的产生奠定了理论基础。

二、公共管理产生的社会背景

理论来源于实践。20 世纪 70 年代，西方社会出现了政府失灵的状况，人们开始重新审视政府，美国《时代》周刊甚至提出了"政府怎么了"的疑问。社会动荡促使人们思考新的管理途径和理论，这些尝试为公共管理理论的产生提供了社会土壤。

第一，公民呼吁进行政府改革。为保障公民的福利，政府通过立法进行经济性管制和保护性管制，有时甚至干预了公民生活。其结果是，一方面政府必须投入大量的资源以提供公共服务，另一方面为支付大量公共开支所采取的重税政策也导致经济竞争力的下降和公民的不满。在此情况下，政府遭到越来

多的批评。对政府的批评主要来自三个方面：一是认为政府的规模太大，消耗了过多的公共资源；二是政府的职能范围太广，使政府陷入了过多的无谓活动中，导致资源浪费；三是政府管理手段贫乏，提供的公共服务质量平庸且效率较低，来自公民方面的政府改革的呼声较高，为公共管理理论产生提供了民主基础。

第二，经济因素与财政压力。20世纪70年代，英美等西方国家经济陷入"滞胀"的困境中，经济的显著特点是低速增长与结构性经济危机相交织。一方面，西方发达国家的高福利政策造成政府每年必须负担庞大的转移性财政支出，拖垮了政府的预算和经济，而经济衰退、失业率上升则造成了政治和经济的不稳定。另一方面，国际经济的自由化趋势造成的竞争压力逐渐加大，对各国政府形成了巨大的改革压力，如何促进国内经济的发展、降低政府的施政成本、提升国际竞争力，成为各国执政者面临的核心课题。在此情况下，思考政府改革以缓解财政经济压力，追求国家竞争力提升就成为各国政府的一项重要任务。谋求政府管理的理论创新和改革出路成为各国政府思考的重要问题。

第三，社会问题与政府失灵。当人类进入20世纪后半叶时，整个世界几乎处在一种急剧变革和纷扰不安的时代。科学技术的迅猛发展不仅使生产率得到了快速增长，使经济发展水平得到了不断提高，而且导致了全球文化的日益普遍化和理性化。这些变化既对人类社会的进步起着重要的推进作用，也对人类社会的发展造成了许多不良的影响，引发了一系列的社会问题。例如，科学研究的态度促使人类原有的信仰转变为对客观知识和工具的理性信仰，形成了现代人内在的空虚感，使人类社会更为功利。科学技术的发展还造成当代规范系统的混乱，原有价值规范丧失权威，而新的价值规范系统尚未确立，于是便导致现代人对价值无所适从，导致各种各样的社会问题。例如，社会治安问题、环境污染问题、失业问题、犯罪问题、交通问题等，使政府应接不暇、力不从心。面对社会出现的种种变化，现代政府的确已经无法再用过去的管理模式来控制局势和解决问题了，因为传统的公共行政理论是实证科学的产物，它自然也就无法指导行政管理的实践、应付现代科学技术的发展所造成的各种危机。正是在这样一种历史背景下，人们纷纷提出所谓"新的模式"以取代"旧的传统理论"。由美国青年学者发起的"公共管理运动"在20世纪70年代得到发扬光大。

1991年9月20日至21日，73位美国学者在雪城大学麦克斯威尔学院召开了第一届"全国公共管理研究会议"，该会议提出了公共管理研究的重点是策略、组织间的关系和公共政策与管理联系。在会议结束后与会者的论文被编辑成册，分为7部分，共22章。这些论文共同指出公共管理研究所应关注的三个相关问题。一是如何使公共部门组织起来？二是如何让公共部门组织运作绩效更好？三是如何研究出更好的方法，使政府运作得更好？至此，公共管理的理论框架基本形成。

第三节 公共管理的主体、价值观念和职能

20 世纪 70 年代末以后，随着科学技术的迅猛发展、社会的进步加速，人类社会的公共领域也在不断扩大，公共管理的地位也在不断上升。在政府治理领域，"新公共管理"运动在世界范围内兴起，现代意义上的公共管理学突破了公共行政学的视野和学科典范，脱颖而出，引起了理论界和实务界的广泛关注，彰显出了独特的魅力。

一、公共管理的主体

（一）政府是公共管理的核心主体

公共管理是指以政府为核心的公共部门及其工作人员依法处理公共事务、提供公共产品和服务的管理活动。可见，实施公共管理的主体既包括以组织形式出现的公共组织，又包括以个体形式出现的公共管理者。现代政府作为全体社会成员共同利益的代表，通过民主程序产生，其权力得到社会公众的认同，具有合法性和强制性。在社会生活中，政府负有承担公共服务的主要责任，旨在进行有效增进与公平分配社会公共利益的调控活动，可以说政府是公共管理的核心主体。

1. 政府的概念

英国思想家洛克认为，政府是人们自愿通过协议联合组成的共同体，共同体的权力属于其中的大多数人，政府就是代替大多数人行使权力的裁判者。法国思想家卢梭认为，政府就是在臣民与主权者之间所建立的一个中间体，以使两者得以互相适合，它负责执行法律并维护社会的以及政治的自由。卢梭的"中间体"和洛克的"共同体"相类似，他们都认为，在这个"中间体"或"共同体"里，一切权力属于人民，政府是权力的执行者。这种看法在西方一直比较流行。英国自由主义理论家密尔在《代议制政府》中，将政府称为"政府机器"，这台机器包括立法行政、司法等部分。他强调政府应该促进人们本身的美德和智慧发展，政府需要人民最大限度地参与。据此，他认为，政府既是对人类精神起作用的巨大力量，又是为了完成公共事务的一套有组织的安排。

中国古人称政府为宰相治理政务的处所。《资治通鉴》记载，唐玄宗天宝二年"李林甫领吏部尚书，日在政府"，《宋史·欧阳修传》记载，"其在政府，与韩琦同心辅政"，说的都是同一意思。中国古代实行君主专制制度，皇帝之下设宰相或丞相，辅助皇帝处理政务和一切军国大事。皇帝集立法、行政、司法以及考试、监察等权力于一身，宰相或丞相就成了这些权力的主要执行者，因而所谓处理政务的处所不仅是处理一般行政事务的地方，也是处理立法、司法等事务的地方。实际上，其既是一种统治机关，也是一种执行和管理机关。近现代中国人对政府的定义有不同的理解。孙中山将国家权力分为民权和治权，民权包括选举、罢免、创制、复决四种权力，治权即政府权，包括立法、行政、司法、考试、监察五种权力。这里的政府实际上变成了处理立法、行政、司法等事务的机关，同样兼有统治、执行和管理的含义。中国政治学开拓者邓初民认为，由于国家权力的运用必须发生一系列的立法、行政、司法等政治行为，要掌握这些行为，必须有立法、行政、司法等政府机关（中央政府和地方政府），设官分职，各司其事，这就是对政府明确之至的说明。那么，政府不过是执行政治任务、运用国家权力的一种机关罢了。以上两种说法含义相近，都认为政府是包揽立法、行政、司法事务的统治、执行与管理机关。

另外一些学者认为，政府有广义和狭义两种解释。广义的政府是指国家的立法机关、行政机关和司法机关等公共机关的总和，是国家进行阶级统治和社会管理的组织。其中，立法机关是行使立法权的国家机关，即有权审议、制定、修改和废止法律的国家机关；行政机关是负责制定和执行国家政策、管理国家内外事务的机关；司法机关是指代表国家行使司法权的国家机关。狭义的政府指国家政权机构中的行政机关，即一个国家政权体系中依据宪法和法律组建的行使行政权力、执行行政职能、管理国家公共事务的组织体系。

综上所述，中西方学者关于政府是国家的机器、工具和代理者的认识，关于政府是立法、行政、司法机关的综合的表述，关于政府是行使国家权力、管理公共事务的机关的观点，都值得参考。从多方面进行考察，在有阶级的社会里，政府应该是国家进行阶级统治、政治调控、权力行使和社会管理的机关，它理所当然地包括立法、行政、司法机构在内。作为国家机构的政府，一般具有权威的广泛性、成员的非自愿性、暴力的垄断性、权力的合法性等特性。具体来讲，第一，政府是国家统治社会的工具；第二，政府是国家机关的主要组成部分，国家通过政府实现对社会的统治；第三，政府有权支配和运用公共资源；第四，政府是公共组织的核心，政府提供的产品是公共物品；第五，政府是公共权力的行使者。

2.政府与国家、政党、社会的关系

政府是国家机器的主要组成部分,是阶级斗争的工具,是政党争夺的主要对象。因此,政府必然是与国家、政党、社会紧密联系在一起的。

从政府和国家的关系来说,国家是统治阶级和被统治阶级对立的统一体。实际上,国家是阶级统治、阶级控制和阶级压迫的机器,而政府则是实施这种统治、控制和压迫的工具。统治阶级要通过政府把自己的意志转化为国家意志,要通过政府来行使国家权力,行使国家权力必然要产生一系列的立法、行政、司法的行为,而要从事这些行为,必须有立法、行政、司法等机关,设官分职,各司其事。这样,政府就成为陈述、表达和执行国家意志的全部立法、行政、司法的组织。从政府和政党的关系来说,政府是政党进行政治调控的枢纽,也是权力的执行机构。现代国家一般都实行政党政治。在实行多党制的国家中,不管是执政党还是在野党,都力图通过议员、官员、利益集团、社会团体、社会舆论,以及立法、行政、司法等机构来进行政治调控,以调整社会各阶层的利益,达到社会的相对平衡。在一党执政的国家中,执政党不仅通过自己的组织和成员,更重要的是通过立法、行政和司法机构,来贯彻执行自己的路线、方针和政策,并进行政治调控,以实现社会的稳定和发展。政党的这种政治调控作用,政党所掌握的权力,政党对国家政治和社会生活的领导一般都是通过立法、行政和司法等政府机构来实现的。从政府和社会的关系来说,政府是社会管理的总机关。社会事务纷繁复杂,千头万绪,范围广泛,涉及每一个人的利益,要管理好众多事务,必须有威严周密的法律,廉洁高效的管理,公正严肃的司法,否则就无法维护社会秩序。

3.政府的组织结构和组织体制

(1)政府的组织结构

在我国,政府的组织结构即行政机关结构,是指在我国宪政体制下的行政机关结构体系,根据《中华人民共和国宪法》和《中华人民共和国地方各级人民代表大会和地方各级人民政府组织法》规定,我国是一个单一制的国家,即只有一个中央人民政府、一部宪法、一套司法机关,地方行政机关要根据宪法和法律授权才能行使相应的权力。为了进行有效管理,《中华人民共和国宪法》和《中华人民共和国地方各级人民代表大会和地方各级人民政府组织法》又将行政机关按照地区和职能进行分工,为此可将我国行政机关的结构分为纵向结构和横向结构两个方面。

第一,纵向结构,是指从中央政府机关到地方各级人民政府的层次结构。

我国根据不同地区的特点设立不同的纵向的结构形式,具体可分为以下三种。

①二级制结构形式,即直辖市和区两级,这种设置是指在我国的四个直辖市中,市区的行政组织结构。

②三级制结构形式,即直辖市—区—乡镇,直辖市—县—乡镇,省、自治区—地级市区,省、自治区—县、县级市—乡镇等。

③四级制结构形式,即省、自治区—地级市—县—乡镇,省、自治区—地级市—区—乡镇,省、自治区—自治州—县、县级市—乡镇。

第二,横向结构,是指同级行政组织之间和各级行政组织之间分工协作的关系。政府组织横向分工的种类一般有以下四种。

①按业务性质分工。例如,财政、教育、外交、农业等业务性质均不同,就以此为基础,设置不同的单位。政府组织中绝大多数部门都是按照业务性质而设置的。

②按管理程序分工。政府部门可分为咨询部门、决策部门、执行部门、信息部门和监督部门等。如各级政府的政策研究室就是咨询部门,各级政府的首脑机构是决策部门,统计局是信息部门,监察部门是负责监督的部门。

③按管理对象分工。如工业部、农业农村部、铁道部、交通部,均是按不同对象实行分部管理。

④按地区分工,如我国公安系统按省、市、县、乡等区域分别设立相应部门,处理区域内相关事务。

(2)政府的组织体制

政府的组织体制是指行政组织各层级、各部门之间行政关系的法制形态,其核心问题是行政权力的分配。政府组织体制主要有以下几种形式。

第一,委员制与首长制。

委员制与首长制是组织中两种不同的高层次职权分配体制。委员制指的是组织中的最高决策权,由两人以上所组成的集体来行使。实行委员制有利于集思广益,可避免权力过于集中,并可激发下级人员的积极性,但如果运用不当,也可能出现成本较高、妥协折中、决策迟缓、职责分离等问题。首长制指的是最高决策权交由行政首长一人负责并承担全部领导责任的组织体制。首长制的特点是权力集中、责任明确、行动迅速、效率较高。但因行政首长个人的知识、经验局限性可能会出现决策失误的问题。此外,如果行政权力落在不合适的人选手中,极有可能出现专制和滥用职权。从委员制和首长制的特点可知,这两种行政权力分配体制各有利弊。一般而言,委员制在做出决策方面所表现出的优势是显而易见的,首长制则在执行决策的效率方面占绝对优势。因此,在具体的公共管理实践中，应该实行两者的结合，即进行重大决策的委员制和负责执行的首长制。我国的政府组织体制是首长制。

第二，集权制与分权制。

集权制与分权制是依据组织上下级职权的大小来划分的。集权制是指政府管理权限较多地集中在上级，对下级控制较多，如下级在决策前后都要经过上级的审核，凡事都依据上级命令或秉承上级指示办理的组织体制。实行集权制有利于政令统一，集中力量，维护组织的整体利益；但过于集权不能有效调动下级工作的积极性，不能因地制宜，缺乏生机和活力。分权制是指行政组织中的下级组织在其管辖范围内有较大的自主权，可以因地制宜自行解决问题，上级对下级的控制较少，即对下级在权限范围内的事不进行过多干涉的组织体制。实行分权制容易调动下级组织的积极性，避免权力集中；但权力过于分散会导致下级各自为政，中央控制不力，影响组织整体功能发挥。集权和分权是相对的概念，不存在绝对的集权和分权，合理的行政组织体制就是结合集权制和分权制优势的体制。

第三，分级制与分职制。

分级制是典型的层级结构，是指行政组织纵向结构的各个层级的工作性质相同，但有隶属关系，业务范围随层级下降而缩小的一种组织体制。层级制的优点是组织系统业务相通，便于沟通、领导，行动统一，事权集中。但如果层级节制过多，又缺乏专业分工，上级任务繁杂，则没有时间顾及组织的变革与发展。分职制是指根据不同的业务性质、职能而横向划分若干部门，每个部门所管业务内容不同，但所管范围大小基本相同的组织体制。分职制有利于集中技术人才和发挥技术优势，分工明确，有利于行政首长将注意力集中到组织的整体谋略方面。分职制的缺点是如果分工过细，会使部门主管过多，横向配合与协调发生困难。现代行政组织大都将分级制与分职制有机结合起来，以分级制为基础，在每一个层级进行职能分工。

（二）非政府公共组织是公共管理的重要组成部分

1. 非政府公共组织的内涵

"非政府公共组织"的用法在20世纪中期以后逐渐流行，各国在用词习惯以及对非政府公共组织范围的界定上有所差异，如联合国文件中通常使用"非政府组织"（NGO）；美国对非政府公共组织的管理体制基本依据税法，因而又称"免税组织"；英国则遵照传统使用"志愿组织"。其他常用的还有"慈善组织""公民社会组织""第三部门"、非营利组织等称谓。其含义涵盖范

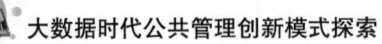

围不同,但均是针对政府部门与企业部门之外的社会组织。中国官方通常采用"民间组织"一词。国际上有关非政府公共组织的定义也是种类繁多,其中比较有代表性的观点有以下几种。

（1）法律上的定义

美国税法规定免税组织必须符合三个条件：一是该组织的行动目标完全是为了从事慈善性、教育性、宗教性和科学性的事业,或者是要达到税法明文规定的其他目的;二是该组织的净收入不能用于使私人受惠;三是该组织所从事的主要活动不是为了影响立法,也不干预公开选举。在美国能够享受免税资格的组织便是非政府公共组织。

（2）依据组织的资金来源定义

联合国的国民经济核算体系将经济活动划分为五大类：金融机构、非金融企业、政府、非政府公共组织和家庭。非政府公共组织与其他四种社会组织的区别在于,非政府公共组织的大部分收入不是来自以市场价格出售的商品和服务,而是来自其成员缴纳的会费和支持者的捐赠,如果一个组织一半以上的收入来自以市场价格销售的收入,那这个组织就是赢利部门,资金主要依靠政府资助的组织就是政府部门。

（3）根据组织的结构与运作定义

这一定义是由美国约翰斯·霍普金斯大学非政府公共组织比较研究中心提出的,它主要着眼于组织的基本结构和运作方式,该定义认为凡符合以下五个条件的组织就是非政府公共组织。一是组织性。这一特性意味着有内部的规章制度,有负责人,有经常性活动,并且非政府公共组织应该有根据国家法律注册的合法身份,这样才能有契约权,并使组织的管理者能对组织的承诺负责。二是民间性。这是指非政府公共组织不是政府的一部分,也不是由政府官员主导的董事会基金。三是非利润分配性,非政府公共组织虽然可以赢利,但所得必须继续用于完成组织的使命,而不是在组织管理者中进行分配。四是自治性。非政府公共组织能控制自己的活动,有不受外部控制的内部管理程序。五是志愿性,无论是实际开展活动还是在管理组织的事务中均有显著程度的志愿参与。这一点特别体现在形成由志愿者组织的董事会和广泛使用志愿工作人员上。

（4）根据组织的特征定义

非政府公共组织有五个特征：一是有服务大众的宗旨;二是有不以赢利为目的的组织结构;三是有一个不使任何个人得以利己赢利的管理制度;四是本身具有合法免税资格;五是具有可提供捐赠人减免税的合法地位。凡符合这五个特征的组织一般被认为非政府公共组织。

这四种定义各有侧重，就第一种和第二种定义而言，法律上的定义在一国之内十分准确，但由于各国法律大相径庭，无法用于比较研究；经济上的定义的缺陷则在于很难确定一个具体的比例，实际上不同国家这一比例的差别非常大。第三种定义则不太适合中国的国情，如果按照这一定义进行划分，那么中国绝大多数的社会团体都会被排除在非政府公共组织之外，因为它们可能都不完全符合民间性、自治性，甚至志愿性的条件。欧洲一些国家和日本等国的很多非政府公共组织根据这一定义也会被排除在非政府公共组织之外。事实上，这一定义只特别适合于美国，并不利于进行国际比较。我们通过分析发现，在所有定义中第四种定义最具有包容性和国际性。它不但提出了非政府公共组织的最主要的特征，并且能将不同国家的非政府公共组织都包括进去。根据第四种定义中的五个特征，非政府公共组织可以被定义为，以增进社会公共利益、服务社会公众为宗旨，不以赢利为目的，主要开展各种志愿性的公益或互益活动的非政府的社会组织。

2. 非政府公共组织的基本特征

（1）正规性

非政府公共组织必须是合法注册的，具有常规的组织机构和管理体制，并开展经常性活动的组织。非政府公共组织具有像公司一样的法律地位。这种地位使非政府公共组织可对外以法人的身份订立合同，管理者不会因执行该组织的任务而使个人承担财务责任。

（2）非政府性

非政府公共组织必须是非政府的、私人的或民间的组织，在组织机构上与政府相分离，理事会或董事会的成员不应由政府官员担任。非政府公共组织应当保持自己的独立决策权，不为政府所控制。

（3）非营利性

非政府公共组织不是不营利，如果不营利，组织就不能生存和发展，更谈不上履行职责或发挥作用。非政府公共组织的非营利性是指，其不以利润为运营目标，更重要的是其运营所得利润不能在组织内部分配，只能用于组织的进一步发展，投入符合宗旨的公益事业之中。这就是营利组织区别于非政府公共组织的根本标志。

（4）志愿性

从非政府公共组织的组成人员、组织体制以及活动方式上看，它的内在驱动力不是利润动机，也不是权力原则，而是以一种志愿精神为背景的利他主义和互助主义。非政府公共组织具有较高的道德基础，其参与者社会责任意识较强，不以物质回报为条件，这使非政府公共组织在扶贫环保、教育维权、慈善、文化等许多领域取得政府和企业无法取得的成绩。同时，由于非政府公共组织的参与者在本质上必须是志愿的，这决定了非政府公共组织在组织上必须是自治的，成员间的关系是平等的和相互信任的，它的体系基本上是开放的，它的运作公开透明、高效规范，这正是非政府公共组织独特的生命力和价值所在。

（5）组织目标的中立性

组织目标的中立性主要指非政府公共组织的非政治性。这也是我国发展非政府公共组织应该坚持的一个原则。非政府公共组织应该积极寻找服务空间，合理地确定自身的使命，确保在开展各种活动的时候充分发挥自身优势，而不介入国家政治事务。

3. 非政府公共组织的类型

（1）国外非政府公共组织分类

从国外非政府公共组织来看，目前采用得较多的是按照组织收入的来源方式和管理方式进行分类。从收入来源看，如果组织收入的大部分来自外界公众的捐赠，则称为"资助型"组织，如红十字会；如果组织通过销售产品或者服务来筹集大部分资金，则称为"商业型"组织，如医院。从管理方式看，如果组织是由自己的顾客来进行管理的，就称为"自理型"组织，如乡村俱乐部；如果组织成立专门的董事会，然后聘请总经理来管理，就称为"企业型"组织。在美国还有更简单的分类方法，即将非政府公共组织划分为会员制组织和非会员制组织两大类。

按照非政府公共组织的功能进行分类，主要分为以下几类。①宗教性组织，包括教会、教会的联合组织、协会；②社会性组织，包括奉献俱乐部、友爱团体；③文化性组织，包括美术馆、博物馆、交响乐团、歌剧团、美术联盟、动物园；④学术性组织，包括私立中小学校、私立大学、研究机构；⑤保护性组织，包括同行业者联合会、工会；⑥政治性组织，包括政党、政治后援集团；⑦慈善性组织，包括私立福利团体、私立财团、慈善医院、敬老院、看护中心；⑧社会运动性组织，包括和平运动集团、家族计划推进组织、环境保护组织、人权运动组织、消费者运动组织、女权运动组织及犯罪扑灭运动组织。

（2）我国非政府公共组织分类

目前，我国还没有一个明确的非政府公共组织的分类标准，我们认为对我国非政府公共组织的分类可以直接参照现有的非政府公共组织管理法规来进行。我国在对非政府公共组织的管理与规范方面已经制定了相应的规章制度，如《社会团体登记管理条例》《民办非企业单位登记管理条例》《基金会管理条例》。此外，非政府公共组织的行为受到其他有关法律的制约，如《中华人民共和国公益事业捐赠法》《中华人民共和国民办教育促进法》等，根据现行的法规和组织的存在状况，我国非政府公共组织可划分为法定非政府公共组织、草根非政府公共组织和转型中非政府公共组织。

法定非政府公共组织是被政府认可、具有较严格的组织性质和较明确的法律地位的非政府公共组织。根据国家民政部的规定，这类组织是具有社团法人、非营利法人地位的正式"民间组织"，包括社会团体、基金会和民办非企业单位。由于登记管理法规中对这类组织设立的要求门槛较高，特别是需要业务主管单位和登记管理机关双重审批、双重管理的体制使纯粹民间自发的组织很难进入法律规范体系，因而获得法律认可的非政府公共组织大多是官办组织。尤其对于社团法人而言，许多虽然以民间组织为表现形式，但在资源获取、人事配置、行为作用等方面均与政府机构有着密切的关系。

草根非政府公共组织不具有被正式认可的民间组织的法人地位，但是在相当程度上具有非政府公共组织的核心特征，即非营利性、公益性、志愿性等，大多属于民间自发组建、因各种原因不能在民政部门获得法人资格的，被称为"草根"的非政府公共组织。它们有着多种表现形态，一是作为某个单位的二级分支机构，不具有独立的法人资格；二是在工商部门登记获得企业法人资格，但开展公益性活动，并在各种非制度性的条件下获得税务部门的税收优惠认可；三是还有许多未登记的组织，如社区公益性组织、农民经济协作组织，以及其他游离于法律规定的组织体系之外自行活动的组织等。这些草根非政府公共组织尽管在接受捐赠、开展活动等方面受到法律地位的制约，有些组织的非营利性也难以度量，但其中仍然有非常活跃的、体现真正非政府公共组织特性的代表，在社会公益事业中扮演着重要的角色。

转型中非政府公共组织是一类处于向非政府公共组织的转型过程之中，或者具有非政府公共组织的潜在特质的社会组织，如转型中的事业单位，依据特定法律程序成立的村委会和居委会等社区自治组织，组织界限尚未划清的部门代管组织，如业主委员会，在现代科技手段下出现的新型组织形式，如网上社团，以及其他各种尚未经过注册登记开展活动的社会组织，如以筹备委员会等名义开展活动的组织等。这些组织的非营利性、公益性、志愿性程度不一、形态多样，大多处在变动过程之中，需要长期观察和区分对待。

（三）公共管理者是公共管理的主要角色

1. 公共管理者的前提和基础

公共组织是由人组成的，实施公共管理活动最终要靠以个体出现的公共管理者。

公共管理者是经法定程序进入政府或其他非政府公共组织，受国家和公民委托，行使公共权力，负责运用资源，从事公务管理的公职人员。公共管理者不仅仅限于政府的公务员，还应该包括政府雇员、第三部门的工作人员以及其他掌管公共资源、协调或者指挥公共事务的人。任何公共管理者要有效地发挥作用，其前提和基础是必须具有相应的职位、职权和职责，并实现三者的有机统一。

（1）职位

职位是公共管理者实施领导行为的基础。首先，职位是个人在公共组织中正式权力的象征。正如古人所说："不在其位，不谋其政。"其次，职位是职权和职责的载体，没有行政职位，就不能行使行政职权，也不负行政责任。最后，职位是个人在公共组织中法定地位的标志，一般来说，职位高的人比职位低的人地位高。职位具有合法性和非人格化的特点。所谓合法性是指，职位的设置必须按照严格的程序依法设置，职位的取得必须是组织授予的，因而担任职位的人在组织中拥有合法的权力和地位。所谓非人格化是指，职位是特定的工作岗位，同一职位在不同时期可由不同的人来担任。

（2）职权

职权是由行政职位所赋予的，具有法律效力。一般来讲，公共管理者所拥有的职权包括三个方面："人权"，即选人、用人权；"事权"，即行政决策权、组织协调权、监督控制权；"财权"，即财产支配权等。职权是公共管理者实施领导行为的条件。为了使公共管理者履行其职责，完成其任务，必须赋予他们相应的支配权，否则，领导便无从谈起。值得注意的是，公共管理者拥有职权的大小，要受到所处的管理层次、职位的高低和所担负的责任轻重的制约。离开上述条件，无限制扩大和使用职权，必然造成权力的滥用。相反，离开上述条件，任意缩小职权，又会造成失职。职权也具有合法性和非人格化的特点，职权来源于职位而不是人，它既不是他人的恩赐，也不是与生俱来的，既不能随个人终身而存在，也不能像个人私有物那样继承和转让。

（3）职责

职责是指行政领导担任某种职位，行使某种职权时所应承担的责任和义务。职责既包括在工作上应承担的行政责任，也包括在法律上应承担的法律责任。

职责是公共管理者实施行政行为的依据。首先，职责意味着承诺。公共管理者只要担任了某一职位，行使了某一职权，便意味着必须负起相应的责任。其次，职责意味着责任。公共管理者必须对职权范围内的事情负责，必须在职责的约束下慎重处事。最后，职责意味着评价尺度。职责为评价公共管理者的政绩树起了客观的标尺。

从上述可以看出，公共管理者的职位、职权和职责三者之间紧密相连、相辅相成，构成了公共管理者发挥作用的前提和基础。其中，行政职位及由此产生的职权是必要前提，而职责则是本质和核心。

2. 公共管理者的素质

公共管理者要能扮演好其角色，成为高效的管理者，就必须具备良好的素质。公共管理者的素质是指，作为个体的公共管理者在一定的时空条件下，履行其职责时应具备的内在品质，是公共管理者在先天禀赋的生理基础上，主要通过后天学习、实践所形成的品德，是知识、能力、身心等各种条件和因素的综合体现。根据目前公共管理工作的特点，我们认为，各级公共管理者应具有以下基本素质。

（1）政治素质

第一，忠于政府，服务公众。公共管理者不同于一般的管理人员，他们是国家大政方针的决策者和执行者，他们处于特殊的地位上，肩负着特别的重任。他们能否忠于国家和政府，能否为公众服务，直接关系到国家政权的合法性，直接影响到国家的长治久安和整个社会的进步发展。报效国家、忠于政府、服务人民，是公共管理者所必须具备的首要政治素质。

第二，为民谋利，公利至上。公共管理者是国家和人民利益的代表者和代言人，必须全心全意为国家和人民的利益服务，在公务活动中，始终牢记人民的利益高于一切，决不能谋求私利，更不能以权谋私。虽然公共管理者也有自己的利益追求，但必须是合法的，决不能损害公共利益。如果公共管理者丧失了正确的政治立场，把人民的利益抛在一边，置公共利益于不顾，就会把公共事业引入歧途。

第三，公正廉洁，勤政为民。公共管理者手里掌握着一定的公共权力，必须正确看待和使用权力，始终保持权力的公共性、公正性和纯洁性，决不能把权力当成私有财产或者达到个人目的的工具。公共管理者要自我约束权力的使用，规范权力的行使，科学合理地使用权力，坚决反对和制止权力特殊化、权力私有化、权力市侩化，坚决反对和防止权力崇拜，绝对保证权力的公共性和人民性。

（2）知识素质

知识素质是指公共管理者做好本职工作所必须具备的基础知识与专业知识，它是公共管理者做好工作的基础条件。

第一，广泛涉猎科学知识。公共管理者往往在一个地方、一个部门、一个单位中处于重要地位，需要处理和认识的问题包罗万象，涉及各个领域。工作任务的综合性和多样性要求其知识的广泛化。为此，公共管理者应广泛涉猎政治学、经济学、法学、社会学、历史学，以及系统学、信息学、生态学、电子计算机应用等多方面的应用知识和技术知识，并能灵活地运用这些知识开阔视野、启迪思维、大胆创新、开拓局面。

第二，掌握管理科学知识。公共管理者的主要职责是管理，因而必须成为管理人才，要努力学习和掌握管理科学知识，包括现代管理学、组织行为学、领导学、决策学、管理心理学等。不仅要掌握这些管理学科的基本理论，而且要学会娴熟地运用这些学科所提供的各种方法、技术和技巧，解决实际工作中的问题，做好领导工作。

第三，精通专门业务知识。公共管理者应对自己负责的业务范围内的有关专业知识和理论进行深入钻研和牢固掌握，精通业务活动的主要内容、前沿水平和发展趋势，尽可能成为内行，只有成为内行，才能准确鉴别、正确评判、科学决断、高效工作。

（3）能力素质

能力素质是公共管理者素质的核心，它是公共管理者履行职责、实施管理的基础，是公共管理者能否做好工作的关键。

第一，沟通能力。沟通是管理的基础，也是公共管理者的一项基本的能力。未来的竞争将是管理的竞争，竞争的焦点在于每个社会组织内部成员之间以及与外部组织之间的有效沟通。没有沟通，公共管理活动就无法进行。沟通的能力包括许多方面，如积极倾听、重视反馈、控制情绪等。

第二，科学决策能力。科学决策是公共管理者的一个重要任务，是实现科学有效管理的基础环节。作为公共管理者，首先，要强化信息意识，注重信息的收集、沟通、分析、交流、运用。其次，要善于正确发挥专家、学者在决策中的作用。再次，要深谋远虑、决胜未来，要有科学的预见能力，具有前瞻力，能够未雨绸缪，防微杜渐。最后，要勇于创新，作为公共管理者应该充分发挥主观能动性，发挥科学的预见能力和创造能力，积极创新。

第三，组织指挥能力。公共管理者的组织指挥能力主要表现在其善于应用组织力量，能够把各种不同才能的人合理恰当地整合在一起，形成一个配合默契、团结向上的有机整体。公共管理者的组织指挥能力集中表现在以下几个方面：一是善于设计并建立合理高效的组织和规范，建立一个简洁高效、科学合理的组织指挥系统；二是善于制订周密的计划，把组织各方面的工作安排得井井有条；三是善于通过组织和规范进行综合协调，合理有效地组织运用人力、物力、财力，最大限度地发挥组织的功能和作用；四是运用组织规范，监督决策实施，及时发现问题、解决问题，对组织进行有效的监督控制。

第四，创新能力。公共管理者的创新能力主要表现在善于敏锐地洞察旧事物的缺陷，准确地捕捉新事物的萌芽，提出大胆新颖的设想（创意），继而进行周密的论证，拿出可行的方案来付诸实施。随着科学技术的发展，当今世界变化非常快，因而，公共管理者必须具有应变创新的能力，思维活跃，富有胆识，不迷信权威，不崇拜偶像，不为过时的老观念所束缚，善于捕捉信息，不断提出新观念，想出新办法，创出新水平，走出新路子，在工作中有所发现、有所突破、有所革新。

（4）身心素质

身心素质是公共管理者必不可少的重要的基础性素质。管理工作是一项高强度的社会活动，是具有高度综合性的复杂劳动，公共管理者决策、组织、领导、指挥、协调、监督、控制等工作都需要大量的体力与脑力，没有良好的身体和心理素质，就难以胜任超负荷的工作，就不可能完成管理任务。身体素质是公共管理者素质的物质基础、物质载体、物质依托、生理依据，是公共管理者全部素质的物质平台，身体素质的质量、状况直接影响着其他素质的质量、效能和价值。繁重的行政领导工作要求公共管理者要有开朗健全的性格和乐观向上的生活态度，要对工作充满信心，有强烈的事业心、责任感、荣誉感和成就感，能正常发挥自己的智力、能力和创造性，没有心理障碍，在成绩面前不沾沾自喜，在挫折面前不灰心丧气。在处理人际关系时头脑冷静、和蔼可亲，能够主动为他人着想，使人感到亲切、温暖和友好；能够团结群众，特别是团结反对过自己并被证明反对错了的人；能够荐贤举能，不怕别人超过自己，做到在任何情况下保持心态平衡。

二、公共管理的价值观念

（一）生产力价值观念

"科学技术是第一生产力"的观念已经深入人心，成为人们的共识。但是管理是否具有生产力的属性，人们还有争议。通过研究管理，特别是研究公共

 大数据时代公共管理创新模式探索

管理的地位和作用，我们不难发现，公共管理也是现代社会生产力的基本要素之一，而且是一种最重要的社会生产力要素。

1. 管理是社会生产力要素

管理的范围极为广泛，就对社会生产力直接要素的管理过程来看，它是指对人们共同劳动过程的管理，包括宏观和微观经济活动中计划、经营、组织、协调、指挥、监督、决策、反馈、调节等总体控制活动。

关于生产力包含哪些要素，马克思在《资本论》中曾进行过阐述。他在分析劳动过程时指出，劳动过程的简单要素是劳动、劳动对象和劳动资料。"其后，马克思相继说明分工、协作和科学技术也是生产力的要素。也就是说，生产力不是单一的，而是一个由诸多要素组成的复合体，它包括人的劳动能力（劳动主体）、生产资料、科学技术、产出价值和管理能力等，其中科学技术和管理能力占据重要地位。

关于科学技术，马克思认为"科学和技术使执行职能的资本具有一种不以它的一定量为转移的扩张能力""科学作为独立的力量被并入劳动过程"。对于分工、协作，马克思认为"由协作和分工产生的生产力，不费资本家分文"。除此之外，马克思又讲到了管理："一切规模较大的直接社会劳动或共同劳动，都或多或少地需要指挥，以协调个人的活动，并执行生产总体的运动——不同于这一总体的独立器官的运动——所产生的各种一般职能，一个单独的提琴手是自己指挥自己，一个乐队就需要一个乐队指挥。一旦从属于资本的劳动成为协作劳动，这种管理、监督和调节的职能就成为资本的职能。"可见，在一切有分工、协作劳动的场合下，管理都是与劳动对象、劳动资料结合在一起形成现实生产力所不可缺少的要素。它是协作劳动总体中执行不同职能的劳动之间协调动作以及活劳动与劳动资料、劳动对象，按照一定数量关系实现配量的关键因素，没有它的介入，生产力的三个基础要素就不能结合成现实的整体生产力并在生产过程中发挥作用。如果说科学技术是在"被并入生产过程"之后才成为生产力的话，那么管理是从一开始就成为生产力要素的，没有管理就不可能有生产力产出。对于以分工和协作劳动为基础的现代经济而言，管理则自始就作为基础生产要素的黏合剂存在于生产过程之中。所以，既然科技促进生产力发展的论断已成社会共识，管理作为生产要素也应言之成理，并且应该成为人们的基本社会观念受到人们的重视。只有这样，才能把生产力的软性因素和硬性因素有机结合起来，形成一个完整的系统，推动社会进步，赶超世界发达国家。

2. 公共管理是一种最重要的生产力

公共管理不同于一般管理，它在全社会的范围内、更高的层面上对社会生产力进行总体规划、整合，并对生产力所赖以形成、运作的外部条件——生产关系进行不断的改革与调整，进而促进生产力的发展。从这个意义上讲，公共管理在现代生产力中的地位和作用要远远高于一般劳动、劳动资料、劳动对象三个基础要素，甚至高于分工、协作、科技等其他软性要素，因而是社会生产力中最重要的要素。

第一，公共管理是生产力三个基础要素变为现实生产力的关键因素，在市场经济条件下尤为如此。因为在市场经济条件下，劳动力和生产资料随时可以买到并且选择余地很大，只要加强管理，很快就可以把各自分离的潜在生产力变为现实生产力。至于生产成果到市场上能否实现以及实现多少价值，则与生产过程的管理和流通过程的管理（包括营销艺术）密切相关。这些都离不开国家提供的产权保护制度和稳定的社会环境。当然，在市场经济中，资本（资金）作为购买手段对于实现劳动力与生产资料的结合是必不可少的，但资金也可以通过市场设法筹措到。而筹措资金也需要公共管理，如国家货币政策、金融政策为其提供基础的制度保障。大量白手起家并使企业由小到大、由弱到强的事例，都生动有力地证明了管理作为黏合剂在将各自分散的潜在生产要素变为现实生产力过程中的关键作用。而公共管理则是通过社会制度设计和制度保障的途径使整个社会的生产要素有效整合起来，发挥各自的生产能力、服务能力和创造能力，推动社会经济不断向前发展。

第二，公共管理是经济实体内分工和协作、劳动得以顺利进行的关键因素，而分工和协作使生产力产生质的飞跃。任何一个经济实体内部的分工和协作都必须通过预先计划与总体协调的管理行为才能实现。不仅如此，分工和协作的效能大小也直接取决于管理水平的高低。只有在科学的公共管理之下，分工和协作的增效作用才能充分发挥；而如果公共管理计划不周、规划不当或协调不力，分工和协作不但不会产生新的生产力，反而会因为窝工而减损原有的生产力。

第三，公共管理是决定科技被并入现实生产过程多少的关键因素，从而在根本上制约着科技作为巨大生产力的发挥程度。众所周知，科技只有被物化于劳动者、生产资料和体现于分工、协作之中，才能发挥出加倍的生产力作用。然而在同样的社会科技水平背景下，科技被吸收于各种生产要素中的程度主要取决于国家科学政策，即公共管理的质量。同时，在现代经济中，科技本身也

 大数据时代公共管理创新模式探索

同活劳动和生产资料一起成为公共管理的对象。在实行科学管理的条件下，不仅社会生产的科技能够被及时地、充分地用于提高劳动者素质、改造生产资料和工艺、改进产品设计，而且经济实体本身也会不断地与高校和科研院所合作进行科技开发，从而不失时机地以高质量、低成本、高科技含量的新产品抢占市场，使企业始终以高效益为基础立于不败之地，并且不断蓬勃发展；反之，如果公共管理思想、方法和机制落后，经济主体在飞速发展的科技面前则会显得迟滞，在激烈的市场竞争中势必被淘汰出局。可见，在决定经济实体命运的生产力诸要素中，公共管理比科技起着更能动、更关键的作用。因为科技是客观可取的因素，而管理则是主观可控的因素。在改革开放后，我国经济大踏步发展、迅速崛起也是公共管理制度改革创新的结果。所以，好的公共管理会让经济踏上发展的快车道，而不好的公共管理则可能给社会带来灾难与退步。

第四，公共管理对生产力的所有要素起着综合统筹作用，公共管理的水平高低决定一个经济实体的兴衰成败乃至生死存亡。在现代经济中，活劳动、生产资料以及分工、协作、科技等生产要素是依靠管理而融为一体发挥作用的。因为活劳动与生产资料的结合，分工与协作的实现，科技在劳动者、生产资料、生产工艺及分工、协作上的应用，无一不依赖于好的公共管理制度。社会经济管理制度好，有劳动力可以招募来，有人才可以引进和培养，一般劳动者、技术人才和管理者的积极性、创造性就可以得到充分发挥。分工可以科学合理，协作可以配合默契，科技可以借鉴、开发、创新，生产资料可以得到充分利用和技术更新，整个经济实体可以从小到大、从弱到强；反之，如果管理落后或管理失误，经济巨人可能很快在市场竞争中失败。

第五，现代经济中宏观管理对微观生产力的反作用力时常远远超过微观生产力本身的发展。在现代社会化的市场经济条件下，生产力的概念已远远超出了微观范围。生产力的部门配置和宏观布局在很大程度上直接影响微观生产力的效能，经济制度和经济体制等生产关系对生产力的释放和发展起着十分重要的作用。科技和教育的发展已被各国当作提高其在世界市场上经济竞争力的战略政策，人们无一不以积极姿态迎接知识经济时代的到来。井然有序的法律秩序是经济发展的重要条件，民主开明的政治制度和健康向上的社会风气会激发公民的积极性、创造性。然而，对微观生产力产生重大影响的所有外部因素，最终对生产力产生正的还是负的影响，或者如何力求使正的作用最大化，归根到底取决于对这些外部因素的管理状况。公共管理既然是社会生产力最重要的组成部分，其本身就具有生产力的价值属性，这就要求我们在实践中要重视公共管理，树立公共管理是最重要的生产力要素的观念，把是否促进社会生产力

发展作为检验公共管理制度、组织机构设置、公共决策等是否先进、科学的重要标准,并随着社会生产力的发展,随时调整和改革公共管理框架、体制、机制、手段、方式,使之与社会生产力的变化始终保持互动关系,实现公共管理的科学化、规范化,进而促进社会生产力快速、健康、协调发展。

(二)服务价值观念

作为社会上层建筑的公共管理的任务就是为公民、为国家、为社会服务,并把效率和效益作为自身服务水平的内在评价尺度,把"人民满不满意"作为外在评判标准。21世纪的中国公共管理也应当树立"小政府,大服务"的管理理念。

1. 服务:公共管理职能的核心价值

第一,管理就是服务。管理是社会发展到一定阶段的产物,在本质上管理与服务是统一的。社会生产力的发展使社会主体产生分化,并逐步形成各类社会组织或群体(包括国家)。各组织内部及各组织之间因私有制存在和发挥作用而不断发生利益冲突。各组织成员为避免无谓的消耗,以最低成本换取最大利益,相互订立契约,把自身的一部分权力让渡出来,形成公共权力,由全体成员选举的少数代表掌握。掌握权力的少数人根据其成员的要求管理公共事务,维护组织及其成员的利益。同时,各组织之间也基于同样原因签订盟约,把部分权力交给国家和政府,以管理全社会的公共事务,维护社会秩序,进而维护整个社会的利益。管理的实质就是利用组织及其成员赋予的权力为公众利益服务,因此,从本质上讲,管理就是服务。

第二,服务是政府职能的必然选择。政府是公民间签订契约的产物,它在本质上是一种为公民和社会共同利益服务的组织。随着社会的发展,政府日益凌驾于社会之上,但这种服务性质不可能改变,只不过是对象不同而已,政府最根本的职能仍然是服务职能。政府作为众多社会组织中的一种,也是为社会需要的发展和进步而服务的,为社会日益增长的物质和文化需求服务。政府行政在理论上不仅仅是单纯的管制行政,而应该是为社会和公众提供服务的服务行政,服务是政府的首要职能。现代西方各国的政府职能再设计也正是出于这种选择。从20世纪70年代开始,西方各国政府先后陷入了信任危机,从而引发了国际性的公共管理改革运动,要求政府对职能进行重新定位和设计。西方各国通过多方面的探索,最终选择通过重塑政府、加强政府的服务职能、改革过去的政府社会管理模式,由政府"重管理、轻服务"和"以政府为中心"的社会管制模式向注重公共服务和"以满足人民的需求为中心"的社会治理模式

 大数据时代公共管理创新模式探索

转变。中国的行政管理进步和政府管理制度改革，离不开国际公共行政发展的历史背景和行政管理理论的更新以及行政管理技术的进步，更何况中国政府本身就要"全心全意为人民服务"，最终实现政府职能的服务性方向选择在中国就成为一种必然。所以，中国政府与时俱进，学习世界先进的公共管理理念及技术，及时进行行政管理体制改革，提出了建设服务型政府的发展目标。

2.服务对象：公民、国家和社会

第一，为公民服务。从政治学角度理解，契约理论认为，政府的合法性是建立在公民与政府、公民之间的政治契约的基础上的，政府的一切权力来自公民之间的契约或公民与政府之间的权能委托，政府应该保护全体公民的公共利益，维护社会秩序，充当公民的忠实"奴仆"，全心全意为人民服务，否则，公民有权收回委托之权能，选举出新的政府。众所周知，政府机关本身并不直接创造社会财富，它们的运转和活动靠公民所交纳的赋税来支持，公职人员靠纳税人来供养，公民是公职人员的"衣食父母"。政府为公民服务，反映公民的意愿，为公民利益尽心工作，完全是应有之义，应有之举，而非政府单方面的"恩赐"，这在社会主义的中国尤为如此。

经济学尤其是制度经济学和公共选择理论，为我们提供了另一种理解模式。经济学理论认为，政府管理过程就是基础设施、治安、政策、法律等公共产品的生产过程。而公民则是政府提供的公共产品的消费者，政府存在的目的就是满足消费者的不同需求，以尽可能高效率、高质量的公共产品的生产与服务争取消费者的支持。按照这种理解，政府不仅要为公民服务，而且要提供尽可能好的服务，否则，就难以赢得公众的支持，缺乏存在的合法性，从而失去政府存在的基础。各种理论和不同学科虽然对这个问题理解的角度不同，但它们都证明了这样一个观点——政府必须为公民服务。

第二，为国家服务。公共管理是国家发展的产物，它通过自身的管理活动来发挥、实现国家的职能，执行国家的意志，它不可能脱离国家而独立存在。任何公共管理活动都服从于国家、服务于统治阶级。公共管理在本质上是为国家服务的，是由政府代表并为国家的利益开展活动的。任何国家都有安全的需要，并从内外两个方面表现出来。内部安全是统治阶级维护和巩固自己的统治地位，防止政权丧失，保持国内稳定。政府为实现内部安全，维护统治地位，一方面要代表国家利用暴力工具强制被统治阶级服从国家的意志、法律和政策，镇压被统治阶级的反抗。另一方面要采取改善福利等措施协调和缓和与人民群众之间的矛盾，保护内部安全和稳定，为统治阶级利益服务。外部安全就是要

保证独立国家的主权和领土完整，不受他国侵犯，维护国家的尊严。政府代表国家通过外交、战争等方式满足国家的安全需要。

在内外安全和稳定的政治环境下，统治阶级还要努力发展本国的经济、文化、教育、科技等事务，以巩固自己的经济基础。政府通过经济和社会事务等管理职能，为国家经济文化的发展服务。当然，政府代表国家与他国开展经济和科技等方面的竞争，进行综合国力的较量，也是政府为国家服务的应有之义。

第三，为社会服务。公共管理除了为国家服务具有强制性的一面之外还具有为社会服务的非强制性的一面，这是由国家与社会的关系所决定的。在专制社会，国家关系出现了颠倒，国家日益凌驾于社会之上，对社会实行超常控制。在现代民主社会，才真正体现了社会决定国家、国家按照社会的意志运作。国家与社会的这种关系具体化为政府与市场、政府与企业、政权组织与社会、国家机构与人民的关系。这也就是上层建筑服务于经济基础的关系。所以，国家要为社会服务。政府则代表国家执行这种服务职能，这种服务具体表现为政府为市场服务，如培育市场体系、制定市场规则、维护市场秩序、进行宏观调控、克服市场缺陷等；为企业服务，如统筹规划、掌握政策、信息引导、组织协调、检查监督；为社会良性运行和协调发展服务，如环境保护、治理污染、维护生态平衡、制定法律和制度、保障公共安全、维护社会的公平和正义；为公民服务，如提供公共产品、保障公民权益。

（三）公平、效率价值观念

公平与效率一直是公共管理追求的目标，又是在实践中难以处理好的一对矛盾，但是，这并不影响它们具有公共管理重要价值的地位。

1. 公共管理的目标：公平与效率

管理学研究中存在着"效率优位"，即效率被置于优先和至高无上的地位上。对处于竞争环境而只能被动接受市场价格的企业来说，高效率意味着低成本，意味着高回报和高利润。效率至上本无可非议，但是，公共部门的公共性质带来了目标的多元性，目标的多元性又要求不同目标之间的选择和权衡，效率与公平的关系就是这样一个特殊问题。

从宏观上看，公共部门的公共性质必然带来效率与公平之间的选择和取舍问题。宏观行政效率可以用不同国家中不同的制度安排所引起的总体发展速度来解释。其中，制度安排包括政府与市场、政府与第三部门的相对规模和相互关系，政府与社会的关系，政府结构和职能分工，政府的政策规则及其管理活动等；总体发展速度既包括经济增长率，又包括文化、教育、社会道德水平等

 大数据时代公共管理创新模式探索

方面的社会发展速度。显然，宏观行政效率具有外在性，它关注的不是公共部门本身的工作效率，而是从公共管理对社会的外在影响的角度来评价行政效率。

在以速度为核心的宏观行政效率定义中，并没有为公平留下相应的地位，由此产生了一个效率与公平的平衡问题。经济学家普遍认为，虽然市场机制讲求公平，但仍无法保证公平。这是因为，物品跟随的是货币选票，而不是最大的需要。市场机制所做的，正是人们要它做的——把物品交给那些出价最高的人的手中，这些人拥有最多的货币选票，有效率的市场制度可能产生极大的不平等。然而，收入分配方面的问题并不是市场的过错，"看不见的手"可以引导我们到达生产可能性边缘的外围极限，但是，它并不一定是以可以接受的方式来分配这些产品的。换言之，市场机制的优势在于效率，市场的职责也是效率，效率以外的价值主要靠其他社会机制来实现，而政府正是实现公平的机制之一。

经济学家萨缪尔森等人评论道，当一个民主社会不喜欢在自由放任的市场机制下对货币选票进行分配时，它可以通过再分配政策采取措施来进行改变。行政学家英格拉姆赞同上述观点，有许多理由说明为什么政府不同于私营部门。最重要的一条是，对于许多公共组织来说，效率不是其所追求的唯一目标，公共组织还有其他目标。在世界上的许多国家中，公共组织是最后的依靠。它们正是通过不把效率置于至高无上的地位上来立足于社会中。从上面的讨论中我们可以得出结论：公共组织是公平的依靠，追求公平是公共组织的天职，管理学中的效率优位的传统并不完全适合于公共部门。

从微观上看，公共部门的公共性质必然带来效率与民主、效率与质量之间的平衡问题。微观行政效率可以用特定政府机构或公共组织提供相同单位的产品和服务所需要的相对成本来解释。微观行政效率即具体行政单位管理和服务活动的产出和投入之间的比率。显然，微观行政效率具有内在性，它着眼于公共部门本身。

追求微观行政效率可能与公共部门的其他价值发生冲突。首先，是效率和民主之间的潜在冲突。从行政决策上看，民主往往会导致低效率，但并不能因此牺牲必要的民主程序，因为民主是公共部门的核心价值之一。其次，是效率与质量之间的潜在冲突。公共部门的绩效主要包括三个维度：经济、效率和效益。经济侧重成本的节约程度，效率关注投入产出比率，效益则着眼于行政产出所带来的社会效果，包括质量和公民满意度等。从世界各国政府改革实践来看，高效率并不一定带来高质量和较高的公民满意度，效率和质量的平衡正是当代行政改革关注的问题之一。值得强调的是，效率在公共部门的合理定位不能满

足于笼统的原则,而是应提出有针对性的具体方案和措施。例如,在特定的历史阶段、不同的职能领域、确定的公共政策、具体的管理环节等方面,效率应置于什么样的地位?效率定位应依据什么样的标准?这些都是当代公共管理方面需要关注和深入研究的重要课题。

2. 公共管理效率的表现

公共管理具有自己的特点,这决定公共部门的效率具有多样化的表现形式,同时也导致了公共部门在效率测评上的困难。

第一,公共部门的垄断性主要是由公共服务的非营利性和管制性等原因造成的。垄断对组织效率测定带来了两种后果:一是服务垄断,其往往伴随着对信息的垄断,公众难以掌握充分的信息对特定组织的效率进行科学的评判;二是确定评价标准的困难,由于管理者或服务提供者具有唯一性,所以即使公众获得了有关信息,也无法通过横向比较来确定部门效率的高低,更难以确定理想的效率水平或评价标准。

第二,公共部门具有目标多元性和目标弹性。目标多元性主要表现在没有一个统领各项具体目标的总目标。目标弹性即软目标,表述抽象且难以量化为硬性指标。利润率、市场占有率、单位成本、营业额等指标都是硬性指标,而提高人的素质和道德水平、调动人的积极性等都是典型的弹性指标。组织目标是评价组织绩效的主要依据,多元化目标必然带来效率评估的困难,目标弹性只能加大这一困难程度。

第三,公共部门产出的特征。多数公共部门的产品是服务,而非有形的物质产品。服务具有无形性、不可储藏性且只能在提供者和接受者的互动过程中来实现等特点,因而对提供服务组织的绩效进行评估非常困难。同时,公共产品具有中间性质。非市场产出通常是一些中间产品,充其量是最终产出的"代理",而间接的非市场产品对最终产品贡献的程度都是难以捉摸的和难以度量的。此外,由于公共管理具有垄断性和非营利性,其产品和服务进入市场的交易体系不可能形成一个反映其生产机会成本的货币价格,这就带来对其数量进行正确测量的技术难度。

第四,公共部门生产过程的特点。首先,公共部门具有劳动密集型特征。公共管理主要靠管理主体的劳动过程来实现,机器代替劳动的作用十分有限。这使公共管理很难推行标准化管理,而标准化程度又制约着对效率的测定。其次,管理技术具有不确定性。非市场产出所需的技术经常是未知的。比如,在国防领域,人们对于投入与国家安全这一期望的最终产出之间的关系仅仅是有限的了解。对技术的无知只能增加评估的困难程度。最后,公共管理环境的特点。公共服务不是公共部门的单向性活动，而是在与社会和公众的互动过程中实现的。这种互动具有相当的复杂性、动态性、多样性和差异性。它要求公共管理有相当的灵活性和管理手段的适应性，这使管理的标准化很难实现。

综上所述，公共部门效率的体现方式与企业有很大的不同。探讨公共部门效率的具体体现方式，设计适应公共部门效率测定的具体指标体系，是当代公共管理研究的一个热点问题。

三、公共管理的职能

（一）公共管理职能的含义

职能泛指人、事物或机构应有的职责和功能，就国家而言，职能是一个与公共权力、公共责任紧密相关的概念。关于公共管理的职能，国内学术界并没有形成统一的看法，这里我们认为，公共管理的职能就是公共组织在行使公共职权、履行公共责任、实现公共利益的过程中应尽的职责和应有的功能。公共管理的职能体现了公共组织活动的基本内容和发展方向，是公共管理的本质表现。公共管理的职能就是要解决公共组织"应该做什么""不该做什么"的问题。要准确、完整地理解这个定义，必须注意以下几点。

1. 公共管理职能的载体是以政府为核心的各类公共组织

政府毋庸置疑是实施公共管理职能的核心主体，但政府不是实施公共管理职能的唯一主体，除政府以外，凡是以提供有效公共物品和公共服务，促进公共利益最大化为目标的组织、机构及其工作人员都是公共管理职能的实施者与提供者。在我国，公共管理职能的实施者主要有国务院及其各部委，各级人民政府及其职能部门，各公共事业单位，一些非营利性、自治性的民间组织等。

2. 公共管理职能的实施依据是国家法律或社会权威

国家通过宪法和法律的形式赋予各种类型的政府机构一定的公共管理权力，代表国家实施公共管理职能，因而政府机构具有权威性，它的一切合法行为都受到国家强制力的保障。但是，对于非政府公共组织及其他社会力量而言，它们往往并不具有法律所赋予的正式权力，而是依赖于某种特定因素自发形成的权威来运行。例如，一些社区组织与行业协会自身的权威恰恰来自它们维护公共秩序、增进公共利益的种种公益行为及社会对它们的认同和信任。

3. 公共管理的职能规定了公共管理的实践内容

公共管理职能的内容非常广泛，涉及公共管理系统对公共物品与公共服务进行管理的全部事务。从静态上看，其涉及了政治、经济、文化、教育、社会保障、环境保护等各个方面；从动态上看，其包含了公共管理从计划组织到控制的各个环节。

4. 公共管理职能的基本精神是实现公共利益

公共管理职能的终极目标是维护、保证和增加公共利益。实现公共利益是公共管理职能的灵魂所在，规定着公共管理职能的内容和行为方式。由此可见，公共管理职能与通常所说的政府职能有较大的区别。尽管政府职能依然是公共管理职能的核心组成部分，但是，随着社会自治能力的不断增强和政府职能社会化改革在各国的展开，公共管理职能越来越超出政府职能的范围。

（二）公共管理职能的特点

1. 公共性

公共管理是公共管理职能的主体——政府、非政府公共组织及公共管理者，运用公共权力实现管理目标的社会活动。公共管理的客体或对象是社会公共事务，无疑它们都具有鲜明的公共性。公共管理主体对公共事务的管理首先从公共问题入手，公共问题是公共管理的逻辑起点。同时，由于对公共事务的管理最终要达到的目标或宗旨是实现社会公众的公共利益，因此，公共性是公共管理职能的首要特性。

2. 公益性

公共事务主要是涉及国家主权合法性及人们共同利益的事务，它是服务于不确定的多样性的个体需求并为公众谋取公共利益的，因而从本质上来说具有公益性。从管理的使命来看，公共管理是要提高人们的生活质量，主要从最大多数人的利益出发，为人们提供非营利性的产品或服务，其目的是公益性的。因此，公益性是公共管理职能的本质属性。

3. 非营利性

公共管理为社会公众提供服务，为社会公众管理公共事务，不谋求自身利益。在这一点上它与私人事务有着本质的区别。私人事务追求的更多的是个人利益，带有明显的私利性，经济利润是其活动的底线。而公共事务公益性的特点决定了衡量公共管理活动有效与否的标准在于，其能否在最大程度上维护或增加所有人的根本利益和整体利益，能否满足大多数人的需求，这决定了公共管理职能的非营利性。

4. 社会性

公共组织应充当什么角色，应当做什么，不应当做什么，并不完全取决于

公共组织自己的意愿，也不完全取决于民意，更不是遵从政治学者的意见，而是由公共组织所处的特定时代，特定国家的具体社会环境等实际情况决定的。因为公共组织总是存在于特定的时代和国家，公共组织充当的角色和行使的职能其实是该公共组织与其所处环境（民意、利益集团意向等）之间初步妥协的结果，或者说是公共组织不断适应新环境的结果，是特定公共组织与特定环境之间需要继续达成的政治妥协，或者说是公共组织为适应不断变化的新环境而应当做出的政治选择而已。

5. 时代性

公共管理职能不是静止不变的。随着时代的变化，公共管理职能的范围、内容、主次关系等也必然发生变化。例如，我国在传统计划经济时代主要强调的是政治职能；在改革开放之后，经济职能成为工作重心；在进入新世纪之后，社会职能的作用开始突显。所以，我们在分析公共管理职能时要以不同国家、同一国家不同历史时期的工作重心和工作方式为基点，以发展变化的眼光看待公共管理职能。

6. 多样性

公共管理职能的多样性体现在管理内容的多样性和管理手段的多元化两个方面。一方面，公共管理涉及社会经济、政治、文化以及其他社会公共事务等方面的内容，其运行过程具有决策、计划、组织、协调、控制等一系列环节和步骤。另外，管理层次还有高、中、低级之别，这些都包含着与之相应的复杂的内容。另一方面，随着社会的发展，非政府公共组织、社会团体越来越多地介入公共管理领域，加上技术手段的创新，公共管理的手段也越来越多元化。

（三）公共管理职能的种类

公共管理职能是复杂的，考察公共管理职能可以有很多角度。对公共管理职能的划分也可以有很多参照体系。从公共管理的程序上划分，可以把公共管理职能分为决策职能、组织职能、协调职能和控制职能。从公共管理的任务角度划分，可以把公共管理职能分为经济职能、政治职能、文化职能、社会职能和民生职能。

我们认为，确定公共管理的职能应该考虑到公共管理本身的特点，考虑到时代的特点，考虑到其与传统公共行政职能的联系与区别。我们将公共管理职能分为三个部分：公共管理的基本职能、政府组织的职能、非政府公共组织和其他组织的职能。公共管理的基本职能是所有社会形态各种公共组织所共有的职能。公共管理的基本职能包括配置公共资源、均衡公共利益、管理公共事务、提供公共服务。虽然不同时空条件下不同类型国家的公共组织在行使基本职能的过程中，其职能重心和行为方式有很大的差异，但没有一个国家的公共组织只行使其中一种职能而完全放弃其他职能的。在此基础上，我们再进一步划分政府与非政府公共组织各自的职能。

1. 政府的职能

政府是公共管理的核心主体。随着社会的进步和经济的发展，政府的职能不断扩展，并不断细分，我们可以依据不同的标准对其职能进行分类。从政府管理的领域看，政府职能包括政治职能、经济职能、文化职能、社会职能和民生职能；从政府管理的运行角度看，政府有决策职能、组织职能、协调职能和控制职能；从政府管理的性质看，政府职能包括统治性职能、管理性职能和服务性职能。

（1）从政府管理的领域划分

第一，政治职能。维护政治统治是一个国家的首要任务，从而使政治职能成为政府职能的核心内容。政治职能包括军事保卫职能、镇压与治安职能、民主建设职能等。

①军事保卫职能。政府通过军事科研、国防建设、武装力量来维护国家的独立和主权的完整，保卫国家的安全。另外，政府还可以通过外交活动保护国家的利益，为国家的建设创造一个良好的外部环境。

②镇压与治安职能。政府要从维护人民的根本利益出发镇压各种危害社会治安的违法犯罪分子，以维护国家的政治和经济秩序，维护安定团结的政治局面，为社会经济生活的正常运转提供良好的内部环境和秩序。

③民主建设职能。民主建设职能是指提高行政活动的公开性和透明度，做到重大政情让人民知晓、重大决策让人民讨论；疏通和不断增加公民参政议政的渠道，完善公民监督检查行政活动的机制。它的目的是调节公民间的关系，促进人民内部的协调，增强人民群众对国家和社会的责任感，调动人民群众建设社会主义的积极性。

第二，经济职能。经济职能是指政府引导、管理、控制社会经济活动的职能，是最主要、最基本的政府职能。具体来说，政府的经济职能包括宏观调控、市场监管、公共服务这几个方面。

①宏观调控职能。政府宏观调控职能是对国民经济全局进行的总体调节，在市场失灵的情况下，宏观调控能够保障国民经济的整体平衡和持续发展。它

既包括政府对市场必要的前导式调节，运用经济发展战略和产业政策促进结构平衡这样的长期战略性行为，也包括政府根据市场变动，运用财政金融杠杆调节短期供需，达到总量平衡这样的短期行为。目前，我国加强宏观调控的具体方式应为间接调控与直接调控并用，结构调控与总量调控并重，建立计划、财政、金融三大调控系统之间的彼此制约机制，经济、法律、行政手段并用等。

②市场监管职能。培育和完善市场机制，为市场的发展创造良好的条件，即运用行政和立法手段来避免市场中的垄断行为和不正当竞争，保证市场竞争的公正性，排除对平等竞争的一切干扰。在我国，要培育、完善市场机制最重要和最迫切的任务是建立和健全市场秩序，包括建立公平的竞争秩序，建立稳定的社会秩序，建立有效的经济运行秩序，要有完备的法制来规范和保障。通过法律法规来引导、推进、规范、保障市场经济的运行，还要以行政手段避免垄断和其他妨碍市场经济机制建立的行为，以弥补目前我国因法律法规不健全而产生的问题，杜绝有法不依、执法不严的现象。

③公共服务职能。在我国社会经济转型中，政府必须从"管企业"转向"管社会"，即为社会和企业服务，把企业原来所承担的社会职能转移出来，为企业解脱重负，为社会经济发展服务。政府的公共服务职能主要有：政府应投资建设和管理企业无法完成的一些投资多、周期长、利润少、风险大的基础设施和公共设施，如能源、铁路、交通、航空、供电、邮政、供水、环境保护、医疗、卫生、教育等基础设施，以减轻企业负担并为企业活动提供便利条件；政府要把教育放在首要位置并提高重视程度，加大教育经费的投入力度，注重人才的培训和人才的管理，从而保证企业拥有大批专门的人才和高质量的劳动力；政府可通过向全社会公布国民经济和社会发展规划，公开宏观经济和相应的重大经济调节方案，发布宏观经济运行和市场走势信息等为市场经济运作提供导向和服务。

第三，文化职能。文化职能是政府对全社会文化事业实施领导和管理的职责。文化是一个民族的灵魂。健康而富有活力的文化环境是一个民族国家兴旺发达和可持续发展最主要的软环境。就一个民族而言，其主流文化必然是优秀的民族传统文化，同时必须不断地、广泛地从其他民族吸收人类文化的优秀成果，创造出先进的新文化。政府在这个过程中起着引导、指导和扶持的作用，具体包括以下内容。

①发展科学技术的职能。科技是第一生产力。要振兴经济、增强综合国力，就必须发展科学技术。政府通过制定科学技术发展战略、方针、政策和法规等，

加强对重大科技工作的宏观调控，做好科技规划和预测等工作，重视基础性研究、高技术及其产业化研究，促进科技为经济、社会发展服务。

②发展教育的职能。教育为社会发展提供人才。政府要把教育发展放在优先位置上，优化教育结构，重点普及义务教育，大力发展职业教育和成人教育，适度发展高等教育，扩大学校办学自主权，鼓励多渠道、多形式社会集资办学和民间办学，进行学校尤其是高等院校去行政化改革，构建合理的办学新体制。

③发展文化事业的职能。政府应该通过各项方针政策及价值引导，推进整个社会文学艺术、广播影视、新闻出版和哲学社会科学研究等各项事业健康繁荣发展。搞好民族文化、社区文化、村镇文化，保护非物质文化遗产，使中国传统文化的精髓得以传承，并引导中国文化事业与国际接轨，从而迈向更高的台阶。

④发展体育、卫生事业的职能。目前，我国的竞技体育取得了不错的成绩，下一步政府要对普及群众体育活动，增强全国人民体质进一步关注。在卫生事业方面，政府要预防疾病、防治传染病、地方病、职业病，做好农村预防保健、妇幼保健，办好各级各类医院，加强药品质量管理，提高医疗人员的职业道德水平。

第四，社会职能。社会职能是指政府所承担的社会管理、公共服务、社会保障等职能，是政府行政管理活动中内容最丰富、最广泛的一项基本职能。随着社会和经济的发展，政府的社会职能日益凸显，政府要在不断加强其社会职能的同时，依靠全社会的力量，运用各种手段，建立起有效的社会化服务体系。社会职能主要包括以下方面。

①社会保障职能。在防止分配不公、促进全民福利提升方面的社会保障职能应由政府承担起来。政府的社会保障职能作用有：一是通过政府支出来进行国民收入的再分配，使收入平等化，即保证社会的公平和稳定；二是通过社会保障支出扩大社会购买力，刺激需求，加快经济增长，促进社会进步。

②社会福利职能。政府通过加强基础设施建设，不断解决住房、交通、水电、天然气等民生问题，为城乡居民的生活创造便利条件。

③社会救济职能。政府对发生洪水、地震、火灾、冰雹、台风、干旱等严重自然灾害地区的人们提供救济，对社会上的孤寡老幼、军烈属、残疾人、生活困难群众等提供救济，其目的是帮助他们摆脱贫穷困难境地，使他们的基本生活得到保障。

④社会服务职能。在市场经济条件下，政府应该主动承担起社会服务职能，如消防安全、环境保护、公害治理等社会综合防治、城市交通、规划设计

等公共服务，消除经济发展不平衡，为社会提供市场无法提供的公共物品和公共服务。

第五，民生职能。民生职能是事关人民基本生活、根本利益的职能，对于实现社会全面发展至关重要。加快发展社会事业，提高人民的生活水平，提升人民的幸福感是政府首先要解决的问题。其具体包括以下方面。

①就业问题。政府应把解决就业问题放在经济社会发展的优先位置上，加强职业培训和就业服务，促进高校毕业生、农村转移劳动力、城镇就业困难人员就业，做好退役军人就业安置工作，实施《中华人民共和国劳动合同法》和《中华人民共和国就业促进法》，普遍提高最低工资标准，推动建立和谐劳动关系。

②就医问题。政府应建立完善的公共卫生服务体系、医疗服务体系、医疗保障体系、药品供应保障体系，为群众提供安全、有效、方便、价廉的医疗卫生服务；完善重大疾病防控体系，建立国家基本药物制度，加强医德医风建设，确保食品药品安全；开展爱国卫生运动，发展妇幼卫生事业。

③最低生活保障问题。政府应建立社会救助体系，完善社会福利、优抚安置体系，发展慈善和残疾人事业；建立和完善住房救助制度，提供保障性住房，解决低收入家庭住房困难的问题；努力让全体人民学有所教、劳有所得、病有所医、老有所养、住有所居。

（2）从政府管理的运行角度划分

以行政职能实现的流程来划分行政职能的方法较早见于古利克与厄威克合编的《行政科学论文集》一书。他们从公共行政的程序入手，提出了著名的"七职能论"，代表了行政职能实现过程中的七个重要步骤：计划、组织、人事、指挥、协调、报告和预算。这里我们把行政管理的实际运行职能划分为以下几类。

第一，决策职能。政府为了开展行政管理工作，针对某一时期或某一问题，设计多种管理方案，并进行优化选择，按照一定的方法贯彻实施。计划的编制是这个环节的关键，各类行政计划的制订和实施，对于行政管理活动起到预测、指导和统领的作用。决策实施的一般程序包括：发现问题，确定目标；分解目标，科学预测；方案拟定，方案选择；实施方案，追踪修改。决策职能是整个行政活动的起点，其发挥程度如何，决定着整个行政环节的成败。

第二，组织职能。这是行政机关围绕行政目标，按照行政计划，具体策划和安排行政活动的过程。组织职能的内容包括：设置、调整和有效运转组织机构；选拔、调配、培训和考核工作人员；合理安排和有效利用人员、资金、财物；根据职责关系建立完整的权力体系，使整个行政管理组织职能明确、权责分明。组织职能是实现行政管理目标的依托。

第三，协调职能。协调职能是行政管理过程中平衡各类行政关系、调节各种利益因素的职能。协调职能的具体内容是，协调政府组织之间、组织与个人之间、人员之间的关系；协调各项政府管理之间的关系；协调政府组织与其他组织以及人民群众之间的关系。通过协调、理顺、沟通各方面的关系，减少、消除不必要的冲突和能力损耗，从而建立和谐的分工合作、相互促进的联系，实现政府管理的目标。

第四，控制职能。控制职能是政府为了保证计划的实现，防止和纠正偏离目标行为的职能。它是通过对具体行政部门和行政环节的监督、检查、修正等，力求使实际工作的结果与预期的结果相符合。控制职能贯穿在政府管理过程的各个环节、各个方面和各个层次之中，内容涉及事前、事中的预测、督促、检查，以及事后的纠偏、惩戒。控制的手段多样，包括综合地运用法规、计划、政策、政令、税收、金融等控制杠杆和手段。

（3）从政府管理的性质划分

第一，统治性职能。统治性职能主要表现为阶级统治职能，包括构建和维护有利于统治阶级掌握国家政权的政治、经济、法律、文化的制度环境及政策；建立和维护军队、警察、监狱等暴力机器履行对内与对外职能，维护统治阶级的利益；建立和维护从中央到地方的政府网络结构系统及必要的附属设施；以制度和文化等形式维护政府的权威性和相对稳定性；保障政府机关及其工作人员的合法权益，向社会和公民征收维护政府正常运转所需的赋税、劳役和兵役等。

第二，管理性职能。管理性职能主要有维护社会治安和秩序，制定对内、对外事务的管理政策并开展这方面的社会管理活动，保护和管理国家自然资源，制定国家中长期的经济和社会发展规划，参与国际社会公共事务管理活动等。

第三，服务性职能。服务性职能主要有提供社会和公民所需的信息，提供教育、文化、娱乐、保健、交通、通信、市政设施等方面的服务，进行社会发展方面的各类专门的和综合性的研究，向社会和公民提供生产和生活所需的自然资源、福利、保险、救济和慈善服务等。

当然，上述所有职能的划分都具有大致的或相对的意义。如不同属性的职能可以通过不同的方式作用于不同的领域。管理性职能可以通过行政方式作用于经济领域，也可以作用于文化和社会领域。各种职能之间相互渗透、相互交叉、相互作用，共同构成政府职能体系。

2.非政府公共组织的职能

目前还没有人们一致认可的关于非政府公共组织的定义，本书将非政府公共组织定义为除政府组织以外的社会公共组织。政府是公共管理的主导力量，非政府公共组织的职能是对政府职能的补充和完善。因此，在某种程度上，非政府公共组织的职能更多地表现为功能。在政府职能的主导下，非政府公共组织具有如下功能。

（1）社会服务功能

非政府公共组织在很多公共领域发挥作用。首先，在教育、医疗卫生、社会福利、扶贫、农村发展以及救灾等领域，非政府公共组织以其巨大的经济能量和社会号召力，动员社会各方面参与社会发展，填补政府在社会发展方面的资金不足，帮助政府解决一些容易被忽视的边缘问题。其次，非政府公共组织为社会创造了大量的就业机会，而且蕴藏着巨大的就业潜力，在缓解社会就业压力方面起着非常大的作用。最后，非政府公共组织促使社会关注与帮助在经济和社会发展中资源和人力薄弱的某些部门，以及遭遇困难的弱势群体，缩小经济发展中产生的贫富差距。通过为弱势群体提供各种信息、资金和其他资源，非政府公共组织能促使发展滞后的地区和弱势企业发生转变，帮助它们摆脱困境。

（2）社会沟通功能

非政府公共组织既要协调成员之间的关系，如督促成员依法经营、防止不正当竞争，以公平、公正、互利原则居中周旋，协调成员之间解决利益冲突问题，实现个体利益与成员或行业整体利益的平衡，又要协调成员与政府及社会各界之间的关系，发挥成员与政府沟通的中介作用。因此，非政府公共组织是一种集体的结构，体现了丰富的社会性功能。

（3）社会调解功能

非政府公共组织在政府与社会之间充当中间角色，发挥沟通、协调、公证和监督作用，推动各类市场主体在平等条件下公平竞争，为企业和公民提供各种法律服务，保护企业和公民的合法权益。而对于大量尚不足以诉诸法律的经济纠纷，行业协会、商会、消费者协会等市场中介机构依据市场交易规则制定行规公约，进行行业自律，反对不公平竞争、反垄断、反倾销，保障正常的生产和销售秩序，从而改善市场管理环境。

（4）社会缓冲功能

许多西方学者认为，非政府公共组织是民主的前提，非政府公共组织对于生机勃勃的民主社会而言是必要的。法国政治家托克维尔认为，权力以一种分散化的方式由众多相对独立的社团、组织和群众来行使，对于实现民主具有非常重要的意义。

一方面，各种社团、组织由不同社会群体支持，代表着不同社会群体的利益，形成了各种利益沟通的渠道，促进政府与社会的协调发展；另一方面，自愿结合的组织有助于解决由个人主义引起的问题。因而托克维尔认为，各种社团的存在是实现民主必不可少的条件。彼德·伯格、理查德·纽豪斯认为，自愿组织的关键作用在于创造并维护社会价值，创制法律、选举官员、开展辩论、倡议行动进程，能够提供民主所需要的实际技术训练，具有民主教育的功能。可见，非政府公共组织在促进民主方面的作用既体现在它们为对抗国家非正当干预个人生活提供了缓冲区上，也体现在它们保护个人对抗他人的不当侵害，制约个人主义上。具体而言，非政府公共组织服务于民主的途径有两条：一是通过插入中介制度这一缓冲区来保护个人对抗国家权力；二是通过训练个人并创制社会团结网络约束个人主义并培养合作精神。

第三章 大数据时代公共管理的现状

　　技术创新和数字设备的普及使大量的数据从各种各样的数据源头通过不同渠道快速产生，海量数据增长逐步衍生出一个新概念——大数据。越来越多的组织决策根据数据分析来获得，越来越多的行业在经历着大数据带来的变革。政府部门也正在经历着它的时代转型。

　　政府作为政务信息的采集者、管理者和持有者，具有其他组织无可比拟的信息优势。但是长期以来各部门信息都是封闭运行的，受信息技术条块分割体制等限制，政府信息系统出现"系统林立"和"各成体系"的状态。政府公共信息资源重复采集的现象严重，信息管理成本偏高。政府如果做好了互联互通，做好了数据整合、数据开放共享，就能够极大提升政府整体数据分析能力，为有效处理复杂的社会问题提供新的分析方法。本章主要包括我国公共管理的运行现状、世界主要发达国家公共管理应用大数据的情况、大数据时代公共管理面临的机遇与挑战等内容。

第一节 我国公共管理的运行现状

　　公共管理理念起源于西方国家，在我国发展公共管理还存在一个适应性问题。我们所处的时代背景、经济发展水平、市场经济传统、生产关系和政治制度是与西方国家存在差别的，因此，我国公共管理的运行需要充分考虑我国的基本国情和发展现状。

一、当前我国公共管理的职能定位

　　我国的公共管理发展呈现比较复杂的局面，我国公共管理的职能定位一方面要注重公共管理理念的引进，另一方面还要与我国的实际国情相结合。当前我国的公共管理职能应该定位在以下几个方面。

（一）经济调节

我国在市场经济建立和发展的过程中面临的主要社会经济问题是收入再分配、资源再配置和稳定宏观经济，这也是西方主流经济学家对政府主要经济职能的较为一致的看法。政府应该把对经济的调控重心集中于这三个方面，才符合我国市场经济发展的实际。这也与市场经济条件下政府经济职能的三个主要目标——公平、效率和稳定相吻合。

收入再分配是为了实现社会公平目标。居民的收入分配问题属于微观经济范畴，但政府的收入再分配职能则具有宏观意义。从市场解决效率问题、政府解决公平问题的公平效率观出发，政府的收入再分配职能就更具有社会意义，因而是政府的重要职能。

资源再配置则是为了提高经济效率。政府的资源再配置职能也是具有宏观意义的微观经济调节职能，它是由资源本身的稀缺性和市场失灵的现象所决定的。一般来说，资源配置可区分为初始配置和再配置两个层次。资源的初始配置是在价格机制的作用下由市场自然完成的，资源的再配置主要是依靠具有超市场能力的政府组织的强制力量去完成的。

宏观调控的目标是稳定宏观经济，我国宏观调控应在继续坚持长期规划与财政、货币政策的阶段性运用相结合，扩大投资需求与推动消费需求相结合，扩大内需与增加出口相结合，扩大经济总量与加快结构调整相结合的基础上，促进经济发展方式的转变和经济效益的提高。

（二）市场监管

市场体制下的政府规划主要体现在政府的市场监管职能的行使上，政府市场监管职能因市场的成熟程度和市场秩序的状况而定。政府的市场监管职能涉及市场交易的方方面面和市场运行的各个环节，但最主要的是执法监督和维护秩序两项职能。

公正执法和依法监督是规范市场行为、维护市场秩序的前提，有法必依、执法必严、违法必究是公正地实施市场监管的基本理念，规范市场行为、维护市场秩序则是市场监管的目的所在。市场监管的内容包括税收监督、价格监督、质量监督、卫生检疫监督、资格准入监督，以及标准化监督等方面。规范和维护市场秩序包括反不正当竞争、打击制假与售假行为和防止假冒伪劣产品进入市场、维护经营者和消费者的权益等方面。

（三）社会管理

我们这里所讲的社会管理专指对具体社会性事务的管理。在我国当前经济高速增长和社会转型的形势下，社会管理的问题显得尤为突出。社会管理的根本就是各方利益的协调，而要正确处理各方利益，关键在于奉行公平、公正的原则。改革开放以来，在社会分配方面，我国实行"效率优先、兼顾公平"的原则，这一原则极大地调动了人们的生产积极性，促使人们的生活水平普遍提高。但是在市场经济不断深化的过程中，随着贫富差距、地区差距、行业差距的不断拉大，这一原则受到了挑战和质疑。人们要求公共管理更多地关注"公平"问题。

事实证明，在保证公民基本权利方面的"公平优先"政策对全社会运行效益的提高也起到了重要作用。在社会管理方面，我国公共管理需要注意以下问题。

①建立法律和制度基础是法治政府最基本的职责之一。法制化的公共政策和公共制度供给永远都是第一位的问题，而这是除立法机关和授权的政府组织外，任何社会组织所无法提供的纯公共产品。

②投资公共基础设施建设是优化环境的重要方面，因而是服务型政府的基本责任。如道路交通、水电输送、排污防洪、垃圾处理、公园与城市美化等公共基础设施的建设，都是需要政府来投资的。

③保护社会弱势群体是人民政府的神圣职责，特别是在社会转型期，保护弱势者和贫困者的基本权利，通过公共政策改进、完善社会保障制度及扶贫开发等多项措施，为社会弱势群体和贫困阶层提供多方面的帮助以及救援，是保持政治稳定、实现社会和谐发展的重要前提。

④保护环境包括保护自然生态环境不被破坏和保护社会生态环境不致受损两个方面。保护并改善自然生态环境，保持自然资源的合理开发和利用，保护并改善社会生态环境，协调各种社会资源的合理配置，是建设和谐社会对我国政府提出的治理要求。

（四）提供公共物品和公共服务

所谓公共物品，按照美国经济学家萨缪尔森的解释，是将利益不可分割的产品给社会全体成员，而无论个人是否想要购买这种产品。因此公共物品具有非排他性和非竞争性两个基本特征。这就决定了市场机制无法提供公共物品，需要公共管理在这方面加以引导和补充。公共物品的范围十分广泛，从国防、治安、政府行政管理、大中型水利设施到城市规划、交通管理、环境治理、防病防疫、抗旱防洪等，都属于公共物品的范围。

此外，随着科技进步，政府制定的各种计量标准，以及规范的科学术语、文字等也属于公共物品。它们直接或间接地为企业和个人家庭的生产、生活提供服务，是社会总产品不可缺少的组成部分。

目前，我国正处于公共需求深刻变化和公共物品紧缺的阶段。一方面，公共物品的需求结构发生了变化。随着经济和社会的发展，在社会成员的需求结构中，个人需求基本上得到了满足，但在公共需求方面还存在很大的发展空间，人们在教育、医疗和社会保障等方面的公共需求年均增长的速度越来越快。另一方面，公共需求的主体呈不断扩大的趋势。目前，由于我国收入分配差距不断扩大，中低收入群体对公共医疗、义务教育、就业和社会保障的公共需求日益增长。同时，随着农村改革的不断深化和农村经济的发展，广大的农村居民开始成为公共需求的重要主体。

为了更好地为公众提供公共物品和公共服务，我国提出了建设服务型政府的口号。如何更加有效地向公民提供质量更好的公共服务，是当前我国公共管理面对的一个重要现实问题。我们认为可以从以下几个方面进行。

第一，形成公共服务提供的竞争机制。公共服务的竞争有利于技术创新、组织创新和经济创新，有助于改变落后的保守心态，有助于助长市民社会的行业团体和其他群体中的企业家精神，有助于在公共管理机构中适当引入市场文化，提高我国公共服务质量和水平。其具体做法包括破除垄断，开放市场，允许新的竞争者进入公共服务领域；放松规制以推动竞争；把政府公共部门的事务和业务承包给民营企业或营利机构；实行公共服务分散化和服务机构小规模化，给公众以自由选择的权利和便利等。

第二，形成公共部门服务承诺制度。用公开承诺的方式把政府公共部门服务的内容、标准、责任等公之于众，接受公众的监督，实现提高服务水平和质量的目的。作为竞争不充分的一种补充机制，公共部门服务承诺制度主要是针对那些具有一定垄断性质的公共部门和公共服务行业。自然垄断性和半垄断性服务行业，如铁路、邮政、水电等；非营利性的公共服务行业，如环卫、城市公交、公共文化设施等；规制性服务行业，如户籍管理、公共安全、执照核发等。面向公众的承诺一般包括服务内容、服务标准、服务程序和时限、违诺责任等具体内容。

二、我国非政府公共组织运行现状

改革开放以来，中国非政府公共组织得到了长足的发展，各种形式的民办非企业单位从无到有，非政府公共组织数量不断增加。它们在广泛的社会生活中日益扮演着不可替代的角色，发挥着独特的社会功能。其发展状况可从以下几个方面说明。

（一）非政府公共组织类型多样

20世纪80年代以前，非政府公共组织主要有高度行政化的工会、共青团、妇联、文联、工商联等团体，而目前我国的全国性社团按照官方的分类标准（主体功能）可分为以下类别：社会服务与社会福利、公共事务、信息与技术服务、卫生、体育、教育、文化艺术、新闻出版、科学技术、人文社会科学、环境能源、企业行业组织、职业组织、地区组织以及其他组织。

（二）非政府公共组织活动领域呈现多元化的格局

从相关调查结果看，中国非政府公共组织开展的活动一般都不局限于某一个领域，平均每个非政府公共组织的活动领域达4.15个之多，少数非政府公共组织开展的活动更是涉及十几个领域。其中，活动领域涉及社会服务和调查研究的非政府公共组织最多，分别占所有被调查的非政府公共组织的44.63%和42.51%。活动领域涉及行业协会、学会的非政府公共组织约占39.99%。而非政府公共组织较少涉及的活动领域是民办大学、民办中小学，比例仅为1.13%、1.99%。

（三）非政府公共组织活动方式以信息查询与教育为主

从相关调查结果看，中国非政府公共组织的活动方式首先是提供服务（59.4%）、交流（58.7%）、宣传（58.6%），以及培训、研修、训练（57.0%）；其次是调查研究（46.4%）；再次是收集资料、提供信息（41.0%），提供政策建设、提案（38.5%）；最后是义演活动（6.5%）和进行商业性活动（7.4%）等。从这些数据中可以看出，非政府公共组织的主要作用在于提供信息与教育服务。事实上这也是非政府公共组织的特色和与政府、企业的差异所在。

由于非政府公共组织掌握的资源非常有限，有的甚至完全依赖于志愿者，因此其不可能像政府、企业一样以提供物质服务为主，而更多地以提供信息、教育与宣传服务为主。例如，中国绝大多数自下而上的环保非政府公共组织，如自然之友、地球村等都是以环保宣传、教育为主要的活动方式。

（四）非政府公共组织活动范围以一个市、区、县为主

从相关调查结果看，中国大多数非政府公共组织（58.7%）的活动范围在一个市、区、县的范围内，有8%的非政府公共组织活动范围在两个或两个以上市、区、县的范围内。8.6%的非政府公共组织活动范围在一个省、自治区、直辖市范围内，3.1%的非政府公共组织活动范围在两个或两个以上省的范围内，5.2%的非政府公共组织活动范围在中国内地，0.1%的非政府公共组织活动范围在港澳台地区，0.3%的非政府公共组织活动范围在港澳台与内地，0.1%的非政府公共组织活动范围在国外，5%的非政府公共组织活动范围在国内和国外。

从被调查的非政府公共组织活动范围中可以看出，中国非政府公共组织的活动范围以在一个市、区、县范围内为主，而其他类型的非政府公共组织相对较少。

（五）非政府公共组织产生的社会效益巨大

例如，中国青少年发展基金会"希望工程"这一公益项目的成功实施，直接为338万多名贫困地区孩子提供了救助，修建了15 444所希望小学，建设希望工程图书室约14 000个，配备希望工程体育园地2 500套，配备希望电影放映设备200套，培训农村小学教师52 000余名，帮助3 100余名艾滋病孤儿和受艾滋病影响的儿童继续完成学业。

第二节 世界主要发达国家公共管理应用大数据的情况

大数据不仅强调数据量，更强调从海量数据中快速获得有价值的信息和知识的能力。当前，大数据所蕴含的战略价值已经引起多数发达国家政府的重视，许多国家相继出台大数据战略规划和配套法规促进大数据的应用与发展。在政府大数据战略部署和政策推动下，发达国家的政府部门、企业、高校及研究机构都开始积极探索大数据应用。完善的政策是当前大数据先行国家推广应用大数据的重要保障。

据悉，美国大数据战略发布后，12个联邦部门启动开展了82个大数据相关项目，涵盖了国防、国土安全、国家安全、能源、医疗卫生、食品药物、航空航天、人文社会科学、地质勘查等众多领域。企业借助大数据政策的东风，强化了对大数据技术的研发和创新应用。

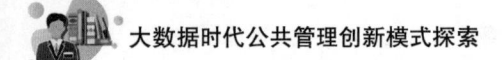

当前，大数据已经渗透到各个行业和业务职能领域，大数据的与日俱增显示大数据时代已经来临，对大数据的科学运用将成为国家竞争力的重要组成部分。在大数据时代，政府的重要职责不仅仅是强化自身对数据的开发和利用，更重要的是推动大数据产业的发展和全社会的大数据应用。

对于我国公共管理职能的运转而言，一方面要借鉴西方公共管理理念中先进的、科学的成分；另一方面要考虑到我们国家的国情，对其进行适应性分析，在此基础上有针对性地进行学习和借鉴。

一、大数据战略规划比较

为抢占先机，取得大数据领域的国际竞争优势，美、澳、英、法等国率先制定了大数据战略规划，将大数据应用上升为国家战略。

（一）美国大数据战略

2011年，美国总统科技顾问委员会提出建议，认为大数据具有重要战略意义，但联邦政府在大数据相关技术方面的投资不足。作为回应，美国白宫科技政策办公室（OSTP）建立了大数据高级监督组以协调和扩大政府对该重要领域的投资，并编制了《大数据研究与发展计划》（以下简称《计划》）。2012年，《计划》正式对外发布，标志着美国率先将大数据上升为国家战略。

《计划》旨在大力提升美国政府从海量复杂的数据集合中获取知识的能力。其具体实现三个目标：第一，开发能对大量数据进行收集、存储、维护、管理、分析和共享的最先进的核心技术；第二，利用这些技术加快科学和工程学领域探索和发展的步伐，加强国家安全性；第三，增加从事大数据技术开发和应用的人员数量。

首先被纳入《计划》的联邦政府部门主要有：美国国家科学基金会、美国国立卫生研究院、美国能源部、美国国防部等，共投资两亿多美元，促进大数据相关研发工作。大数据发展不能仅靠政府努力，因此《计划》还鼓励高校和研究机构、非营利机构与政府一起努力，共享大数据提供的机遇。

（二）澳大利亚大数据战略

2012年，澳大利亚政府发布《澳大利亚公共服务信息与通信技术战略2012—2015》，强调应增强政府机构的数据分析能力，从而实现更好的服务以及更科学的政策制定，并将制定一份大数据战略确定为战略执行计划之一。2013年，澳大利亚政府信息管理办公室（AGIMO）成立了跨部门工作组——

大数据工作组,启动了公共服务大数据战略(以下简称"战略")的制定工作,并于2013年8月正式对外发布。

战略以六条大数据原则为指导,旨在推动公共部门利用大数据分析进行服务改革,以制定更好的公共政策,保护公民隐私,使澳大利亚在该领域跻身全球领先水平。这六条大数据原则包括:数据是一种国家资产,应被用于提升人民福祉;数据共享和大数据项目开发过程中严保用户隐私;数据完整和过程透明;政府部门之间以及政府与产业之间应共享技术、资源和能力;与产业和学术界广泛合作;加强政府数据开发。战略还决定成立数据分析卓越中心(DACOE),该中心将通过构建一个通用的能力框架帮助政府部门提高数据分析能力,并促成政府与第三方机构合作以培养技术分析专家。

(三)英国大数据战略

2013年,英国发布《把握数据带来的机遇:英国数据能力战略》。该战略由英国商业、创新与技能部牵头制定。该战略旨在提高英国在数据挖掘和价值萃取中的世界地位,为英国公民、企业、学术机构和公共部门创造更多收益。为实现上述目标,该战略从强化数据分析技术、加强国家基础设施建设、推动研究与产研合作、确保数据被安全存取和共享等几个方面做出了部署,并做出11项明确的行动承诺,确保战略目标真正得以落地。

(四)法国大数据战略

为抓住大数据发展的机遇,促进本国大数据领域的发展,以便在经济社会发展中占据主动地位,2013年2月,法国政府发布了《数字化路线图》,宣布投入1.5亿欧元(1欧元≈6.9854元人民币)大力支持产项战略性高新技术,而"大数据"就是其中一项。

2013年7月,法国中小企业、创新和数字经济部发布了《法国政府大数据五项支持计划》,包括引进数据科学家教育项目;设立一个技术中心给予新兴企业各类数据库和网络文档存取权;通过为大数据设立一个全新的原始资本,促进创新;在交通、医疗卫生等纵向行业领域设立大数据旗舰项目;为大数据应用建立良好的生态环境,如在法国和欧盟层面建立用于交流的各类社会网络等。

(五)各国大数据战略比较

通过对各国的大数据战略规划进行比较,我们发现其中既有共同点又有明显差异。

1. 共同点

①战略目标基本相同,均旨在通过国家性战略规划推动本国大数据技术研发、产业发展和在相关行业的推广应用,确保本国在大数据时代的领先地位。

②战略规划均具有明确的行动计划和重点扶持项目。例如,美国大数据战略阐明了政府拟重点发展的领域和相关项目,特别指明了相应的资金支持。法国为本国的大数据发展制定了五步骤的支持项目。澳大利亚更具体列举了一年内的大数据行动计划和具体的时间节点。

③战略规划指定了明确的管理机构和执行机构。美国由白宫科技政策办公室牵头建立了大数据高级监督组,通过协调和扩大政府对大数据的投资,提供合作机遇,促进核心技术研发和劳动力发展等工作,促进大数据战略目标的实现。澳大利亚设立跨部门大数据工作组负责战略落地,同时配备专门的支持机构从技术、研究等角度确保对大数据工作组的支持。英国战略分别从技术能力、基础设施和软硬件建设、推进合作、数据开放与共享等角度指定具体的负责机构,同时由数字经济委员会负责根据战略进一步制定具体战略实施路径。

2. 差异点

①战略规划的推动路径略有差异。美国重在"以点带面",通过公布重要部门的大数据项目规划,扶持重要领域的大数据技术研发,进一步带动其他部门和社会各界对大数据技术的研发和推广应用。澳大利亚重在"方法指导",通过设定大数据原则指导各部门正确应用大数据,同时注重技术跟踪、指南制定。英国和法国强调政府"铺路打基础"的作用,阐明政府在人才培养、基础设施建设、资金扶持、项目规划、合作环境建设中的基础保障作用。

②战略制定机构不同。战略规划推动路径的差异在一定程度上也与政策制定机构不同相关。美国、澳大利亚的战略制定机构主要是科学技术相关部门。美国白宫科技政策办公室是美国的高级科技咨询机构,该办公室主任被任命为总统科技顾问。澳大利亚政府信息管理办公室的职责是就信息与通信技术、投资管理、工程实施、政策执行为澳大利亚政府及其机构提供建议,指导政府应用信息技术为公众提供更好的服务、提升自身运作效率。而英国和法国的战略制定机构则是与经济发展相关的部门,制定大数据战略旨在充分挖掘大数据对生产、经济发展的重要作用。

二、大数据技术能力提升政策比较

技术能力储备是确保数据价值得以实现和产业化推广应用的重要支撑。大数据先行国家十分重视政府在推动大数据技术创新、能力储备中的政策扶持作用，国内相关部门和地方政府也颁布政策进行技术储备。这些政策分别从基础研究、关键技术研发、产业扶持、人才培养、资金保障等角度为相关产业、研究机构提供技术创新环境。

（一）基础研究与关键技术研发

在大数据应用的技术需求指引下，数据科学研究显得越来越重要。美国大数据战略确立了美国国家科学基金会在基础研究中的核心地位。为促进基础研究，美国国家科学基金会采取相关政策措施包括：向美国加州大学伯克利分校资助一千万美元，帮助他们研究如何整合机器学习、云计算、众包三大技术用于将数据转变为信息；提供对地球研究、生物研究等基础性研究项目的拨款等。在关键技术研发方面，联邦部门大数据项目详细部署了国防、民生、社会科学等领域的核心关键技术研发。英国大数据研究扶持与技术研发政策包含在《把握数据带来的机遇：英国数据能力战略》中，重在体现对高校、研究机构的资金扶持和合作平台搭建。

（二）人才培养

随着大数据产业的发展，人才问题将变得越来越紧迫。当前，人才培养已被各国政府纳入推进大数据发展的重要议程中。美国《大数据研究与发展计划》的一个重要目标是"增加从事大数据技术开发和应用的人员数量"。美国国家科学基金会鼓励研究性大学设立跨学科的学位项目，为培养下一代数据科学家和工程师做准备，设立培训基金对大学生进行相关技术培训，召集各个学科的研究人员共同探讨大数据如何改变教育和学习等。英国《把握数据带来的机遇：英国数据能力战略》对人才的培养做出了专项部署，包括在初、中等教育中加强数据和计算机课程学习；全面评估当前高校各学科所教授的数据分析技能是否需要进一步完善并实现跨学科交流；通过奖学金、项目资助的形式支持高校培养满足当前和未来数据分析需求的人才；政府与相关专业机构一起强化数据科学这门学科，勾画数据分析行业不同的发展道路，鼓励更多人将数据分析作为事业来追求。澳大利亚公共服务大数据战略强化政府部门与大专院校合作培养技术分析专家，同时计划将各类大数据分析技术纳入现行教育课程中，加强人才储备。法国在《法国政府大数据五项支持计划》中第一步计划便是引进数据科学家教育项目。

（三）产业扶持

真正实现大数据对经济社会的价值贡献，离不开对大数据相关产业的扶持。在产业扶持方面，《把握数据带来的机遇：英国数据能力战略》指出，英国政府将通过多种途径为大数据产业提供扶持，在资金支持方面，英国政府将为本国公司与有关组织提供更多机遇与相关资金支持，同时将各类大数据分析中心纳入英国资本投资战略框架中，促进大数据分析技术的研发与产业应用。在产学研结合方面，英国还通过建立研究成果展现门户、搭建多种合作交流平台等方式，促进产业与各类研究、学术机构之间的合作成果转化。

（四）资金保障

明确具体资金保障是国外大数据政策的一大亮点。继美国宣布投资两亿多美元促进大数据研发后，英国、法国也相继宣布政府对大数据项目的投资。2013年1月，英国财政部投入1.89亿英镑（1英镑≈8.322 7元人民币）用于大数据和节能计算技术的研发，旨在提升地球观测和医学等领域的大数据集中分析能力。2013年4月，英国国家经济和社会研究委员会新增6 400万英镑用于大数据研发，其中3 400万英镑用来建立行政数据研究网络，用于汇聚政府部门和机构所收集的行政数据，促进政府发挥数据对科学研究、政策制定和执行的作用。法国政府宣布投入1 150万欧元，用于7个大数据市场研发项目，旨在通过试点探索，促进法国大数据的发展。

（五）技术能力储备政策

在大数据技术能力储备方面，各国均有侧重点。从政策要点来看，注重人才培养、产业扶持、资金保障是多数国家的共识，这三方面正是政府为产业发展构建良性生态环境的政策落脚点。从国家来看，美国、英国国家层面配套技术能力储备政策较为完善，这也是两国引领大数据发展的主要原因之一。我国有关部门和地方已出台了计划或政策推动技术储备，且更注重基础技术研发和环境搭建，因此配套政策也较为明确。相比较而言，法国和澳大利亚的配套政策还有待进一步完善。

三、大数据应用与管理政策比较

促进大数据发展，除了搭建技术能力储备政策外，还需要从应用实施的角度，制定配套推进政策，规划试点示范项目，以推动战略规划的具体落地实施。

(一)应用推进政策比较

1. 数据开放与共享

大数据应用的基础是数据足量全面。为加强各部门所掌握的海量数据资产开放与共享,促进社会应用创新,美、英、澳、法等国政府均制定政府数据开放共享政策。上述国家在政府数据开放政策上具备两个共性特征:一是数据开放政策均建立在开放政府行动之下,使数据开放有了更大的战略支持;二是建立数据开放门户成为普遍趋势,有力保证政策得以落地。

美国是政府数据开放与共享的领头者。从其政策制定脉络来看,数据开放与共享分为两大维度:一是对公众、对社会,大力推动政府数据开放,先后制定了一系列确保公众平等获取数据、开发利用数据的政策法规;二是对政府自身业务管理,积极制定信息共享战略法规,特别是在国家安全等方面,基本要义是确保在正确的时间将正确的信息分享给正确的人。英国政府在数据开放方面十分重视政策的执行力度。英国政府明确要求各政府部门每隔2～3年就要制定详细的数据开放策略,描述近两年他们要对外开放的数据内容、首次开放时间、数据更新频率,以及促进市场使用这些数据的政策、原则,并定期进行数据开放总结汇报,真正确保数据开放政策落到实处。

2. 隐私与数据安全保护

大数据所带来的一个全新挑战就是对个人隐私与数据安全的威胁。因此,各国需要通过法规政策强化大数据应用过程中对个人隐私与数据安全的保障。当前大数据应用所适用的隐私与数据安全保护法规政策大多沿用多年前的法规文件。一些国家已经开始针对大数据特点制定专项的隐私与数据安全政策。例如,在个人隐私保护方面,英国《开放数据白皮书》明确要在公共部门透明委员会(监督各部门数据开放的核心机构)中设立一名隐私保护专家,确保在数据开放过程中及时掌握和普及最新的隐私保护措施,同时还为各个部门配备隐私专家。英国政府还要求所有政府部门在处理涉及个人隐私的数据时都要执行个人隐私影响评估工作,为此还专门制定了非常详细的《个人隐私影响评估手册》。各政府部门开放数据策略中均明确将开放数据划分为大数据和个人数据。大数据是政府日常业务中收集到的数据,可以对所有人开放,而个人数据仅仅对某条数据所涉及的个人开放。在数据安全方面,澳大利亚政府发布了《信息安全管理指导方针:整合性信息的管理》,为海量数据整合中所涉及的安全风险提供了最佳管理实践指导。

（二）项目实施规划比较

试点示范项目的规划是推动应用实施的重要政策手段之一，通过规划政府领域的大数据试点项目，有效带动政府社会管理和公共服务中的大数据技术应用，通过规划商业领域的大数据试点项目，充分鼓励应用模式创新，促进技术研发，推动产业发展。

在国外政府大数据试点项目规划方面，美国政府最为明确，其特色主要是"聚焦政府领域应用，落实具体部门"。美国《大数据研究与发展计划》以及与该计划同时发布且更为详细的联邦部门大数据项目列表，均是对涉及国家战略发展的重要核心领域大数据项目的战略性部署。同时，这些项目实施落实到具体部门和机构，便于有效执行。美国拥有世界领先的IT企业和大数据研发实力，商业领域的大数据应用已经广泛开展，因此政策引导重在推动政府领域的项目实施。在我国，上海、重庆的大数据计划中，均对试点示范项目做出了部署，与美国相比，其特点主要是"综合部署政府与商业领域应用，全面推进项目实施"。我国大数据技术发展刚刚起步，相关技术与产业较美国、英国等发达国家而言较为薄弱，客观上需要对政府重要服务和管理领域以及重点行业领域进行项目规划，通过试点示范带动发展。

总体来看，国外政府大数据政策措施体现出如下明显特征。一是颁布战略规划进行整体布局。为抢占大数据先机，增强国家在大数据领域的国际领先地位，大数据先行国家均将发展大数据提升为国家战略予以支持。二是注重构建配套政策，包括人才培养、产业扶持、资金保障、数据开放与共享等，为本国大数据发展构建良好的生态环境。

随着数据的与日俱增及其背后所蕴藏的巨大价值显现，大数据正在成为信息时代发展的新潮流，提早进行大数据发展规划及相关政策制定就显得非常必要。由于各国大数据技术基础、市场基础、数据文化基础不同，各国的政策侧重点存在一定差异。对我国而言，大数据市场刚刚起步，各领域应在国家的指导下做好稳步推进国家大数据技术应用与产业发展。在政策环境构建方面需要做到以下几点。一是加快研究制定大数据发展国家战略，进一步阐明大数据的有利发展机遇，规划重点领域的大数据研究计划，布局关键技术研发方向，强化大数据基础设施建设和人才培养，加强对大数据产业的扶持，做好体制机制、资金、法规标准等方面的保障等，为后期专项政策制定、项目规划等提供依据；二是借鉴国外政府大数据政策，勾画符合我国实际的大数据配套政策制定路线图，注重从战略技术能力储备和战略应用实施两个角度，明确相关部门权责，为大数据产业孵化、技术研发、推广应用营造完善的政策环境。

第三节　大数据时代公共管理面临的机遇与挑战

在大数据时代背景下，公共管理创新是当今世界范围内行政改革的一种普遍趋势。关于公共管理创新的含义，不同的学者有不同的看法。人们普遍认为公共管理创新即政府管理创新，是指探索和建立较为合理的政府管理模式，以适应新环境的变化和新现实的挑战，确保政府运用国家权力更好地服务于公众，使社会资源得到最优化配置，从而促进整个国家和社会持续、稳定、协调发展，实现对国家和社会的有效治理。大数据这一视角为公共管理创新带来了新的契机。

一、大数据时代公共管理面临的机遇

随着大数据时代的到来，与大数据相关的技术手段、公共领域和社会领域发生着变革，也促进了公共管理创新方式的变化。

（一）推进智慧城市规划与建设

大数据应用于公共管理，有利于政务工作的展开，推进了公共管理创新，为公众提供优质高效的公共管理服务，不断提高人民的物质生活水平和精神生活水平，促进人的全面发展。政府不仅要重视经济建设，还要重视社会的发展、重视提升社会福利系数和公众的幸福度，为公众带来新的体验。例如，政府通过在各个社区超市设立水、电、气费缴纳网点，人们就可以在住宅附近缴纳相关费用，这样不仅节约了政府开支，也使人们感到便捷；社区公交的出现成为改变人们出行的又一方式，点对点的服务更贴近人们的生活习惯，人员的分流使大型公交车不再拥挤，为上班族的出行节约了时间。大数据与公共事务相结合，可以提高政府部门的公共服务效率和社会管理能力。

（二）创造社会价值和商业价值

数据的开放不仅可以增强企业自身的产业能力和竞争能力，还能带来巨大的和潜在的商业价值。同时，政府也能监控市场信息，作为"看不见的手"能进行适时干预，进行宏观调控，避免因决策的滞后带来经济损失。企业通过对数据的利用和推测可以帮助政府做出更有价值的决策。例如，电力部门利用收集的电表数据可以了解到家用电器中哪些是耗电量大的商品，企业就此研发出节约电能的家用电器，并向市场进行推广，不仅增加了企业的销售量还能减少资源的消耗。因此，政府加大经济调节力度和做好对市场的监管职责，维护好

市场经济秩序,加强对国民经济的适时适度的宏观调控,努力保持经济的平稳健康发展,可以不断增强综合国力。另外,在医疗体系中,医院通过分析患者的临床和行为数据,可以更深入地理解患者的病症,进一步为不同的患者人群提供适合他们的治疗规划等,还可减少政府承担的医疗成本。

(三)提高公众对公共事务的参与度

随着人们生活水平的提高,公众对公共物品和公共服务的需求不断增长,人们参与公共管理的愿望也在增强,公共管理的内涵和任务也在发生着变化。信息时代的便捷为公众参与政府事务提供了更通畅的渠道,社会公众能时时监督政府的各种行为,使政府事务更加透明、公开。让公众参与到具体的决策中,提高了政府决策的科学性和民主性。鼓励非政府公共部门、私营机构、志愿者组织和普通公众通过互联网平台直接或间接地参与到政府决策和其他政府管理活动中,使他们的积极性、主动性、创造性得到充分发挥,政府和社会的互动增加,才能使政府进行有效管理。

二、大数据时代公共管理面临的挑战

(一)传统政府向现代政府转型的挑战

在我国政府从传统型政府向现代型政府转变的过程中,仅仅涉及局部操作层面的调整,缺乏系统整体的顶层设计。在经济体制转型的过程中,某些项目建设、投资等均由政府直接主持展开,势必使一些问题得以凸显。

①以官员政绩的主要指标为考核依据的现行体制会使许多投资达不到预期目的、效率较低,导致公共管理的职能受到抑制。

②社会信用体系被破坏,现有的市场经济现状已改变。

③市场分割的现象加剧,地方保护主义比较普遍,政出多门司空见惯。

④政府权力导致权力寻租的现象无法回避。

⑤审批事项和行政垄断事件的增多导致本来作用发挥就不是很充足的市场机制运转和功能受到限制。

(二)政府管理职能转变与创新的挑战

现阶段我国政府职能的转变正在进行,尚未形成固定机制,"全能主义"的政府职能还没有完全退出,"服务为本"的政府职能还没有真正形成,诸多的错位、缺位和越位现象在政府机关行使公共权力时还有一定程度的存在。如今我国政府在履行公共管理职能的时候尚存在着许多不足之处。这主要体现在如下方面。

①政府有效执行政策能力的弱化。在全国范围内，中央政府的公共政策难以得到全面而有效的贯彻落实，进而导致国家宏观调控能力的弱化。

②政府可持续发展的能力还不是很强，需要进一步提高。在可持续发展的进程中，如何平衡眼前利益和长远发展的需求，依旧是现阶段我国政府不得不攻克的一个难题。

③政府科学制定公共政策的能力不足。我国政府在建立科学决策机制和制定周全而明智的公共决策上，还有欠缺与不足之处。

④政府应对公共危机事件的能力较弱，尚需进一步加强。近年来，我国不时发生一系列突发性公共危机事件，体现出政府处理危机和应对公众方面的不足，日益凸显出我国政府在这方面存在的问题。

（三）公共权力异化现象的挑战

公共权力在运转的过程中，如果与其最初所设想的公共利益目的相背离，或者是公共权力的运行主体将手中的"尚方宝剑"为私人谋取利益的时候，就会导致公共权力不按照原定轨道运行，产生偏离正常轨道非正常运行的可能，导致一些非常规的异化现象出现。目前，我国公共权力异化主要表现在以下三个层面。

①公共权力的私有化，即把公共权力看成个人谋取私利的工具，权力被掌握在手中的人所利用和操纵。

②公共权力的商品化，即把公共权力当作私人交易的筹码，将其视为实现某种目的而交换的商品。

③公共权力的庸俗化，即利用手中的公共权力巩固所谓"自己的圈子"，利用乡情、同学情、战友情以及其他利益关联关系，搞宗派、团体，建立自己的关系网络。

（四）公务人员素质和能力提高所带来的挑战

加强公共人力资源开发与管理，从而使公务人员的能力、素质得到提高，是我国公共管理改革的重点，也是保证改革后制度运行效率的关键。公共人力资源开发与管理是一种新的管理模式，是把私营部门人力资源管理的观点和实践活动，引进目前公共部门而相应出现的。公共人力资源开发与管理这一模式应运而生，既是我国公共管理部门人事制度改革的趋势，也是适应现阶段公共管理服务客观需求的方式。

近年来，我国在完善公共人力资源的管理体制与开发方面，也陆续进行了改革，在面向市场和竞争的社会背景下，人力资源管理逐渐被诸多公共管理部门所关注，新的政策措施和人才战略计划得以实施。但是与快速变化的时代环境相比较，我国公共管理部门的管理模式的改革显得滞后，人事管理模式发展尚有较大的提升空间，适应时代发展的现代人力资源管理模式并没有形成。公共管理部门创造的价值逐步提高，使服务型社会正向我们靠近。服务型社会的到来，势必要求多样化、高品质的服务由公共管理部门为公众提供，同时更能体现公共利益、满足公众诉求的管理活动也将成为公共管理部门工作的指导原则。这一过程的改变将是各方面共同努力的结果，势必要求公共管理部门进一步转变理念，进而加大对组织中的人力资源的开发和利用力度，从而使传统的管人模式能够从本质上得到改变，将公众自身的潜能更有效地发挥出来。在内部竞争的良性运作的基础上，组织内部要引入新的竞争机制，开发公共管理人力资源，提升服务与管理的质量。

　　时代在进步，社会在改变，全民在思变，"变"就是改革。变是为了适应，为了过上更好的生活，为了实现个人和国家的中国梦。以前固有的"以不变应万变"的法则已经逐步让位于"用变化来应对变化"。变革促进社会进步和经济发展。在虚拟社会形成、经济社会风险加大、社会阶层分化加剧的条件下，我们要正确面对社会经济结构变动以及利益格局调整等外部环境变化，科学应对政府定位转型、职能重新界定和公共权力异化现象等挑战，在先进原则和理念的指导下，立足国情，尊重规律，按照决策科学、重点明晰、协同有力、监督到位的基调，努力探索和形成定位科学、职能合理、运行规范、保障有力的政府公共管理体制。

第四章 大数据时代公共管理的实践

公共管理领域是大数据应用的重要领域。大数据不断应用于网络舆情分析、农业政策指引、高校科学管理、公共管理人才培养等领域，可促进公共管理效率的提升。大数据时代催生了公共管理研究的新的思维方式，公共管理的各个领域要合理利用大数据技术创新公共管理手段，优化公共管理流程，构建高效的公共管理运行体系。大数据在各个领域的应用也面临着诸如信息安全、隐私保护、专业人员不足、法律法规不完善等方面的挑战。因此，大数据在公共管理领域的实践发展，任重而道远。本章主要包括大数据时代网络舆情的公共管理、大数据时代乡村振兴背景下农村的公共管理、大数据时代高校的公共管理、大数据时代公共管理专业人才培养等内容。

第一节 大数据时代网络舆情的公共管理

互联网在近几年迅猛发展，从笨重的台式计算机到人手一部的智能手机，其覆盖面之广，内容之丰富令人目不暇接。其所蕴含的力量正在以潜移默化的方式影响着人们的生产和生活，并逐渐扮演着举足轻重的角色。同时，随着时间的碎片化发展，微博、贴吧、论坛等一系列的信息交流渠道开始流行。人们越来越热衷于在日常生活中通过这些渠道发表看法，交流感受。而内容的复杂、多变以及信息巨大的数量也让大量的不良信息混杂其中。

从广义上来说，舆情即围绕中介性社会事项的发生、发展和变化，作为舆情主体的网民对自己所关心的或与自身利益紧密相关的各种公共事务所持有的多种情绪、意愿、态度和意见交错的总和。和生活密切相关的互联网中的信息不可避免地在很大程度上反映了舆情的走向。对互联网上内容的抽取和分析，有助于各个相关部门，尤其是政府，对民意的了解以及后续的疏导。同时，这样也能及时发现负面舆情与不实舆情，及时发现、及时应对可以在很大程度上保障个人、企业甚至政府的形象以及利益。

大数据是网络舆情的处理方式之一。以人工的方式对网络舆情进行处理所耗费的时间是难以估量的,每天对海量数据进行人工处理,会造成大量的数据堆积,久而久之会对后续研究的准确性造成很大的影响。所以采用大数据技术对数据进行分析处理是相当有必要的。

一、网络舆情概述

（一）网络舆情的概念

舆论是指在一定社会活动范畴中,减少个人差异性意见、映射社会感知的人数量占大多数的群体对热门公众事件不自觉地产生的统一的看法。同时舆论在不同的时间周期中也存在独有的特征。

与舆论不同,舆情是指在一定的时间和社会空间范围内,围绕中介性社会事件的发生、发展和变化,个人以及社会群体所构成的公众,因为自身利益等关系而对社会管理者及其政策所产生的和持有的多种情绪、意愿、态度和意见交错的总和。网络舆情就是指,在某一个事件发生后的一段时间内,互联网上关于该事件所引起的各种情绪以及评价。所以说,网络舆情的基础是真实发生的事件,而网络舆情只不过是个体发表在网上关于舆情的一系列态度。伴随着互联网时代发展的脚步,互联网的应用已经越来越普及了,网络舆情也逐渐成为人们生活中的主要舆情传播方式,网络舆情也为现实生活中个体之间信息传播提供了途径。需要注意的是,舆情不同于舆论,舆情可以创造好的或者坏的舆论,舆情是人们对突发事件好的和坏的看法的集合。网络舆情比舆情有着更大的影响力,舆情传播慢,传播面窄,而网络舆情的传播更加迅速。

（二）网络舆情的构成要素

传统舆论学研究中一般认为舆论的形成需要八个要素,在网络舆情中这八个要素同样不可或缺。

一是舆情的主体,即公众。并不是所有的社会民众都是公众。公众是自在的、对于外部社会有一定共同知觉,或者对具体的社会现象和问题有相近看法的人群。具有自主意识是公众成为舆情主体的必要条件,否则公众意见也许并不是真正来自公众。因此舆情的主体不是公众、不是媒体,更不是其他社会组织,而是强调公众的数量规模以及其自主意识的公众。公众是一个利益共同体。

二是舆情的客体,即变动的社会现实以及各种社会现象、问题。宏观的如社会的变动，微观的如社会个体的一言一行、新近发生的重大事件、流行的现象和观念等。在事物变化过程中被舆情主体所关注的时间和问题通常以公共事务为主。随着社会话语权格局的演变，个人尤其是公众人物的私人事务越来越成为公众关注的焦点。

三是舆情的本体，即信念、态度、建议和情绪表现的总和。信念，此处指人们在接触外界之前，头脑里已经存在的关于现实的图像、信条和价值观。信念在舆情本身的各种存在形式中处于核心位置，也是人们在得到外界信息刺激后，进行逻辑推论的大前提。意见成为联系主体和客体的纽带，意见具有多元性和复杂性。舆情的本体应为公开表达的意见，否则无法产生影响力，也无法在与他人的意见交流中形成大体一致的倾向性意见。

四是舆情的数量，即舆情的一致性程度。根据运筹学的相关计算结果，如果在一定范围内，有38.2%的人持有某种意见，这种意见便在这一范围内具有了相当的影响力（但尚不能影响全局），而若有61.8%的人持有某种意见，则这种意见在这一范围内将成为主导性舆情。舆情的数量起点在于一定范围内持某种意见的人数达到总数的三分之一，这种意见可称为舆情。

五是舆情的强烈程度。从强度大小来说，其主要表现为两种方式：一种是用行为舆情表达，强度程度大，集中表现为线上引到线下的行动；另一种是言语表情和内在态度表现，这种强度表现相对温和，有时是内化到公众的认知框架中的，其程度需要舆情调查来测量。

六是舆情的持续性，即存在时间。根据中国人民大学舆情研究所的相关研究，一般舆情事件的平均持续时间为三周左右，随着新的事件出现，舆情将迅速转移到其他社会热点上。

七是舆情的功能表现，影响舆情客体。如相关舆情的出现会促使社会管理部门不得不重视社会舆情压力，改变现实状态，从而改变社会现实，即舆情客体。

八是舆情的质量，指舆情所表现出来的价值观、具体观念，即情绪的理智程度。其包括了理智与非理智成分。一般来说，舆论是公众的意志，应当得到尊重，但舆论是一种群体意见的自然形态，带有较强的自发性和盲目性，文化和道德的传统对它的影响巨大，同时各种偶然的外界因素也会经常不断地引起它的波动。自然形态决定了舆论在总体上是一种理智与非理智的混合体。

上面涉及的舆情要素中，前七个构成了舆情的必要要素，即舆情的主体、舆情的客体、舆情的本体、舆情的数量、舆情的强烈程度、舆情的持续性和舆情的功能表现。这七个要素缺一不可，少一个即无法构成舆情。第八个舆情的质量是非必要要素，它不妨碍舆情的存在。

（三）网络舆情的特点

在新媒体时代背景下，网络舆情的特点也随之发生了变化。网络舆情的定义告诉我们，网络舆情表达快捷、信息多元、方式互动，具备传统媒体无法比拟的优势。这些优势与网络的开放性和虚拟性有关。因此，除了具备舆情的一般特点外，网络舆情还有着自己独有的特点。

1. 网络舆情载体中心不断变化，传播更具即时性

与传统媒体的信息传播相比，网络舆情的信息传播更加快捷。之前，无论是广播电视还是报纸杂志，其信息发布前均要经历一系列印刷、排版或者录制、剪辑的过程，这个过程会耗费一定时间，因此无法保证信息的即时性。而网络作为信息传播媒介，发布信息流程简单，信息传播速度快，网民可以快速、准确、直接地发表自己的言论，这些言论涉及政治、经济、社会、文化的各个方面，图文并茂，表达形式多元，内容庞杂，可提供事件最新动态。此特点最为突出的表现就是当前网络舆情载体中心快速向微博、社交网络转移。当前，社交网络已成为非常重要的舆情源头，改变了社会舆论传播格局的生成、演变机制，重塑了社会的舆论生态。

2. 网络舆情社会影响力不断扩大，内容更具丰富性

凭借网络媒介强大的传播功能，网络舆情的社会影响力不断扩大，由此发出的信息得到社会的热烈讨论与关注。同时，网络平台的便捷特性也使网络舆情越来越具有丰富性。其丰富性涉及方方面面，从内容上看，从国家政治、社会新闻到经济趋势、娱乐花边，这些话题的内容多是自发的，往往会根据当前社会上发生的事件在网络平台上引发讨论，且其表达方式也不仅仅局限于文字，通过图片、音频、视频等方式使信息更加生动，表达更加准确。这些都克服了单纯语言传播、文字传播的单一性和局限性。网络舆情可以达到"先声夺人"的效果，能够及时追踪报道事件，捕捉最新动态。且网络舆情最容易快速形成讨论热点，因为其扩散性传播的特点，使事件常常被由小放大，由点及面，构成舆情中心漩涡。网络舆情与现实之间往往是作用与反作用的关系，现实可以反映到网络舆情当中，也可以由网络舆情演变而来。

3. 网络舆情影响大众立场，信息更具混淆性

网络平台为信息的传播带来了极大的便利。然而，信息中的价值含量却并非百分之百，在网络所提供的信息中，值得人们思考的很少，部分网民只是为了传播而传播。但人们却越来越习惯于这种传播方式，导致关注信息的时间和耐性都大大降低。

网络自身的性质为网民身份提供了掩护，使网民的身份具有隐蔽性，并且网络本身的限制与规范较少，网络舆情不可避免地带有某种情绪化的色彩，极易快速蔓延。当人们面对一件新闻事件时，它的传播速度非常快，而其被遗忘的速度也会非常快。受到这种大众文化心理的影响，网络新闻传播的焦点逐渐变得模糊起来。目前，新闻网站都是以秒计算来更新新闻信息的，这使人们能接触到的新闻越来越多，但认知程度却只限于了解而已，如蜻蜓点水一般。新闻媒体这种只追逐热门话题的行为导致了人们缺乏对整个事件的了解，致使判断的非理性化、片面化，这也是媒体公共性缺失的表现。

4. 网络舆情信息传播具有非理性

网络上对一件新闻事件做出报道后，奉行个人主义，只是围观而不参与交流互动的群体，我们可称之为"看客"，网民中的大部分人属于这一类。而促进新闻事件在大众间传播的，是那些有过相似经历或相同情感的人，他们大量聚集并互相感知、互相认同，推动了新闻事件的传播。在自媒体传播中，情感是推动新闻传播的主要因素，而理性却相对缺乏。一些能够引起网民迅速围观、转发并热烈评论的新闻事件，往往能激发网民的各种情感，如同情、愤怒、嘲讽等。这些情感越强烈，则事件的传播速度就越快。

5. 网络舆情缺少主控力

新媒体事件从刚开始的风起云涌逐渐变得偃旗息鼓，时间很短。网络作为网民的活动空间，虽然促进了人们的交流与辩论，但缺乏引导，过于看重商业利益，只为吸引大众眼球。因此，一些网民在网络上策划的长久的集体行为是非常难以实现的，这不仅跟新媒体空间有关，也和大众文化心理有关。

网民参与网络信息传播事件，多数是出于自发性和情绪性，缺乏控制能力。但是，网络舆情的情绪性使其具备被引导的可能，技术的发展也使我们具备了管控网络舆情的条件。主流媒体应抓住这一特点，施展其传播策略，进行更专业、更理性的传播，设置议程，引导舆论。在这种缺乏思考、快闪文化中成长起来的青年一代，其思想和情绪的集聚与形成就好像新媒体传播一样，聚集时迅速而强烈，相应地，情绪和思想的消散也很迅速。自媒体传播难免缺乏理性的思考和合理的策划，虽然会随着公众一时的情感激昂而喧嚣一时，但传播的热度却难以持久。

（四）网络舆情的作用

在现在这个时代，互联网普及程度已经非常高了。网络舆情在社会生活中发挥着不可替代的作用，并且通过对其控制与引导可以发挥积极作用。

第一，下情上达功能。网络舆情在传达民意方面有着不可替代的作用。通过互联网，人们可以针对一个突发事件带来的影响通过网络舆情的方式传递给更多人看到，引起政府关注。

第二，为企业、政府提供辅助决策。当突发事件发生后，不同受益群体可能会有不同的观点和立场。网络舆情综合了网民对于事件的看法，在一定程度上反映了人们的普遍看法。政府可以通过收集网络舆情的方法来采集民意，根据大部分民众的观点，考虑广大民众的利益，发布更加适应人民群众需求的行政指令。这样政府利用网络舆情可以最大化地服务于人民群众。

第三，加强社会舆论监督。舆论监督作用也是网络舆情的重要作用之一。当发生某一事件时，网络舆情可以最大化地反映群众的观点看法，对于某些模糊的事件，通过网络舆情的监督，可以让事件更加真实、公正。我们对网络舆情要进行正确引导，这样网络舆情才可以发挥最大作用，促进信息的公平、公正、公开。

（五）网络舆情的传播特征

当前，新媒体已成为公众表达舆情和传递声音的重要窗口。网络舆情信息丰富、表达快捷、渠道多元、传播快速，具有传统媒体无可比拟的天然优势。网络的全球性、开放性、交互性、隐蔽性和虚拟性等特点，使网络舆情传播呈现如下十大特征。

第一，网络舆情传播点多、线杂、面广，信息量庞大，互动性、即时性、自主性传播特点突出。网络的最大价值在于其传播的交互性，网络舆情的交互性主要体现在网民与政府、网民与媒体、网民与网民之间的互动上。即时性也是影响网络舆情传播价值的重要因素。网民作为网络舆情传播的重要参与者、推动者，网络热点或者议题一旦触发，舆情就会多渠道、多路径、全通道"病毒式"传播、扩散，其信息量大、互动性高、自主选择性强的特征格外突出。例如，自空姐乘坐滴滴顺风车被害之后，相关消息迅速刷屏，各大舆论平台相关信息呈爆发态势，火速蔓延到整个网络，据不完全统计，关注、参与、讨论、评价等达10多亿次。从信息传播形态来看，既有传统的文字报道、图片、漫画，也有新型的音视频等报道的立体呈现方式。从传播自主性而言，内容主要涉及滴滴公司审核不严，司机是否有心理疾病，女性关注自身安全等几方面问题，网民有权选择何种内容、何种渠道进行传播，自主选择性高。

第二，网络舆情"微传播""病毒式传播"特征明显，速度快、波及面广、影响大。虽就网民个体而言，每一次简单的关注、点击、回帖等，其传播效果都小得几乎可以忽略不计，但这样看似无力和孤立的行为，一旦快速聚集，网民共同关注、参与、传播，孤掌就会变成共鸣，小众就扩张为大众，陌生人就组成了声音嘹亮的"行动集团"。围观即参与，转发即表态，"微传播"，形"微"实"大"。其单位时间内信息发布量大，传播迅速，转发也快捷。舆情一旦在网络上传播起来，其一个个微小的点快速聚集，连续不间断传播，短时间内形成信息链、时间链和发展链，与事件本身发展几乎同步。

第三，网络舆情传播呈现网格化、动态时、全方位、综合性、立体式，聚合分化特征凸显。新媒体作为一种网络化人际传播模式，打破了原有的传播秩序，它以个人为节点，与用户对接织成网状链接，形成多个传播中心，线性传播与层次传播复合进行。网络舆情呈现网格化、动态时、全方位、综合性、立体式传播，在一定程度上导致网络议程设置的不可控性。一个网络热点或话题在传播演化过程中不断延伸，当然也可能随时中断，同时又可能随时生成新的话题或引发新的舆情。2016年，魏则西事件、雷洋事件这两起舆情风暴都是由知乎发帖引爆的。网络舆情在短时间内引发社会广泛关注，毋庸置疑，这和网络舆情由一种传播载体首发，进而多渠道、全媒体、全通道介入的复合型传播密不可分。

第四，网络舆情突发性明显，易被发酵，信息传播呈现几何级裂变。网络舆情涉足多个领域，舆情热点、焦点、沸点异常复杂多变。与网民自身利益相关的问题，网络色情、网络欺诈及网络谣言等都是网络舆情的易燃点，其突发性特征尤为明显。一个社会热点往往有成百上千万，甚至过亿的网民共同关注，极易点燃网民情绪，加剧网络舆情的迅速发酵、扩散与传播。网络上流传的如"腐败""官二代""富二代""贫富悬殊"等信息，一旦触及这些网络热点话题，就会引发大量网民围观。因传播渠道的多样性和信息传播的叠加、分化特性，网络信息传播会呈现指数级裂变，极易产生"升级效应"。

第五，网络舆情传播指向明确且泛娱乐化传播明显。网络具有隐蔽性、匿名性和虚拟性等特征，对大多数网络舆情事件而言，网民对于事件的主体指向更加明确、具体。新华网发布的相关报告显示，医疗卫生、突发事件、网络治理、教育文化、交通管理、社会保障、环境保护等社会话题关注度较高。从整体来看，公权力自律、放权、施惠和中立的，舆论反响较好；公权力为直接涉事主体的，其舆情处置能力面临着较大考验。对于企业舆情而言，很多著名大型企业，其舆情处理的得失和公关智慧直接影响着其品牌形象。同时，网络舆情传播娱乐化倾向明显，以娱乐为首要目的的上网行为增加。如2016年里约奥运会赛事中，对傅园慧表达"洪荒之力"的讨论量就远远超过中国女排重回冠军宝座的讨论量。

第六，网络舆情传播中网民利益选择性特征显现。随着现代化历史进程和互联网的高速发展，社会利益群体和网民群体进一步分化、细化，网络信息的利益选择性传播特征因此而逐渐凸显。利益关系决定话语表达，价值观影响思想倾向。网民很容易接受并传播与其本身兴趣、情绪、价值和利益等趋同的信息，而对于与其兴趣点、价值观不在同一范畴、同一频道内的信息则选择性失语。在一些网络舆情传播事件中，往往是弱势群体或者利益可能受损的一方发声，而话题没有触动到切身利益的部分网民，则较少发声，甚至不发声，这样就会导致传播舆论的偏向，导致"沉默的螺旋"效应。

第七，网络舆情传播线上与线下相互联动，网络组织动员能力强、成本低。在很多热点事件中，尤其是在公共维权事件中，如2016年山东假疫苗事件，都可以看到通过网络组织动员催生的线下行为。在网络热点或话题中，网民容易聚合，快速形成网络集群，内部讨论，表达观点、看法，从而形成相对趋同或一致的舆论走向，并与线下行动紧密结合，扩大声势、事态。网络组织动员能力空前强大，且成本较低，网友的每一次转发、跟帖、回复、评论等，正在以一种前所未有的速度集聚巨大的舆论力量，借助网络舆情的发酵。这些问题容易引起有关部门的重视，网络舆论监督促使有关部门解决问题。一旦问题得到相应解决，舆论很快就会平息，舆情传播周期很短。在网络舆情传播过程中，网络社会关联的能量正在以各种方式转换为现实社会运行的能量，网络传播系统与社会行为系统越来越频繁共振。

第八，跨媒介融合传播与溢出效应。目前，多数热点事件的舆论生成，已不再是单一的中心发散式传播或一般性的串联型传播，而是新媒体与传统媒体、新媒体与新媒体之间的交融互动，它以最快速度实现最大范围的扩散，迅速酿成公共事件。

移动端舆情传播呈现媒介交叉传播与整合互动的特点。微博充当了信息的"二传手"与舆论公共空间，微信朋友圈与微信群扮演了观点博弈与情绪趋同整合的角色，传统媒体则发挥深度调查的优势，推动事件走向纵深。

同时，移动新媒体在热点舆情中的外部性问题日益凸显，集中体现在虚假新闻数量居高不下上。此外，移动新媒体有时衍生出歪曲原意的二次传播，特别是偷梁换柱、移花接木式的标签化传播，隐蔽性、误导性很强。

第九，移动舆情的群体标签化传播。在热点事件中，事件主角易被标签化，且常被扩大为某一特定群体。在移动舆论场，通过"贴标签"表达对社会事件及人物的认知和态度已成为普遍的传播方式。由于网民对标签群体往往具有刻板成见，标签传播常常引发对这些群体的争议。

第十，显性传播与隐匿圈层传播。微信舆论场生态复杂，显性舆论与隐性舆论并存。目前，微信公众号的内容可以通过微信搜索进行查看，对文章的评论经审核后可见，公众号文章的转发、点赞可以被外界监测，公众号属于显性舆论。微信朋友圈发布的内容仅特定群体可见，是有限表达场域，在一定程度上属于隐性舆论。

另外，微信群更容易汇集弱联系群体，存在大量非好友，异质性更强，且容易被监看，可视为显隐参半的场域。微信舆论的复杂特征为移动舆论场整体的舆情研判与把握增加了难度。

二、大数据对网络舆情公共管理的影响

（一）网络舆情对公共管理提出的挑战

1. 网络舆情演变为群体性危机

群体性危机通常源于某些特定的社会事件或偶然事件，参与者需要达到一定的规模且具有强烈的危机意识。在特定社会事件或偶然因素的推动下，这些人群可能带来社会政治秩序的紊乱。以下是网络舆情与群体性危机的关系。

（1）社会转型酝酿群体性危机

当前，我国社会正处于全面转型期，社会结构和利益格局发生深刻的调整，许多社会观念给人们带来冲击。这样的社会背景酝酿着高风险，突发事件频发，反映了不同社会阶层、不同群体之间的矛盾，以及经济全球化、市场化给正常的社会秩序带来的威胁。这类群体性危机在现实中主要由两方面的原因引起：一方面，偶发的事件处置不当，引起群体性事件；另一方面，部分群体的利益诉求没有得到充分满足，或者地方政府的决策失当导致部分群众的利益被损害或受到威胁，从而引发群体性危机。可以说，当前我国社会充满群体性危机，这与我国社会处于转型期的特征是分不开的。在危机成为一种社会常态化存在的社会事件多发性阶段，社会紧张程度不断攀升，亟须建立社会宣泄的"安全阀"。

（2）群体性危机呈现"互联网+"特点

当前，我国的群体性危机逐渐呈现出组织严密的特征，重大的群体性危机事件基本都有人在背后操纵。有相当多的群体性危机在酝酿的时候就已经成立了初级的组织机构。在信息联络与社会动员上，社交媒体的作用越来越明显，新媒体与群体性危机的互动性越来越强。互联网对我国群体性危机日益产生结构性的影响，网络舆情为群体性事件的滋生提供了土壤，使我国群体性危机呈现"互联网+"特点。

2. 网络舆情催生出不稳定因素

我国自改革开放以来，经济社会发展取得了重大的成就，全面地推动了我国社会进入深刻的转型时期。处在变革阶段的社会，在面对经济发展、社会进步的同时，还会酝酿许多不稳定因素。所谓不稳定因素是稳定因素的对立面，即社会传统秩序遭到冲击和破坏，而新的社会秩序还没有完全建构起来，人们的社会生活处于不安全、不稳定的状态。当前，我国在改革发展过程中主要存在以下不稳定因素。

（1）发展不协调导致的不稳定因素

全面、协调、可持续发展是科学发展的重要特征。只有全面、协调发展，才能使系统内部各要素发挥各自的功能，形成发展的合力。我国自改革开放以来，"让一部分人先富起来"的结果在现阶段出现了一些发展不协调的现象。当前，我国网络舆情关心的发展不协调问题主要有以下几个方面。一是城乡发展不协调问题。现在我国城乡在各个方面存在较大的差距，如教育、基础设施建设、医疗水平、财政投入等。许多网民出身农村，对农村的命运高度关注，"三农"话题也是网络中最热门的话题之一。因此，城乡不均衡发展过程中潜在的社会问题和矛盾，在网络舆情的催生下很有可能成为社会不稳定因素的来源。二是区域发展不协调问题。我国东、中、西部之间发展差距仍然较大。为此，我国网民对落后区域的社会问题极其关注，如社会冲突、官员腐败等，很容易在网络舆情的影响下进一步扩大。三是不同群体之间发展不协调问题。我国社会各阶层之间贫富差距过大，城乡贫困人口数量庞大，由贫困引发的社会问题也成为网络舆情关注的焦点。

（2）社会变革导致的不稳定因素

我国的改革开放是全方位的，必将引起社会各个领域的全面变革。在此过程中，人们对在社会变革中遇到的问题会进行深刻反思，有可能酝酿出社会的不稳定因素。如部分网民对现行行政体制改革进行关注也是网络舆情的热门话题，他们要求建立更加阳光、公开的政府，惩治官员腐败问题，也很有可能导致社会的不稳定。事实上，很多网络热点事件的内在根源都是公众与政府关于信息权力的争取与限制。

（二）政府应对网络舆情的行为模式

网络舆情是互联网传播技术日益发达的产物。网络社会中存在着来自各行各业的群体，他们在互联网平台上进行消息的传递，进行情感、态度及利益诉求的表达，在一定程度上反映了社会进步的成果，也对推动社会交流方式的信息化和现代化产生了积极的作用。然而，网络舆情与当代许多社会问题交织在一起，给经济社会发展带来诸多不利的影响。因此，政府应该积极探索应对网络舆情的方式，掌握网络舆情的发展规律，强化网络舆情的正面功能，消除或减少其负面功能。

1. 提高应对网络舆情的敏感性

许多网络舆情危机的爆发是由基层政府工作人员的业务水平较低、网络舆情应对意识不强导致的。在出现网络舆情危机苗头的时候，如果基层政府工作人员可以敏锐地识别信号，及时地化解相关矛盾，就很有可能将网络舆情危机化解于萌芽之中。而随着我国社会环境的日益开放，人们的思想观念也变得越来越多样化，凝聚社会共识的难度更大。加上网络媒体发展迅速，媒体格局深刻变化，导致网络舆论的生成机制也发生了重大变化。这些都加大了基层政府进行网络舆情治理的难度。基层政府工作人员迫切需要提高自身发现、甄别网络舆情的敏感度和洞察力，增强科学应对网络舆情危机的识别能力、研判能力、分析能力和处置能力。大多数网络舆情危机都是由利益矛盾所导致的，人们的失落、抱怨、怀疑、敌视甚至仇恨等情绪通过网络扩散、蔓延。网络舆情的产生是一种复杂的"刺激—反应"的心理过程，在相当程度上反映了现阶段社会公众的利益诉求和阶层情绪。在日常群众工作中，基层工作人员要深入了解群众的利益诉求，对基层社会的基本矛盾和利益格局有充分的了解，以更有效地做好社会情绪的疏导工作；要对网络舆情危机的生成有着敏锐的识别能力，防止网络舆情危机进一步演变。

2. 建立和完善网络舆情信息传达机制

我们知道，作为基层政府直接面对网络舆情危机的当事人，基层政府及工作人员的一举一动都决定着网络舆情危机的走向和性质。因而，在以往的一些网络舆情危机事件当中，基层政府为了避免自身产生负面影响，不惜以掩盖事实真相为代价，对上级政府采取隐瞒、谎报的举措，结果往往会导致事态的进一步恶化。因此，为了更好地化解网络舆情危机，建立完善的基层政府对网络舆情信息的传达机制显得非常重要。首先，要改变基层政府工作人员的思想观念，不要认为隐瞒了网络舆情危机的信息有助于问题的解决。问题的解决恰恰需要上、下级政府之间形成协作机制。这就需要建立一种自下而上的网络舆情危机信息传达机制，将准确的网络舆情危机信息及时传达给上级政府。其次，要完善基层政府网络舆情监管和问责机制，鼓励基层政府及时将辖区内的网络舆情危机信息进行收集和分析，并及时将网络舆情报告递交给上级政府的相关

大数据时代公共管理创新模式探索

部门。一旦出现基层政府因传达网络舆情危机信息不及时而导致危机扩大和蔓延的情形,就需要对相关的负责人进行行政问责。总的来说,网络舆情信息的传达在基层政府治理网络舆情的过程中发挥着非常重要的作用。

3. 以标准化、系统化的方式强化舆情治理常规化建设

网络舆情危机在产生、爆发、扩散、消亡的生命周期中,是有规律可循的。如果我们能够对网络舆情危机的发展规律进行深入了解,就可以在网络舆情危机发生之前、发生之时和发生之后采取有针对性的处置措施。为此,地方政府作为网络舆情治理的最重要的责任主体,需要建构一套完整的网络舆情信息监控、研判、预警及应对联动机制。这种联动机制是建立在政府、媒体、公众三方对话的基础上的,是包括政府部门之间的联动、政府和媒体之间的联动以及媒体之间的联动等在内的舆论引导体系。

首先,通过预警机制建设增强舆情风险防范能力。网络舆情预警是指从社会危机事件的征兆中判断出危机产生的时间、范围及影响,尽可能地采取措施应对和化解危机。虽然说网络舆情危机的形成原因非常复杂,但也不是不能找到规律。地方政府建立网络舆情预警机制需要完善以下几个方面的内容:一是建立网络舆情监测网络系统,把握舆情和社会公众心态演变机理,做好日常监测和突发事件监测,即应用计算机技术进行网络舆情监测、预测,实时把握网络舆情的动态、趋势。在特殊时期,地方政府需要对重点人群、重点区域的网络舆情进行重点监测,防止固有的、潜在的社会风险爆发酿成重大网络舆情危机。二是要制订网络舆情危机预警方案。所谓网络舆情危机预警方案,就是在网络舆情危机发生之前,就如何防止网络舆情危机的发生,以及网络舆情危机发生之后各个部门的职能和人员如何采取应对措施的基本要求进行规定的实施方案。参照突发公共事件等级的分类,网络舆情危机也可以划分为四个等级。每一个等级的危机都有不同的预案,可调动不同的资源和力量去化解危机,确保网络舆情得到正确、有效、科学的处置与引导。

其次,通过完善应急机制,整合力量化解危机。我们知道,任何预防措施也无法保证网络舆情危机不会爆发。那么,我们需要考虑的是在网络舆情危机爆发之后各职能部门和人员如何快速、有效地对危机进行应对,以控制事态的发展,减少危机带来的各种消极影响。地方政府的网络舆情危机应急机制包括快速反应机制和应急处置机制两部分内容。所谓快速反应机制是指在网络舆情危机发生之后,要及时对危机的状态进行识别,职能部门和人员要及时投入危机的应对中。在重大网络舆情危机发生时,一方面,要提高快速决策能力。根

据危机的性质、规模及时启动应急方案，在最佳的时机进行决策，使应急处置指挥机制变得更加高效和统一。另一方面，要提高快速反应能力。网络舆情危机一般具有传播速度快、影响范围大等特点，地方政府网络舆情治理部门要及时公布事实真相，抢占舆论阵地，正确引领网络舆论导向。要建立宣传部门牵头、涉事部门负责、相关部门协同配合，统一联动、强势有力的应急新闻宣传指挥体系。同时，相关人员也要在第一时间向上级政府部门进行汇报，做到早发现、早报告、早控制、早解决，争取网络舆情危机应对的主动权。地方政府网络舆情危机应急处置机制是各部门和人员在处理网络舆情危机时的操作办法的规定，包括指挥和协调的分工情况、如何对事件做好定性、如何实现对矛盾进行调解和引导舆论的发展等。尤其值得注意的是，危机一旦发生，要在增强应急响应网络包容性的同时确保应急响应网络的协调效率。

最后，通过建构反馈机制，评估和追踪舆情走向。当网络舆情危机发生后，将会遗留下来许多待解决的问题，比如，恢复正常的生产生活秩序、对危机中的人员伤亡和财产损失进行及时补偿等。地方政府需要建构完善的网络舆情危机善后处置机制，及时公布危机的后续信息，对整个危机事件的情况进行权威性的公布和反馈，同时对网络谣言或不准确的信息进行更正，减少危机事件对今后社会生活带来的不良影响。

（三）大数据在网络舆情治理中的应用

虽然大数据的广泛应用带来了网络舆情爆发性的增长和传播，冲击了现有的网络舆情治理体系，但同时大数据技术也为政府网络舆情治理提供了更多的选择和可能。目前，我国在舆情治理中应用的大数据技术可分为两类：一类是基础技术，该技术主要用于构建平台以及提供数据计算和存储；另一类是应用技术，包括具体的信息检索、数据挖掘以及自然语言处理技术等。大数据技术是政府运用大数据进行舆情治理的基本保障。

1. 大数据网络舆情监测分析系统架构解析

目前，北大方正等网络舆情监测分析系统已逐步应用于我国政府网络舆情管理领域。一般的网络舆情监测分析系统可以通过如图4-1所示的模块来分析其具体结构和运行机制。

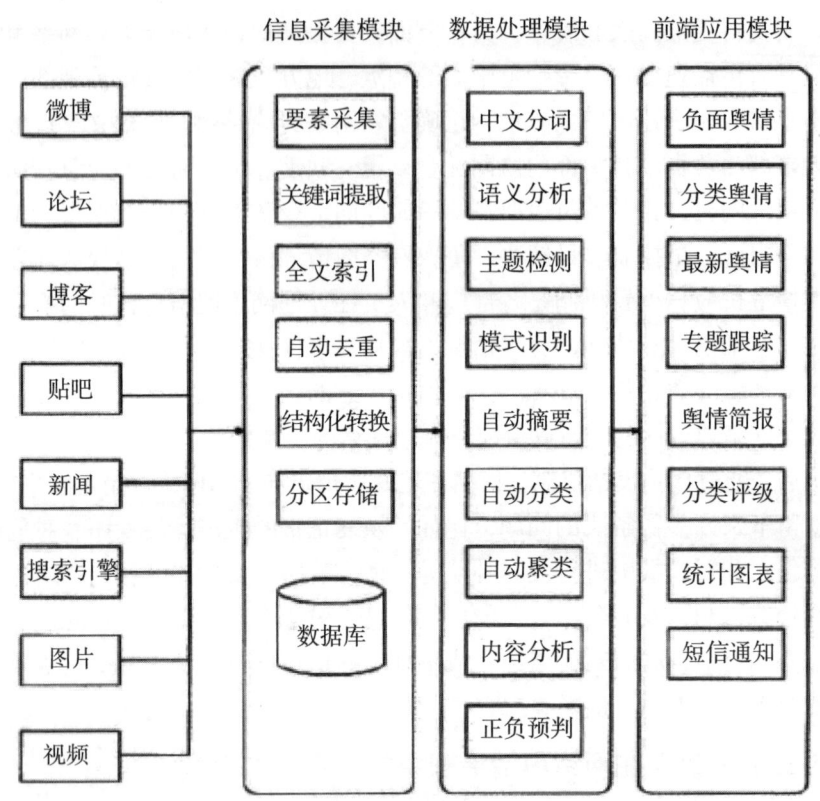

图 4-1　网络舆情监测分析系统架构图

（1）信息采集模块

网络舆情监测系统可替代传统的人工搜索，通过设定关键词、结构化转换、建立全文索引等方式，自行对来自网页、论坛、博客及其他舆情载体的文字、图片及音视频进行采集，经格式转换后存储于数据库中。信息采集模块需要对采集到的相关数据进行数据清理、转换、统计等预处理过程，如对采集到的新闻内容，需要着重记录新闻标题、主要内容、文章出处、点击次数、转载次数、评论内容等信息；对论坛微博等信息，要在记录文章标题、内容、发布人的基础上，着重记录回帖内容点击量、转发途径等信息。

（2）数据处理模块

数据处理模块涉及自动摘要、自动分类、模式识别、主题检测等计算机技术，通过语义分析、内容分析、正负预判等方式对收集到的数据进行分析。网络舆情监测分析系统的实用性取决于信息数据分析的准确性和时效性，同时该模块也是核心的系统处理模块。

（3）前端应用模块

前端应用模块包括专题跟踪等采编辅助功能，帮助用户更好地掌控舆情动态。通过分析得到结果分类归档整理网络舆情，形成了分类舆情、负面舆情以及最新舆情等，并形成各类简报和统计图表供用户参考。

2. 运用大数据技术进行网络舆情治理的优势

（1）数据采集优势

不同于传统意义上的舆情监测，大数据时代的舆情监测将不再过分依赖人工，而是利用技术自动抓取、存储信息。

第一，扩大数据采集范围。传统的搜索引擎，如百度、谷歌等，在抓取内容时，搜索引擎一般采用的策略是广度优先，根据URL地址来对信息进行全面系统搜索。但是这种方式也有一定的缺陷，那就是其在对主要载体进行分析的时候分析不够全面，不能精确采集信息，也满足不了数据信息深度的要求。而Hadoop等大数据处理技术，可以抓取到来自论坛、博客、新闻评论中的大量原始素材，在信息搜集的时候更为全面，这在收集贴吧以及论坛等舆情主体的时候显得更加明显。

第二，提高数据采集效率。目前在新闻评论以及论坛和博客中，越来越多地采用脚本语言的方式，通过这种方式能够明显改善用户的使用体验，但是对于普通的搜索引擎来说，并不能支持脚本语言。因此，政府对于论坛、博客及新闻评论网站的信息采集，仍依赖传统的人工浏览方法，虽然这种方法具有信息查阅精准、内容反映周详、舆情可靠性强的优点，但是其报告形成慢、人力投入大、容易出现信息遗漏、时效性相对滞后等问题，很难适应当前网络舆情分析的要求。

第三，非结构化数据采集实现突破。随着新媒体技术的发展，舆情研究不再只是针对结构化信息，图片、音频等非结构化以及半结构化的信息也同样是大数据监测中需要监测分析的对象。网络舆情分析系统采用的抓取算法可以直接处理抓取到的数据，建立数据索引，将非结构化数据经过结构化转换之后存储到数据库中。

（2）元数据解析优势

在舆论传播中至关重要的新闻评论以及论坛中的数据具有突出的、多样性

大数据时代公共管理创新模式探索

等特点。通常在一个物理网页中会有多个评论和帖子，这些数据信息随着时间动态变化。搜索引擎工具的处理原理使其只能在一个网页上解析出一个内容，因此针对新闻评论和论坛的特点，这显然是不够的。一个物理网页上的每一个帖子对于舆情系统来说都是具有价值的信息，所以在解析一个物理网页的时候需要解析多个帖子。

通过采用TRS舆情采集工具，可以在网页结构的基础上实现统计分析算法，能够将论坛中的每一个帖子和新闻评论中的每一条评论自动识别并分离出来，满足舆情系统数据信息的需要。而且在对数据信息进行分离后，还能基于模板、系统支持对数据进行解析，得到对于舆情分析十分重要的元数据。

（3）数据存储优势

在舆情治理中，完成初步的数据采集工作后，有些数据需要先进行存储然后再对其进行解析处理，这就涉及数据存储的问题。在数据存储过程中，需要将非结构化数据转化成为结构化数据然后再存储。对于大数据存储来说，如果利用传统的数据库就需要高层次的软硬件平台，由此带来较高的成本压力。且传统的数据管理系统，通过增加内存、更换CPU等这种对单个节点进行纵向扩展的方式不能满足大数据分析的功能要求，必将遇到技术瓶颈。上述问题在Hadoop等大数据技术应用的时候是不存在的，其分布式的文件系统具有很强的横向扩展性，通过不断增加计算节点，让节点连接成为一个群体，并改写软件，实现并行执行，是一种行之有效并更加经济的方式。

第二节　大数据时代乡村振兴背景下农村的公共管理

农业大数据是大数据理念、技术和方法在农业中的实践，涉及耕地、播种、施肥、杀虫、收割、存储等各环节，是跨行业、跨专业、跨业务的数据分析与挖掘以及数据可视化。农业大数据包括土地信息数据、环境信息数据、作物信息数据等。随着农业的发展建设和物联网的应用，农业大数据的应用也越来越广泛，发展农业大数据迎来重大机遇。

一、大数据对农业的影响

（一）大数据推动农业向科技方向发展

在农业生产中应用大数据技术，可以很好地改善农业经营方式，提高农民生产的积极性，该技术能有效控制数据分析的遗留问题，对于全体数据的分析

可以大大提高预测的准确性。大数据在对经济效益、经营水平、管理水平、生产技能、组织规模等数据的整理和分析后，能够调动农民生产的积极性。合理应用互联网技术，可利用实时传感器进行数据的传输。农业生产有其自身特点，生产受气候、湿度、温度影响较大，利用大数据技术，可以对收集得到的大量数据进行深入分析和挖掘，整理出的数据可以精准反映环境特点。

比如，大数据系统监测到蔬菜温室的空气温度过高，要及时进行通风降温，蔬菜大棚的蔬菜颜色不正常，就可以通过数据分析出原因，缺乏养分就需要及时施肥。试想，如果在作物的生长过程中，气候灾害可以得到规避，种植方法可以得到有效指导，那么随之而来的会是产量的稳定甚至提高，从源头上提高农业生产效率。

使用大数据的方法和思维分析问题会考虑多方面的因素，考虑更加全面，存在的问题或不利因素可以通过大数据反映出来，保证政府在农业生产、农业企业发展过程中做出科学的决策。

（二）大数据给农业发展提供精准数据，做出精准市场分析

以前农产品滞销，瓜果蔬菜贱卖，出现"蒜你狠""姜你军""豆你玩"的供小于求的事件其实应归因于市场供需失衡的问题。如果把农业生产过程中的数据汇总起来，合理生产，供需平衡就会容易实现。

比如，农场种植苹果，大数据平台分析市场需求，提前规划生产，引入科学的种植方式，预计产量和实际产量近乎相同，农场只需要维护销售渠道就可以了，苹果还没成熟，就已经预定销售完成，通过大数据平台真正做到了预定式销售。大数据可以进一步推动农业产业链的形成，还可以提供大量的就业岗位，解决农村剩余劳动力问题。

（三）大数据可追溯农产品源头

食品安全问题是全世界关注的焦点，在美国，每年约有 7 600 万人患上食源性疾病，导致 5 000 例死亡。在发达国家，40% 的食物被丢弃，包括 10%～15% 的农产品。随着农产品供应链的延长以及不良商家的投机操作，追踪和监督农产品质量安全变得越来越重要。

利用大数据平台，农产品都可以实现从田间到餐桌每一个流程的追踪。大数据正在被用来改善各个环节，农产品生产商、供应商和运输者使用物联网传感器技术、扫描设备和分析工具来监控收集供应链的相关数据。比如，生产和运输过程当中的农产品的品质可以通过带有 GPS 功能的传感器来进行实时监控，有助于预防食源性疾病和减少供应链浪费。

同时，农业大数据有助于开展农产品监测预警，通过深入挖掘并有效整合散落在各国各农业产区的农产品生产和流通数据，进行专业分析解读，为农产品生产和流通提供高效优质的信息服务，以提高农业资源利用率和流通效率，从源头上保障食品安全。

（四）大数据拉动农业产业链

通过农业大数据的利用，实行产销一体化，将农业生产资料供应，农产品生产、加工、储运、销售等环节连接成一个有机整体，并对其中人、财、物、信息、技术等要素的流动进行组织、协调和控制，以期获得农产品价值增值。打造农业产业链条不仅有助于增强农业企业的竞争能力，增加农民收入和进行产业结构调整，而且有助于农产品的标准化生产和产品质量安全追溯制度的实行。

农业大数据会为农业发展带来新的增长点，随着农业大数据的积累、存储和应用的发展，我们发现新的农业服务机会会为农业发展带来新的观念、新的视角。一方面，相关的数据分析、存储可以直接为整个社会带来大量的就业机会；另一方面，认知限制了我们的想象力，基于海量数据的挖掘，让我们对农业生产各个方面的联系有了新的认知，更多的产业服务机会衍生出来，增加若干中间产业，为农业生产发展带来更多的增长点。

二、大数据促进农村公共管理发展的实践

（一）大数据助力农村精准扶贫

精准扶贫是党和国家扶贫工作的重大战略举措。以精准扶贫为指导，借助现代大数据技术手段能够实现对贫困人口和贫困类型的精准甄别，实现对扶贫责任的精准落实和扶贫方法的精准布局规划，以及实现对扶贫工作进度和扶贫资源投入的精准监测和动态调整，做到"真扶贫""扶真贫"，达成脱贫攻坚目标。把大数据技术运用到扶贫领域，通过扩大信息采集渠道、提高数据分析能力和加工效率，为扶贫决策提供精准、有效、可靠的数据支持，能够助力精准扶贫。

1. 利用大数据寻找精准扶贫工作突破口和着力点

当前我国扶贫工作的现实是贫困人口数量还很大，其中大多数都集中在农村地区且很多地处偏远地区，分布广泛，环境复杂，工作繁多，这在客观上给扶贫工作造成诸多障碍。为此，党中央高屋建瓴地提出"精准扶贫"方略，要求因地制宜，因人施策，优化扶贫资源配置，提高扶贫工作效率。

扶贫的"精准"意味着由"面"到"点"的转变，不仅要明确"哪里的人

口真正贫困"和"谁是真正的贫困人口",而且要清楚地界定"贫困体现在哪里"和"贫困人口的真实需要是什么"等关键问题。

有效地推进精准扶贫工作需要现代科技手段的强力支撑。落实精准扶贫方略,找准扶贫工作的发力点和精准切入方式,也需要大数据的动态支持和保障。当前我国大数据技术已经比较成熟,为精准扶贫工作提供了新的技术支撑。通过大数据及相应网络平台对海量扶贫数据进行收集、整理、分析、存储、检索,找准扶贫工作突破口和着力点,进而实现精准发力。

利用大数据精准甄别贫困人口及区分类型。精准扶贫的首要工作就是解决好"扶持谁"的问题,要先把真正需要帮扶的贫困地区和贫困人口找出来。我国贫困人口基数较大,扶贫工作人员可以通过实地走访、普查,以及查阅经济发展数据报告的方式形成贫困人口的基础信息数据库,在此基础上,利用大数据工具对数据信息进行处理,从不同维度对贫困人口划分类别,包括贫困人口的教育程度、健康程度、家庭负担、收入来源、收入稳定性等。以此精准把握贫困人口的贫困程度、致贫因素、客观环境要素等,实现贫困人口情况由定性到定量把握的科学转变,以便进一步实施更精准、更有针对性的扶贫举措。

精准识别贫困人口是精准施策的前提,对所有贫困人口建档立卡,该精准到户的务必精准到户,确保把真正的贫困人口弄清楚,把贫困人口、贫困程度、致贫原因等弄清楚,做到因户施策、因人施策,强调责任落实到人是精准扶贫的关键所在。加快形成中央统筹、省(自治区、直辖市)负总责、市(县、区)抓落实的扶贫开发工作机制,做到分工明确、责任清晰、任务到人、考核到位。

大数据可以从微观和宏观两个层面发挥作用。一方面,在扶贫工作的微观层面需要注意的是,随着经济和社会发展,贫困人口状态也并不是一成不变的,因而运用大数据管理贫困人口,数据也要实时更新、动态调整,实施"脱贫退出、返贫纳入"机制,适时监控不同贫困人口的脱贫情况,纳入扶贫工作的进展和效能情况,确保扶贫信息的准确、可靠,为精准扶贫工作提供有力的支撑;另一方面,在国家政策布局的宏观层面,可以借助大数据和云计算从全局掌控实时贫困人口和贫困地区分布变化数据,了解不同贫困类型信息,适时调整国家政策方针,精准调配资金资源和设立扶贫开发项目。

2.利用大数据精准分析致贫原因

利用大数据来分析致贫原因,进一步解决"谁来接"和"怎么扶"的问题,实现精准扶贫。建立基本的贫困人口动态信息数据库,要同时整合民政、财政、教育、农业等相关部门的数据信息,通过大数据技术对贫困人口进行聚类分析

 大数据时代公共管理创新模式探索

和关联分析,以此实现对贫困人口致贫原因的精准把握,为下一步扶贫工作的开展做好充分准备和铺垫。

利用扶贫大数据平台实现精准扶贫,还要嵌入扶贫政策、扶贫措施、扶贫队伍和组织、扶贫资源分配、脱贫时限等相关信息,明确省市到县乡各级政府的扶贫责任。通过扶贫大数据平台将帮扶干部和贫困农民联系起来,将帮扶工作进展和帮扶效果纳入大数据系统进行展示,让帮扶工作透明化且落到实处。

帮扶人要通过大数据系统了解帮扶对象的真实致贫原因,进而因户施措,责任到人,目标到位,解决实际问题,实现精准帮扶。同时要因地因户制宜,推行差异化、个性化、定制化扶贫策略,如健康扶贫、绿色扶贫、教育扶贫、搬迁扶贫、项目扶贫等。

通过扶贫大数据平台将扶贫信息发布出去,实现全社会共享,通过倾向性政策鼓励和引导企业、社会团体、有能力的个人等社会力量了解扶贫、支持扶贫、参与扶贫,发动全社会打好扶贫攻坚战。

3. 利用大数据对扶贫工作进行精准监测和动态调整

在当今时代,数据信息越来越体现出其基础性支撑作用和本身所蕴藏的巨大价值。数据本身就是宝贵的资源财富,对于扶贫工作也是如此。采用大数据技术手段可以跨越时间和空间障碍实现无缝对接,即时录入、更新,即时查阅、分析,以此实现对扶贫工作的精准监测和动态调整。

扶贫工作人员通过对扶贫大数据平台的实时追踪,对贫困地区和贫困人口区域分布、扶贫工作进度、扶贫项目进展、扶贫资源利用、扶贫政策落实等问题进行真实、准确地掌握和评估,进而动态调配扶贫资源,规划部署扶贫工作,如此可以确保扶贫资源精准到位,保障财政和社会扶贫资金安全、高效地运行。

在大数据平台建设过程中,扶贫工作人员应提升对大数据平台应用的能力和素养,既要善于检索、分析、录入、更新数据信息,更要善于把握大数据所传递出来的各种实时信息而及时跟进扶贫工作规划。

扶贫大数据平台建设不能盲目跟风,搞形式主义,而应该充分尊重实事求是的工作方针路线,结合贫困地区、贫困人口的实际情况和实际困难,理性分析需求,科学筹划,协调推进。合理评估工作量和工作难度,立足解决实际问题,突出实用性和适用性,兼顾整体性、便捷性、开放性、安全性和先进性,切实发挥大数据平台在精准扶贫工作中的优势作用。

（二）大数据完善农村医疗

1. 农村医疗改革中存在的问题

农民看病难、看病贵是我国农村普遍存在的现象，虽然我国在农村的医疗改革方面正在一步步实施和完善，实行的新型农村合作医疗赢得了亿万农民的欢迎与拥护，但是，农村的医疗改革依然存在着许多问题。

（1）农村公共卫生投入不足，医疗设备陈旧

一些农村乡镇卫生院、村卫生室存在医疗卫生条件差、医疗设施落后、医疗从业人员素质偏低等问题。在我国医疗卫生财政支出中，医疗费用的70%用在城市，只有30%用在农村，而我国70%的人口在农村，这导致农村基层预防保健服务经费不足，预防保健工作亟待提高。

（2）农村医疗卫生人员素质较低，人才缺乏

目前，我国各地农村医生的年龄结构、文化程度、医学素质、操作技能、服务态度等，与全科医生的标准还有较大差距。

（3）卫生资源分布不合理，药品价格居高不下

随着农村经济、交通、区域和基层组织的变化，原有的三级医疗机构设置不尽合理，甚至重复建设，存在着种种不合理情况，需要进行调整和改革。农民缺医少药的问题较多，药品价格居高不下，看病难的情形较多，致使农村有一些人看不起病。

2. 基层健康医疗大数据平台的建立和应用将改善农村医疗条件

2015年，李克强主持召开国务院常务会议，确定发展和规范健康医疗大数据应用的措施，通过"互联网+医疗"更好地满足群众需求。他认为，我们要发展健康医疗大数据应用，必须从老百姓迫切需求的领域入手，抓住重点、着力突破。李克强强调，发展和应用好健康医疗大数据，是一项重大民生工程，既可以满足群众需求，也能促进培育新业态，形成新的经济增长点。

健康医疗大数据的应用将使医疗模式发生突破性变革，极大促进医疗卫生的进步与发展，它的互联共享，将有力推进医疗卫生发展，缓解基层"看病贵、看病难"的问题。健康医疗大数据涵盖人的全生命周期，是既包括个人健康，又涉及医药服务、疾病防控、健康保障、食品安全、养生保健等多方面数据的汇集和聚合。健康医疗大数据不仅对改进健康医疗服务模式，而且对经济社会发展都有着重要的促进作用，是国家重要的基础性战略资源。

建立基层医疗大数据平台必须首先改善基层落后的医疗卫生条件，先进的

医疗器械、检验设备必不可少。即时检验（POCT）是当前既代表世界检验医学最先进的理念与技术，又贴近中国基层医疗的情况的医学检测技术和手段。其不受时间、地点及操作人员的限制，可及时获得检测结果，对患者实施及时诊治，且由于仪器和试剂便于携带的特点，POCT产品是广大农村和社区基层医疗机构非常实用的一体化诊断技术，不仅能有效解决我国基层卫生工作的难点问题，从长远角度看，基于互联网的移动POCT能精准地检测出各类有效数据，更有利于提高基层健康医疗大数据的采集效率与使用率，进一步推进我国医疗信息化发展进程。

健康医疗大数据应用发展对民生方面的改善主要体现在以下三个方面。

第一，不断增强"自主健康"服务体验，让健康数据"多跑路"，让人民群众"少跑路"，在互联网健康咨询、预约就诊、预约挂号、诊间结算、医保联网、异地结算、移动支付等方面，给群众带来更加便捷的服务。

第二，随着健康医疗大数据的发展和完善，大数据技术与健康医疗服务的深度融合应用，能够使优势资源更好地推动分级诊疗落地，加快远程医疗普及，推动精准医疗发展。

第三，通过大数据技术推动建立覆盖全生命周期的预防、治疗、康复和健康管理的一体化健康服务。

3. 健康医疗大数据发展和应用中应注意的问题

第一，发展医疗大数据，重点推进医保异地结算。按照安全为先、保护隐私的原则，优先整合利用现有资源，建设互联互通的国家、省、市、县四级人口健康信息平台，实现部门、区域、行业之间数据的开放融合、共建共享。

第二，集成医学大数据资源，构建临床决策、疾病诊断、药物研发等支持系统，拓展公共卫生监测评估、传染病疫情预警等应用。重点推进网上预约分诊、检查检验结果共享互认、医保联网异地结算等便民应用，发展远程医疗和智能化健康医疗设备。

第三，制定和完善法律法规和标准，建立健康档案等基础数据库，规范居民健康信息服务管理，严格健康医疗大数据应用准入，建设实名认证等控制系统，保护个人隐私和信息安全。

健康医疗领域应用的内容非常广泛，有公共卫生、医疗服务、计划生育、医疗保障、药品供应、综合监管等重要信息系统。我们要顺应新技术的发展趋势，构建权威的、互联互通的人口健康信息平台，实现共建共享、推动健康医疗大数据的建设和发展，为改善民生和经济发展服务做出贡献。基于国家、省、市、县的四级人口健康信息平台,要消除数据壁垒,畅通部门、区域、行业之间的数据共享通道,探索社会化的健康医疗数据信息互通机制。

(三)河北石家庄:大数据与乡村振兴

2017年6月,石家庄市十四届人大常委会第三次会议召开,该会议听取了市政府关于智慧农业建设情况的报告。石家庄市把加快智慧农业建设列为2017年及以后一段时期内"三农"工作的重要抓手,在政策、资金等方面给予大力支持。

2018年1月,石家庄市智慧农业大数据展示体验中心建设成功,并投入运行。该中心主要包括智慧农业应用系统体验区、大数据体验区、资源优化布局展示区、手机客户端应用体验区和教学农业综合服务区。

1. 智慧农业加速现代农业发展

石家庄市重视智慧农业发展,坚持以推动互联网技术在农业全产业链的深度融合为重点,加速推进智慧农业建设,全面提升农业信息化水平。石家庄市智慧农业大数据展示体验中心按"1+2+4+N"的框架搭建平台。这个平台支撑了整个智慧农业大数据,两个中心形成数据管理池,四大体系在市、县、乡、村全面铺开,互联互通,纵横交错,形成农业精准服务。四大体系+N个系统打通数据上传通道,数据源不时地上传到农业大数据形成农业云,从云到客户端,服务农业全产业链。

智慧农业大数据展示体验中心投入运行后,集办公、监管、预警、技术推广、综合服务、应急指挥于一体,通过智慧农业的建设实现跨层级、跨地域、跨系统、跨部门、跨业务的协同管理和服务,为加速推进石家庄智慧农业建设,全面提升农业信息化水平和现代农业发展提供了有力支持。

2. 物联网技术实现远程操控

在农业高科技园区的新式蔬菜大棚内,智能温室物联网采果器已普遍应用。通过控制室的计算机操控,不仅可以自动控制棚室的温度、湿度,还实现了水肥一体化的自动定量供给、菜病虫害运程诊断等,立体化、多功能、全方位的数字化管理系统在这里大显身手。

藁城区农业高科技园区是石家庄市大力实施农业物联网示范工程的一个缩影。石家庄市通过建立试点,推进示范,打造"互联网+农业"样板区,大力推进农业物联网技术应用,实现了重点突破、示范引领,稳步推进智慧农业的发展。

与此同时，石家庄市围绕科学施肥、精准施药、育种与产业结构优化布局等实际生产需求，在鹿泉、藁城、正定、新乐、灵寿、赞皇、元氏、栾城、赵县、晋州等县（市、区）建立了区域站物联网示范点45个，重点突破土壤肥力感知、病虫草害感知、农作物、动物本体感知技术的大规模系统集成，通过实时视频远程调度，实现对辖区内重大动植物疾病、疫情等自然灾害的应急处理。

石家庄市还以农产品质量安全二维码追溯平台为依托，发展农产品质量追溯应用试点30个，对重点企业、重点园区的农业生产状况进行实时监控，实现农产品信息可共享、来源可查询、流向可追踪、质量可追溯、责任可追究，实现对农产品质量监测和应急处置的指挥调度。

3.千名农技专家网络覆盖多领域

为有效解决农技服务"最后一公里"问题，进一步提升农业科技服务创新体系及队伍建设，石家庄市农业部门依托"滴滴打车"的模式，将农技人员与农业推广绑定在一起，解决农民的实际问题。农民在手机上利用APP，就可直接联系到技术人员，农民在任何时间、任何地点都可以享受到快捷、价格低廉、个性化的服务。

目前，零距离智能农技服务平台已注册千余名农业服务专家，数据库涵盖种植、养殖、畜牧、水产等领域。同时，石家庄市还整合农机作业调度、农机监理、农机推广服务、农机深耕作业四个系统，建立了农业机械化全产业链服务"智耕"平台，完成了四个系统的升级和组合开发。通过平台可以实现根据农民需要对农机手进行指挥调度。

为有效解决农民一家一户小规模生产应对变化大市场的难题，2017年，石家庄市以农业信息进村入户工程为契机，以正定、藁城、晋州3个县（市、区）和16个农业生产大县县级益农信息社建设为重点，启动了"百店进村入户"示范试点。同时，依托新农村大喇叭服务站，发展村级益农信息社510个，全年建成县村级益农信息社和新农村大喇叭服务站610个。

大数据是实现智慧办公、服务、生产、经营、管理、物流、销售的基础和保障。目前，石家庄市农业局已完成农业与涉农部门各有关业务系统的整合和数据对接，同时，与石家庄市水务局、气象局、林业局、旅游局、供销社等有关单位正在进一步开展业务对接，未来将逐步实现数据共享。建立京津冀农村农业物流中心，构建石家庄市大农业综合服务体系，推动公益性服务和经营性服务相结合、专业性服务和综合性服务相协调机制的落实，基本建成新型农业社会化服务体系，把石家庄市打造成为全国智慧农业示范市。

第三节　大数据时代高校的公共管理

社会转型和高教改革交织在一起，给高校发展增加了许多不确定的因素。这些因素在特定的时间、场合可能会激发矛盾，产生公共事件。高校的和谐主要在于学校管理层以科学负责的态度规划发展战略，制定和完善管理细则，体现以人为本的精神，努力建设和谐校园。为了确保高校发展目标的实现，维护高校的整体形象，加强高校的公共事件管理是非常必要的。

一、高校公共管理中存在的问题

虽然将新公共管理方法运用于高校内部管理体制中具有合理性和可行性，但我们应看到二者毕竟存在一定的差异，因此，并不是所有的新公共管理方法都适合高校内部管理体制。这就需要我们认真分析当前高校内部管理体制中存在的问题，找出症结所在，再对症下药，有针对性、有选择性地借鉴新公共管理中与其相适应的方法。正如美国著名政治经济学家埃莉诺·奥斯特罗姆所说的，我们要进行改革，最重要的是确定我们在什么地方，然后才能确定我们要走向哪里，即进行什么改革。

（一）院（系）主体追求绩效内生动力不足

新公共管理理论认为，政府的管理职能应是掌舵而不是划桨，政府要从"运动员""教练员"转变为"裁判员"。也就是说，政府要作为一个中立者来管理经济活动和社会活动，政府的主要任务是宏观调控和提高公共服务的质量。新公共管理主张政府在公共管理中应该是制定政策而不是执行政策，政府只起掌舵作用而不是起划桨作用，这样可以缩小政府规模，减少政府开支，提高政府效率。因此，新公共管理认为，有效的政府并不是一个实干的政府，也不是一个执行的政府，而是一个能够治理并且善于治理的政府。

反观我国高校内部管理体制，由于受传统管理观念的影响，高校的决策和管理权限主要集中在学校层面。院（系）许多事务的决策权、人事设置权、经费分配与使用权等多种权力，都主要由学校决定，院（系）只能按学校的指令办事。这种情况与院（系）所承担的任务及责任极不相称，造成学校和院（系）之间的责任、权利、义务划分不够清晰。这便出现了院（系）抱怨在其位，不谋其政，学校只发文件，传达指示，高高在上，不能真正深入院（系）了解实际问题。而且即使发现了某些问题，学校职能部门也没有及时解决或根本没有

 大数据时代公共管理创新模式探索

解决问题。学校职能部门认为他们是无米之炊，面对院（系）管理过程中的许多实际问题有心无力。随着我国高等教育宏观环境的变化，高等教育的大众化，高校的办学规模不断扩大，这越来越要求高校要针对外界给其带来的各种影响做出敏锐的反应，相机而动并及时做出决策。然而，高校公共管理仍在许多方面停留在以集权为特征的决策模式上，这种集权化导致在院（系）视野中学校职能部门的间接"不作为"。如院（系）管理人员在发现（包括主动发现或被动发现）需要及时采取措施进行应对的教学管理问题时，由于自身权力所限，不能根据实际情况进行决策并采取有效措施及时解决。问题被提交到学校最高决策层进行决断。而事实是，学校最高决策层的成员并非都亲临问题产生的现场，而且，对于问题解决的重要性和迫切性，各成员也可能因知识结构或个性特征的不同而有着不同的认知和见解。这样，在决策过程中出现巨大差异，甚至得出相对立的结论，自是不可避免，最后的结果往往是不了了之。在这种集权化管理模式下，不但管理效率，而且管理结果（即使决策通过并形成一定的解决方案）对解决问题的有效性，也无疑是值得怀疑与反思的。新公共管理的掌舵而不是划桨的理论很好地解释了在我国高校内部管理体制中学校职能部门与院（系）之间权力诉求冲突的问题。而针对这种冲突的困境，新公共管理理论也提出了其解决的思路。

（二）严格的管制和过程控制抑制了教师群体的积极性

新公共管理反对传统公共管理重遵守既定法律法规，轻绩效测定和评估的做法，主张放松严格的行政规制，实行严明的绩效控制目标，即确定组织、个人的具体目标，并根据绩效目标对绩效完成情况进行测量和评估。他们认为，虽然任何组织都必须具有规章才能运行，但是过于刻板的规章会适得其反。我们接受规章以防止发生坏事，但是同样这些规章会妨碍出现好事。所以新公共管理认为，除实施明确的绩效目标控制之外，还应强调重视人力资源管理，强调成本—效率分析、全面质量管理、目标管理，主张对高级雇员实施有限任期的契约而不是传统的职位保障制。

高校是传播、探究高深知识的场所，高校教师的工作具有探索未知的不确定性，这一特质就决定了不能按照一般社会组织管理原则对高校进行具体化和计量化的管理。当前高校为了使教师保证完成规定的计划任务，建立了一套复杂的约束条件和成文或不成文的隐性规制，事无巨细地界定了教师所应当遵循的行为规则和活动空间。我们发现，一些管理的量化指标也被运用于教学科研管理，如规定教师每年要在不同级别的刊物上发表几篇论文，每年要完成多少

工作量,如果教师完不成学校规定的教学、科研的量化指标,教师的职称评聘和与职称挂钩的工资、奖金、住房等福利待遇就会受到影响。然而,教师工作的独特性和创造性决定了其并非所有的工作都能量化。比如,教师的教学态度、奉献精神等。以论文数量多少和发表刊物的等级来评定教师能力也容易造成急功近利和短视效应,在客观上导致了粗制滥造现象,近年来饱受学术界及舆论诟病的"学术腐败"不能不说与此有很大关系。

另外,高校教师长期以来被赋予"国家干部"身份,教师选聘由政府制定相关政策法规和控制指标,学校负责分配指标,院(系)领导负责考核候选人,教师一旦上岗,基本上是终身任用,这种缺乏竞争性、淘汰性与流动性的运行机制使高校教师对改革缺乏热情,态度不够积极,没有活力的机制吞噬着广大教师的敬业精神与事业心。由于激励机制不健全,有的高校只顾引进人才而不管留住现有人才,重形式不重内容,看学历不看能力,很少考虑创造条件稳定现有的优秀人才。因而,许多教育工作者尤其是青年教师"身在曹营心在汉",缺乏竞争的人事制度、论资排辈的职称制度、平均主义的分配制度等挫伤了广大教师的积极性。

(三)缺乏以结果为导向的经费绩效管理

新公共管理的核心问题是通过借鉴工商管理方法,引入市场竞争机制,改善公共部门管理,提高公共部门绩效,所以,绩效管理是公共管理的核心内容,它强调以绩效为导向,要求公共部门及其人员(公共支出机构)建立以产出和成果为核心的绩效指标,确立需要努力才能达到的绩效标准,从而告诉部门及人员应该做什么,目标和方向是什么。可见,绩效管理是一种以结果为导向的管理模式,放松对"过程""投入"等控制,强调对产出和结果负责。长期以来,我国高等教育经费短缺问题是人们所关注的焦点。而人们对经费使用的效果却关注很少,在经费的管理中也缺少资金使用的绩效考核制度。很多高校对高等教育经费的使用管理比较随意,高校更多地重视经费的争取而对使用和管理未给予足够的重视,因此高校普遍存在不重视对投入和产出进行效益分析和研究的现象,有些项目的投入往往是不计成本、不计代价的,存在着严重的浪费现象。根据调查和相关研究分析,高校对固定资产的管理还没有实行计提折旧等账务处理办法,对生均培养成本还没有形成一种权威的、科学的计算方法,对专项经费的投入和产出情况也没有建立完善的评估体系。此外,由于高校的公共性,一些管理者往往缺乏应有的事业心和责任感,容易产生短期行为和投机心理,对公用经费的使用缺乏勤俭节约的观念,对国有资产的管理缺乏保值和增值的

 大数据时代公共管理创新模式探索

观念，对投资决策的论证缺乏效益观念，对于重大项目投资具有盲目性，缺乏真实可靠的可行性研究报告。加之目前对高校管理者在经费投入和使用方面还没有形成有效的管理约束机制，因而不可避免地出现资金浪费现象、资产流失现象和投资失误现象。如有的高校一方面购进大量的仪器设备，另一方面却有相当数量的仪器设备闲置或利用率较低，甚至提前报废。这些仪器设备并非没有了使用价值，而是高校盲目追求高配置及计划不周造成的。有的高校基建项目因为规划论证不充分而造成投资损失，有的高校采购项目因为没有建立规范的竞争机制和操作程序而导致经费支出增加的现象。上述现象属于隐性的资源浪费，往往容易被人们所忽视。

（四）后勤社会化、市场化改革难以推进

新公共管理认为，政府管理应广泛引进市场机制，取消公共服务供给的垄断性，让更多的私营部门参与公共服务的供给。这种方式将竞争机制引入政府公共管理中，从而提高服务供给的质量与效率。竞争有利于提高工作效率，有利于改善服务态度。高校后勤社会化改革已经进行多年，取得了突破性的进展。随着改革的不断深入，前期改革所积累的矛盾逐步显现，由于对改革中产生的问题缺乏准备和预案，近几年改革的进程明显受阻，甚至出现了进退两难的境况。时至今日，因为高校后勤产权明晰、机制转换、人员分流、资产管理、经费结算等方面存在着较大的困难，高校的后勤服务并没有真正实现市场化。一些高校建设附属医院、出版社、校办产业集团、附属学校等附属机构的现象仍然存在，社会上的企业很难参与学校服务市场的竞争，后勤企业还没有真正成为"独立核算、自主经营、自负盈亏、自我发展"的经济实体。从学校方面看，其还没有将后勤产业真正看作自主经营的企业，仍然习惯于将后勤产业作为学校的职能部门，由学校直接任命后勤产业的管理人员，由学校确定后勤产业管理人员的行政级别，并经常对后勤产业的经营管理事务进行行政干预，出现了脚已经迈进了市场化的运行机制，身体还留在学校行政管理的体制中的现象。从后勤产业方面看，高校的种种保护政策，使优质的社会服务资源无法与高校后勤企业竞争，学校的企业大量地承担后勤服务工作，必然不能实现真正意义上的竞争，久而久之，校内企业失去竞争实力，在经营管理过程中遇到困难就找学校解决，影响了高校后勤产业发展的步伐。在一些学者的研究中也提到，由于产权属于国家，后勤企业对于追求保值和增值的动力不足，导致资产流失。从后勤服务人员方面看，由于他们始终处于事业的保险箱中，没有忧患意识，服务意识自然不强。当然，造成这种状况的原因是多方面的，有事业单位后勤

改革自身存在客观障碍的原因，有我国第三产业发展不成熟和不完善的原因，不能为高校提供充分的选择机会，还有目前许多高校已得到了迅速扩大规模和后勤减负的双重利益，它们认为深化改革再得利益的空间不大，所以持观望态度。同样，高校后勤企业和后勤员工对进一步深化改革的经济收益预期不乐观，缺乏足够的动力。从更深层次上看，最主要的原因是高校作为事业单位对社会主义市场经济体制和运行方式的规律仍停留在感性认识阶段，导致其认识上的模糊与行动上的迟缓。

（五）顾客意识缺失

新公共管理将"顾客至上"思想运用到公共管理中，认为政府应以顾客或市场为导向，建立服务型政府。以顾客为导向要求政府把关注的焦点从循着"命令链"往上取悦上司转变为取悦顾客。因此，政府不再是凌驾于社会之上的封闭的官僚机构，而是负有责任的企业家，公民则是其"顾客"，企业家式的政府应该是以顾客的需求为导向并提供较高服务效率的政府。在充满竞争、顾客取向的体制中，政府必须学会聆听顾客的心声并提供回应性服务。通过对社会公民的需求做出回应，采取积极的措施，公正、有效地实现公众的需求和利益。如果政府机构能为顾客提供优质服务，他们就会胜出，否则就会萎缩，甚至可能衰竭。反观我国高校内部管理工作，由于受传统办学思想和管理体制的影响，我国高校普遍缺乏顾客意识，如高校对自身的评价往往不是看学校培养出多少高质量的人才，而是看学校拥有多少著名的学者，多少博士点、硕士点；不是看学生有多少新的亮点（如创新能力、动手能力等），而是看有多少新的教学大楼；不是看先进设备的利用率，而是看有多少先进设备；不是看学生对专业设置、课程设置的满意度和需求度，而是看专业设置、课程设置与师资结构的协调程度。因而，高校在制定发展规划、管理目标以及工作考核指标时常常忽视学生的要求，在客观上置学生于非主体地位。第一，一直以来，高校对学生是以管理为主的，在学校的规章制度中，几乎都是关于学生的义务，对学生违反学校纪律的处理规定，很少有涉及学生权利的规定，而且学校规章制度、管理条例等的制定过程仅限于学校管理人员参加，学生很少参与，管理人员在制定规章制度时又在很大程度上依赖于自己的经验，对学生的实际情况了解较少或者了解不够准确，从学生的角度考虑问题不够，和学生的交流沟通不够，这样制定出的规章制度在实际执行过程中要么不被学生理解，要么难以执行，使规定的权威性和管理效果打了折扣。第二，我国高校组织文化存在一个独特的现象，即占学校人数绝大部分的学生在学校决策过程中几乎没有发言权、知情

权,即使在面对关乎个人发展的关键问题时,学生也很难享有选择权、决定权。学生权利在学校管理中无足轻重,这与发达国家和地区大学生享有的管理权相比可谓天壤之别。目前,高校在事关学生个人发展的重要问题上,依然保持着之前精英教育模式下的办学方式,很少征求或参考学生意见。比较突出的是,在学生转专业、选择教师、选择学习方式、设置学生管理课程等方面,学生不能参与决策,而这和教育过程中学生的主体地位极不相称。我们必须清醒地认识到,近年来,由于国家投入教育的经费增长缓慢,学生及家长支付的费用却日渐攀升,从这个意义上说,学生已不完全是停留在一般意义上的纯粹的受教育者、被管理者,为了获取知识,他们投入了大量资金,他们也是有权利享受和索取高质量教育服务的特殊顾客。从法理上讲,教育顾客对教育服务质量最具有话语权,然而他们却是高校教育质量监督体系中说话机会很少、表达声音最弱的群体。由于历史及现实的原因,我国公众享受公共物品时的顾客意识一直很薄弱,特别是在高等教育阶段,一些人认为学生考入大学后,教育质量已经无关紧要了,学生及家长顾客意识不足。

二、高校公共管理中应用大数据技术

(一)大数据技术应用于大学生心理问题分析

大学阶段是一个人的生理和心理都迅速发展的阶段,是个体心理迅速走向成熟而又尚未完全成熟的一个过渡期,尤其是从中学刚刚升入大学的一年级学生,面临一个全新的、更加开放和宽松的思想、学习和生活环境,部分学生的心理和行为一时难以适应。比如,有的学生思想比较封闭,精神紧张,行为拘谨,在学习和生活上对自己要求过于严格,害怕出现差错和失误等。大学的人际关系环境与中学相比发生了巨大变化,大学生所面临的是更加复杂和多样的人际关系,大学新生还会出现一些消极的情绪和心理,如对学校不满意、对专业不满意带来的悲观情绪,理想中大学与现实中大学的落差导致的失望情绪,缺乏新的学习动力、压力以及新的生活目标导致的茫然苦闷的心态,新的竞争环境导致的自卑感等。因此,高校在大学新生一入学就要对其进行全面心理健康调查,了解新生的心理健康状况,及早发现他们存在的某些心理疾患,有针对性地帮助、引导新生以良好的心理状态投入大学的学习与生活中,并为日后的心理健康教育、辅导与咨询奠定基础。

很多高校在新生刚入学时就对他们进行了心理测试,测试方式采用团体施测,测试选用的是教育部《中国大学生心理健康测评系统》课题组所编写的大学生心理健康量表,旨在通过学生对心理症状104个预设问题的回答,判断大学生的心理状况。测量大学生心理健康共有12个维度,即躯体化、焦虑、抑郁、自卑、社交退缩、社交攻击、偏执、强迫、依赖、冲动、性心理障碍和精神病倾向。量表中对每个题目描述的症状,按出现的频率从1(没有)到5(总是)采用5点记分,量表得分由属于该维度的题目的得分相加而得。然后根据每个维度的标准分,划分为症状较明显、可能有症状、一般、无明显症状4个水平。

让新生做心理测试虽然能对其心理状况有一个基本的了解,对预防学生心理疾病确实起到了一定的作用,但是这又提出了一个新的课题,究竟如何分析、解释和使用这些心理测试的结果,才能使心理健康教育工作更有针对性,从而提高心理辅导工作的水平与效率,使这些测试的结果发挥出更大的作用。数据挖掘技术在挖掘已有数据中隐含的规律以及解决具体问题方面,是其他技术所不能比拟的,现已在实际领域得到广泛的应用,并且产生了良好效果。此外,数据挖掘技术的优点是可以利用已有信息系统存储的数据进行挖掘计算,利用计算机应用程序把复杂的统计技术、挖掘算法封装起来,使人们不用掌握这些技术也能实现同样的功能,从而更专注于自己所要解决的问题。

数据预处理是数据挖掘过程中一个非常重要的环节,经验表明,如果数据准备的工作做得非常细致,在建立模型阶段就会节省大量的精力。数据挖掘所处理的数据集通常不仅具有海量数据,而且可能存在大量的噪声数据、冗余数据、稀疏数据或不完整数据等。不完整数据出现的原因有多种,可能是学生填涂不规范,造成机器读卡时产生错误信息,也可能是学生在填写时漏填,这些异常都会使数据库产生大量的噪声数据。由于错误信息以及空缺数据的存在,我们很有必要对数据进行预处理。

1. 数据抽取

数据挖掘通常并不需要使用所采集的所有数据,有些数据对象和数据属性对建立模型获得模式是没有影响的,有些数据的加入会大大影响挖掘效率,一方面会增加挖掘计算的时间和空间,另一方面可能会导致错误的结果。因此,有效地选择数据是很有必要的。

数据抽取有时也被称为数据取样或数据简化,是在对发现任务和数据本身内容理解的基础上,寻找依赖于发现目标的表达数据的特征,以缩减数据规模,从而在尽可能保持数据原貌的前提下最大限度地精简数据。通过数据抽取可以使数据的规律性和潜在特性更加明显。

在大学生心理问题数据库中有很多属性,其中的一些属性与挖掘任务不相关，比如，ID号、学号、姓名等属性，这些数据只会增加挖掘计算的时间和空间。又如，所测试的学生中有98%为汉族，且均为大一学生，对最后的挖掘结果无影响，因此在挖掘时可将这些属性值去除。所以根据心理数据的特点，从数据库中检索出与挖掘任务相关的数据属性，确定了对焦虑、自卑、抑郁等12维心理症状分别进行挖掘，而与这12维症状相关的属性有4个：性别、独生子女、专业、家庭所在地。根据不同的挖掘目的，对现有大学生心理问题进行数据抽取。

2. 数据清洗

在大学生心理问题数据中，一些我们感兴趣的属性存在缺少值，对于这些空缺，可以通过数据清洗来填补。数据清洗也可称为数据清理，包括空值处理、噪声处理及不一致数据处理等。数据清洗主要是针对多个数据源或数据表中数据的不规范性、二义性、重复性和不完整性等问题，对有问题的数据进行相应的清洗操作。

数据清洗包括数据的一致性确认，手工进行数据一致性确认的时间、费用等都很多，只适用于小规模的数据处理，对于大规模的数据集通常需要自动的数据清洗。自动的数据清洗主要包括以下3个步骤：定义并测定错误类型，搜寻并识别错误实例，纠正发现的错误。对于含空值比例较小的数据集，删除空值的数据记录不失为一种有效的方法，然而当空值达到一定的比例时，如果采用直接删除的方法将大大减少数据集中的记录，可能丢失大量的信息。因此，空值需要补齐。

①为缺失的值计算一个替代值。计算替代值常用的方法包括使用形式值（名词变量）、中间值（可排序变量）、平均值（连续变量）等。

②按照数据库中值的分布规律为缺值的字段添值。比如，若数据库中包含40%男性和60%女性，那么，为性别字段缺失的记录添值时也按这个比例随机赋值。

③使用数据挖掘技术，通过已有的数据集预测空缺值的可能取值，这种方法效果最好，当然也最花时间。

所用的数据对缺失值的处理如下：对数据量比较少的，按照数据库中值的分布规律为缺失值添值；对数据量比较多的，用常量来代替缺失值。对数据缺失值的初步处理后，所得到的数据质量有了很大的提高。

3. 数据规范

数据规范包括以下内容。

①数据离散化：将属性（如数量型数据）离散化成若干区间，如将抑郁、焦虑、自卑等 12 个维度的数值根据每个维度的得分将其划分为症状较明显、可能有症状、一般和无明显症状 4 个区间。

②转换变量：如将学生的性别男（女）转换成 11（10）。

③格式变换：规范化数据格式，如定义时间、数据值、字符等数据加载格式。

（二）大数据技术应用于经济困难学生认定

1. 经济困难学生认定标准

为了做好经济困难学生的认定工作，各高校结合实际情况一般会制定相应的经济困难学生认定标准。一般来讲，根据学生家庭困难情况，将经济困难学生分为一般经济困难学生和特别经济困难学生，全校经济困难学生人数不超过所有学生人数的 40%。

第一，有下列情况可能造成家庭一般经济困难，可认定为一般经济困难学生。

①父母暂时双失业或父母一方因病丧失劳动能力的家庭的学生。

②父母一方暂时没有工作，另一方收入不足以维持整个家庭的正常开支的家庭的学生。

③父母务农，有两名以上子女同时在非义务教育阶段上学，经济负担非常重的家庭的学生。

④父母务农，家庭中有残疾成员或因疾病劳动能力丧失的成员的家庭的学生。

⑤自然灾害、突发变故导致家庭财产有较大损失的家庭的学生。

⑥由于其他原因造成家庭经济困难的学生。

第二，有下列情况可能造成家庭特别经济困难，可认定为特别经济困难学生。

①孤儿，单亲家庭（指父母一方已故），无直接经济来源或失去主要经济来源的学生。

②家庭中有危重患者，无医疗保险，医疗费开支数额巨大，造成家庭负债的学生。

③烈士优抚家庭子女，西部助学工程等上级教育主管部门或民政部门指定的救助对象。

④农村五保户或城镇持有民政部门发放的低保证或县总工会以上单位发放的特困证的家庭的学生。

⑤来自偏远地区，家庭收入不足以支付正常的学习及生活费用的学生。

⑥由于其他原因造成家庭经济困难的学生。

第三，有下列情形者，取消经济困难学生认定。

①弄虚作假，虚报家庭困难情况者。

②考试成绩有两门（包含两门）不合格者。

③生活奢侈，不节俭者。

④在校外租房者。

⑤经常出入网吧等营业性场所者。

2. 大数据技术分析经济困难学生信息

为了选出满足资助条件的经济困难学生，高校需要对所有申请资助的学生的信息进行汇总，并对这些数据进行分析。由于申请资助学生的数据来源涉及学校的多个部门，如学工部提供学生的基本情况和家庭情况、家庭困难认定申请信息等；教务处提供学生的成绩；财务处提供学生的校园一卡通月消费情况和学生助学贷款情况等，高校需要对这些信息进行汇总。家庭经济困难学生认定主要涉及的信息如下。

（1）学生基本情况

学号、姓名、性别、出生年月、民族、专业、年级、个人特长、入学前户口、健康状况、家庭人口数、家庭年收入、家庭通信地址。

（2）家庭成员情况

姓名、年龄、与学生关系、职业、工作单位、健康状况。

（3）家庭困难认定申请

学号、姓名、专业、年级、班级、家庭人均年收入、申请理由。

（4）学生成绩

学号、姓名、班级、课程名、成绩。

（5）校园一卡通月消费情况

卡号、学号、姓名、性别、出生年月、月消费金额。

（6）助学贷款情况

学号、姓名、专业、年级、班级、贷款金额（元）、贷款期限（月）、贷款利率。

为了准确地对这些数据进行分析，高校需要对这些数据进行预处理，先去除对分析没有作用的信息，以便适当减少数据量。

第一，在学生基本情况信息中，学生的性别、出生年月、民族、专业、年级、个人特长是对经济困难学生认定没有作用的，可以去掉，而其他字段如入学前户口、家庭人口数、家庭年收入可以看出家庭的基本情况，家庭通信地址可以看出学生是否来自贫困山区，应予以保留。

第二，在家庭成员情况信息中的年龄对经济困难学生认定没有作用，可以去掉。其他字段中职业、工作单位、健康状况等字段可以看出学生家庭的经济状况和家庭成员的身体状况，有无疾病等，应予以保留。

第三，家庭困难认定申请信息是学生申请经济困难学生时必须提供的信息，只有学生先提出申请信息，学校才能对该生的情况进行分析，判断其是否符合经济困难学生认定标准，然后才给予资助。

第四，学生成绩信息是学生能否享受到资助的一个重要的标准，学校要求学生在最多仅有一门课程需要补考的情况下才能得到资助，因此成绩对经济困难学生的认定非常重要。

第五，校园一卡通月消费情况信息则反映了学生在校的饮食以及其他消费状况。

第六，助学贷款情况信息反映出学生在校期间是否有贷款记录。

这些信息来源于各个部门，每个部门所做的数据表格的形式不一定相同，有的是用 Excel 做的表格，有的是用 Word 做的表格，针对这种情况可以利用 SQL Server2005 中的 DTS，即数据转换服务，把这些形式不一的表格都转换成数据库中的表格，使形式统一起来，然后再提取与经济困难学生认定有关的数据进行下一轮分析，并根据实际分析去掉对后面分析无作用的字段，保留对后面结果有可能有影响的字段。

数据转换服务（DTS）提供了在 SQL Server 中导入、导出和转换数据的功能。使用 DTS 可以在数据库管理系统之间复制表格结构和数据，创建可以集成到第三方产品中的自定义转换对象，或者通过交互方式或按规划自动从多个异构的数据源引入和传输数据，从而可在 SQL Server 中建立数据仓库和数据中心。

DTS 在异构的数据源和目标之间只能移动表格结构和数据，而当数据源和目标都是 SQL Server2005 时，除了可以传输表格结构和数据外，还可以传输触发器、存储过程、规则、默认值、约束条件和用户定义的数据类型。

经过 SQL Server2005 中的数据转换服务 DTS 得到经济困难认定因素的关系图，如图 4-2 所示。

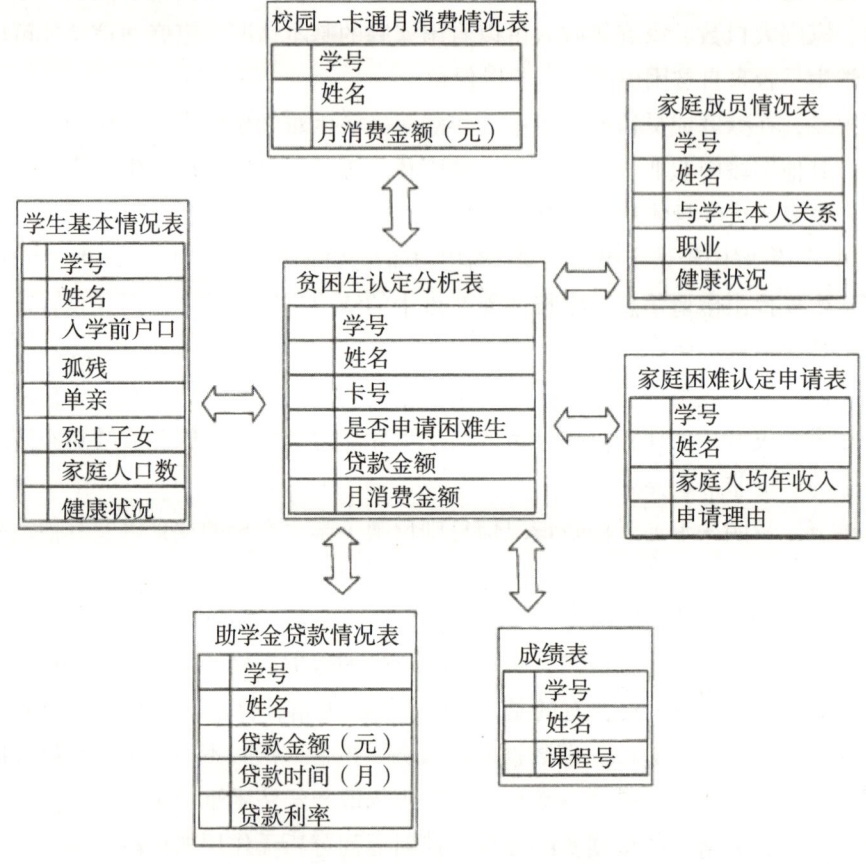

图 4-2　经济困难学生认定因素关系图

（三）大数据技术应用于高校科研评价体系构建

1. 大数据技术应用于高校科研评价体系构建的原则

在高校科研评价系统中，评价体系的构建是一项最基础的工作，也是系统建设的重要依据。评价体系是否科学合理将直接影响数据挖掘系统的其他各个环节，会导致有偏差的评价结果。因此，建立科研评价体系须遵循以下原则。

（1）科学性原则

评价体系的设计应体现科学性，要遵循国家的法律、法规以及学校的各项规章制度，要符合科研规律，要明确每项指标的内涵和针对性，能客观地、正确地反映成果。指标的设置要合理，并有相对独立性，权重系数的确定要能正确反映各指标之间的相互关系及各指标在整体评价中的地位和作用。具体来说，要根据实际情况，正确地划分指标层次，同一层次的指标，其地位要相当，相互独立，且尽可能覆盖该层次的整体情况，避免遗漏和重复，以免影响评价的准确性。

（2）前瞻性原则

科研评价体系必须能够体现世界潮流的变幻、国家政策方针的调整，满足高校科学研究和人才培养的要求。坚持"与时俱进"的思想，遵循科学发展规律，全面而充分地反映高校的科研目标和学科发展。在国家政策和高校发展目标调整时，评价体系要适应这种调整的需要，而指标体系设置和权重的处理也要动态灵活地调整。

（3）导向性原则

所谓导向性是指科研评价具有激励评价对象实现科研目标的潜在动力，能够引导教师努力争取达到预定的目标要求，促进高校学科优化、增强薄弱专业，有利于教育管理者决策的科学化。这种导向性一般通过指标的权值大小来实施影响，因此要特别注意评价体系中指标权值的分配问题。

（4）可行性原则

可行性是指评价体系的建立与实施必须是方便可行的。具体来说，就是评价体系中的各项指标要尽可能明确、简单、便于操作。指标数量少而精，量化方法简便，并且各项指标的综合能够反映事物的本质。避免太多的烦琐统计和复杂的计算，评价成本要低。因此，在评价过程中不苛求对成果评价分值的精确反映，但要求对不同的成果，其评价分值要有显著差异。在实施评价的过程中，所规定的内容可以通过实际观察和测定获得结论，方便用户进行操作。

（5）定量指标与定性指标相结合的原则

评价体系是一个复杂的指标体系，体系中既存在定量指标，也存在定性指标，采用两种类型指标相结合，可以减少由于纯定性指标缺少说服力和纯定量指标缺乏数据支持而产生的误差，提高评价结果的公正性、合理性与客观性。

（6）平衡性原则

由于评价的对象是科研成果，而各种类型的成果有很大的差异性，规模的差异性在数量指标方面表现为绝对数量的差异性。为使评价合理，在指标设计时应充分考虑绝对数量指标和相对数量指标的兼顾，并给予合适的权重。

另外，评价体系的建立要从各个高校的实际情况出发，评价标准不能过高或过低，否则会造成评价结果的大面积不合格或大面积优秀的情况，使教学评价失去意义。科研评价体系的构建包括指标的确定和权值的确定两个方面，指标是具体的、可测量的行为化和操作化的目标在一个方面的规定，即它不反映全部的目标，只反映目标的一个方面。由相关的一组指标所构成的系统就是能够反映目标整体的指标体系。指标的确定方法主要有专家经验编制法、问卷调查法和主要成分分析法等。

权值是指标对达到目标影响程度的测度，其大小反映人们对其价值的认识，权值越大，说明该指标对目标的影响越大，越容易受到大家的重视。确定权值的方法主要有专家咨询法（关键技术法）、比较平均法、深入研究法、相关矩阵法、德尔菲法、对偶比较法和层次分析法等。其中，层次分析法是一种可以构建多层次评价体系并进行权值分配的常用方法。该实例将采用定性、定量和综合方法，利用数据挖掘技术进行研究，并建立通用评价体系的构建模型，以解决同类问题。

2. 大数据技术应用于高校科研评价体系构建的对象

目前，科研数据是高校信息数据库中的重要部分。高校科研成果通常以课题著作、论文、获奖、专利等几种形式体现，数据量大、形式各异。科研成果评价系统主要围绕高校科研管理信息系统中各种形式成果的数据库展开挖掘，有科研项目库、学术著作库、学术论文库以及有关科研人员等的基本信息库。

对这些数据的有效利用，可以使人们了解高校科研的诸多信息。比如，教师个人的科研实力、科研意识、研究周期、研究方向、研究视野、对研究领域的把握能力等。通过科研评价还能够显现出评价方式的恰当与否，科研成果的层次及质量，学科和梯队是否均衡发展，学术氛围是否与整体科研环境相适应等，同时还可以很好地总结前一阶段的工作，制定下一步的科研发展规划。根据评价体系中的问题陈述和数据库中的数据储备，我们发现挖掘对象主要包括科研课题的挖掘、学术论文的挖掘、学术著作的挖掘。

（1）科研课题的挖掘

科研课题的挖掘主要研究数据挖掘在科研项目评估和科研项目管理两个方面的应用。科研项目评估在课题申请、论证以及课题结题环节有着非常重要的作用，主要是针对外部数据的挖掘。科研项目管理是指对项目研发过程中各环节的科学管理和决策，主要针对校内管理信息系统中有关科研人员、科研项目以及在科研项目研发过程中出现的各类信息进行挖掘，发现课题承担人、承担单位、经费分配、科研资源使用等多种相关信息之间的内在关系，从而提高科研管理者及时发现问题、解决问题的能力。

数据挖掘对象：内部数据可以从高校管理信息系统中导出，如科研人员基本信息、科研资源信息、科研项目信息以及经费分配等数据；外部数据主要从国内外自然科学和社会科学的权威期刊检索库中查询。

（2）学术论文的挖掘

学术论文的挖掘主要通过对教师发表的学术论文的数量、被引证总数、每篇论文的被引次数和高被引论文数等进行挖掘，体现教师学术水平及所在学科的发展与论文情况的关联，因而对辅助评选人才、分配人力资源以及促进学科发展都有较强的指导价值。高校具备进行科学研究的人力资源和基础硬件资源。随着国家对高校投入资金的持续增加，高素质科研人员队伍不断发展壮大，学术创新的环境也逐步完善，不仅有硬件环境，还有人文环境。这是一个需要创新的时代，进行科学研究和理论创新是国家对高校广大科研人员的要求。

数据挖掘对象：内部数据可以从高校管理信息系统中导出，主要包括教师基本信息、学术论文信息等；外部数据主要从外部期刊数据库中进行采集和挖掘，如论文的被引用、转载、采用等情况。

（3）学术著作的挖掘

通过对教师编写著作的主要数据进行挖掘，体现著作信息与教师素质评估及学科发展导向的关联，从而辅助下一年度著作管理工作的决策数据。

数据挖掘对象：内部数据主要包括教师信息表、学科信息表，以及教师学术著作情况表；外部数据采集主要包括著作的引用和社会影响力等情况。

第四节　大数据时代公共管理专业人才培养

公共管理是一个实践性、应用性十分强的学科。当今中国处于新时代的伟大创新时期，政府改革与社会建设面临许多新的挑战，涌现出许多新的机遇，因此，公共管理专业的人才培养对我国新时期社会主义建设事业具有十分重要的意义。时代呼吁具有问题意识、实践意识的公共管理复合型应用人才，我国高校公共管理专业对大学生的理论知识储备与能力素质培育是当下高校公共管理专业人才培养的重中之重。

大数据时代向人才的培养提出了新的挑战。在数据井喷、信息科技发展日新月异的大数据时代，如何培养公共管理专业大学生的数据调查分析能力，使其成为应用型人才，是培养的核心关键所在。而大数据自身所具有的大量性、多样性、高频率、高黏性、准确性、时效性和易变性等特征也为公共管理专业学生的数据能力培养提出了新挑战。公共管理专业应如何响应时代号召，与时俱进，培养具有大数据能力的综合应用型人才，是公共管理专业教学改革创新必须面对的重要问题。

一、公共管理人才职业素质的特点和要求

公共管理人才的职业素质是指公共管理人员为发挥其特定的作用和影响，完成其特定的职责所必须具备的自身条件，它适合于公共管理者履行管理职能或者从事管理活动，是基于普通素质但又区别于普通素质的。公共管理人才职业素质是公共管理人员的个人内在条件和特殊本领，也是公共管理者的一切内在构成，是具有明显特殊性的专门素质。

（一）公共管理人才职业素质的特点

不同的社会角色对人的素质要求是不同的，公共管理者的素质除了具有素质的一般特性之外，还具有其特殊属性。公共管理者的素质具有综合性、动态性、层次性等特点。

1. 综合性

管理活动是涉及决策、组织、协调、控制、指挥、用人、沟通等方面的复杂过程，因而它对公共管理者素质的要求也必然是全面的、综合的。我国古代著名的军事家、思想家孙子曾说："将者，智、信、仁、勇、严也。"在古代对一个军事将领的素质要求就是多方面的、综合性的。公共管理者的素质也如此，它是一个由多种要素构成的有机综合体，包括政治素质、法律素质、道德素质、能力素质、知识素质、身心素质等。

2. 动态性

社会在发展，环境在变迁，公共管理者的素质要求在内容和深度上也会发生变化。公共管理者应该是走在时代最前列的人，在公共管理者身上也应体现时代的特征。公共管理者自身的素质一方面得自先天，另一方面则来自后天社会实践的培养和锻炼。社会的发展、时代的进步、组织结构的调整、管理职位的升迁，都会对公共管理者素质提出新的要求。公共管理者的素质需要在这些过程中逐步培养，锻炼才能，日臻完善，而且永无止境。

3. 层次性

现代社会生活复杂多变，组织机构的管理层次分明，对于不同层次、不同工作性质的公共管理者，在素质要求上既有相同的一面，又有特殊的一面。在一个大型的组织中，一般有高层、中层、基层三个不同层次的公共管理者，他

们各自承担着不同的职责和使命,因而对其有相应的素质要求。高层公共管理者的主要职责是确定大政方针,拟定规划,把握方向,协调各部门的关系。与此相适应,他们要具有相应的创造能力、综合判断能力等。中层公共管理者主要是同人打交道,从组织和管理方面去实现大政方针,为此他们应该具有组织工作能力,具有公关的知识和技能。基层公共管理者主要是执行管理指令,帮助下属及时解决具体问题,这就需要他们增长专业技术知识,努力提高专业管理水平。

(二)提高公共管理人才职业素质的重要性

公共管理者是公共权力的直接行使者、公共服务的提供者,是群众的公仆,公共管理者的素质直接影响公共权力的执行,关系到群众的切身利益和公共行政领域运作和发展的活力。公共管理的成效归根结底取决于其工作人员的素质,特别是公共行政部门领导者的素质。不同的公共管理者素质将导致不同的管理行为,产生不同的现实结果,使公共管理者自身、群体乃至国家和社会都直接受到不同程度的影响。因此,公共管理者素质不仅对于管理主体来说是极其重要的,决定着个人的前途命运,制约着其事业的成败,而且对于国家和社会来说更是事关全局、影响深远的重要因素。它关系到公共组织每个成员的现实利益,关系到公共组织的兴衰荣辱、成败得失,一个国家公共管理者的素质状况直接决定着这个国家和民族的前途命运,建设一支高素质的公共管理干部队伍是当前我国所面临的一项重大而迫切的任务。

在公共管理活动中,公共管理者素质是一个极其重要的因素,抓住这一点,就能使许多管理上的问题迎刃而解。在当今世界,大量的实践与事实已经充分证明管理者素质在管理活动中的根本性、重要性和现实性作用。

(三)提高我国公共管理人才职业素质的必要性

1. 适应知识经济时代的要求

知识经济时代的到来,使社会发展进步的速度加快,社会公共生活中科技含量提高,提供公共产品和公共服务的质量要求提高,这些都使公共管理者必须加强自身的学习,不断提高自己的专业知识水平,以便更好地提高工作效率,为人民服务。

2. 加快政府职能转变的要求

加快政府职能转变是落实中央关于加强宏观调控重要部署的内在要求,也是深化行政管理体制改革的重要内容。政府职能转变是指,国家行政机关在一

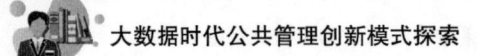

定时期内对社会公共事务管理的职责、作用、功能的转换与发展变化。政府职能转变首先要求领导者更新观念，必须树立"强而有力的政府"的正确认识，即改变现有的在"强势政府"认识上的误区，这就要求领导者提高知识素质，对政府职能转变有正确的认识和理解。

3.增强领导者影响力的要求

影响力是领导者实施领导行为的基础。影响力包括权位影响力和非权位影响力，影响力的大小关系到领导者能否完成自身所肩负的使命。为此，领导者必须不断加强自身素质修养，努力提高自己的影响力。

4.加强行政机关效能建设的要求

公共行政领导者素质的提高是提高领导者行政效能的必要条件，加强行政机关效能建设，首先必须加强行政领导者的效能建设。行政领导的目的在于提高行政效能，以实现行政目标。行政效能是由行政决策所决定的，而行政决策是行政领导的一项主要职责，行政领导者又是行政领导的主体，是领导活动过程中的指挥者、组织者，是国家行政机关中主要职能的承担者。因此，在一定条件下，行政领导者对提高行政效能、实现行政目标起着重要的作用，行政领导者是实现行政管理目标的关键所在。所以，要想加强行政机关效能建设，必须提高行政领导者的素质。

5.建设服务型政府的要求

随着时代的发展，现代社会对建设服务型政府的要求越来越高。建设服务型政府的理念已深入人心，建设服务型政府，在服务中实施管理，在管理中体现服务，是实现科学发展，构建社会主义和谐社会的必然要求。建设服务型政府，目的是为人民群众提供优质高效的服务，不断满足人民群众日益增长的物质文化需要，让全体人民共享改革发展成果。在这个过程中就要求公共行政领导者充分认识和理解服务型政府的宗旨和核心内容，要求广大各级领导干部牢固树立和认真落实科学发展观，树立服务型政府的观念，只有这样才能更好地带领广大人民群众发展社会主义市场经济。所以，提高行政领导者素质也是构建服务型政府的要求。

（四）公共管理人才职业素质的要求

公共管理人才要想扮演好其角色，成为成功的高效管理者，并适应时代和社会发展的需要，就必须具备良好的职业素质。公共管理人才的职业素质是与社会和法律对其基本技能要求相适应的。

1. 良好的政治素质

公共管理者是国家方针、政策的宣传者、贯彻者和实施者。公共管理者必须要有坚定的政治立场和政治信念。公共管理者的政治素质应该包括：报效国家，忠于政府，服务公众，为人民谋利益，公众的利益高于一切，要具有高度的政治觉悟和政治责任感，要公正廉洁，顾全大局，勤政为民。作为一名合格的公共管理者，不管地位多高、权力多大，都要明确我国人民民主专政的国家性质，时刻铭记对人民负责、全心全意为人民服务的行为准则。此外，公共管理者还要密切联系群众，接受人民群众的监督。

2. 优良的法律素质

法律素质不仅是现代公共管理者素质的重要组成部分，而且关系到依法治国方略能否落到实处，关系到能否建成真正的法治国家。当前，中国社会中的腐败现象与公共管理者法律素质不高有直接的关系，正是由于其法纪观念淡薄，违法乱纪的行为才难以从根本上得到遏制。公共管理者具有良好的法律素质，就能在腐败面前筑起一道坚固的防线，抵御住各种腐朽思想和腐败行为的侵蚀，保证公共管理者廉洁奉公，为社会风气的好转做出贡献。公共管理者学习掌握各种法律知识的主要目的是把它内化为自己的行为规范，成为自己思想意识的一部分，真正在自己的心中树立起法律的权威，约束自己的行为。作为公共管理者，必须强化自己的法治意识，自觉维护法律的权威，树立依法管理、依法行政和依法办事的意识，提高依法管理社会公共事务的能力。由于在日常工作中经常会遇到各种民事、行政、刑事等案件，这就要求公共管理者运用相应的法律条例使人们的合法权利得到有效的维护。

3. 广博的知识素质

现代社会是信息爆炸的知识经济时代，丰富而广博的知识能为公共管理者做出好的决策以及处理好公共事务提供必备的基础。公共管理者知识越广博，其思维就越开阔，看问题就越周全，管理水平和能力就越高。公共管理者同其他领域的人才是有区别的，所以对公共管理者的专业技术要求是不同于一般的专业人才技术要求的，公共管理者应该具备领导学、管理学、决策学、科技学、经济学、人才学等多方位且全面系统的管理专业技术。

4. 优良的道德素质

公共管理者是公共利益的代表，是国家和人民意志的执行者，公共管理者的道德素质状况直接反映社会风气的状况，对国家政府威信产生直接的影响。

公共管理者应该热爱自己的岗位，真诚地对待自己的职业，不要仅把自己的职业当成一种谋生的手段，更不要认为公共管理职业有高低贵贱之分；否则就很难做到对公共管理这个职业倾注自己的热情，更不要说达到以民为本的境界。要做到廉洁自律、无私奉献，就要求公共管理者不能以权谋私，不能损公肥私，不能贪污腐化，而应为公众谋福利，坚决抵制损害政府威信的行为。

公共管理者要珍惜人民给予的信任，充分合理地利用人民所赋予的权力，履行相应的义务，承担应尽的责任。公共管理者只有有道德、有修养，才会有影响力和号召力，才能得到群众的信任、尊重和拥护，才能实现有效管理，保障管理工作的顺利进行，取得良好的管理效益，实现国家的繁荣昌盛。

5. 卓越的能力素质

（1）创新应变能力

社会发展日新月异、突飞猛进，公共管理者只有具有创新意识，才能紧跟社会发展潮流。在发生突发事件时，其才能沉着冷静，果断处置，及时处理各种社会矛盾，推动社会各项事业向前发展。公共管理者如果不解放思想、与时俱进，就会落后于时代的发展步伐，就不可能创造性地、理想地完成工作。在现有公共管理人员队伍中，一部分公共管理者墨守成规，缺乏新思路、新观念，不求突破创新，只是被动地应付工作。为达到提高行政效能的目标，公共管理者要通过加强学习来更新观念，实事求是，开拓进取，解放思想，增强改革开放、市场竞争等方面的意识，真正使自己的思想适应新的社会发展形势，不断提高创新意识。

（2）战略决策能力

公共管理者要深谋远虑、总揽全局，把全局作为考虑和解决问题的出发点和落脚点。要把握好正确的指导思想，规范决策程序，运用科学方法与技术，认真贯彻民主集中制原则，听取民意，聚集民智，实现决策民主化。

（3）组织协调能力

公共管理者只有具备较好的组织能力，才能灵活地运用各种方法把各种力量有效合理地组织起来，才能更好地实现管理目标。要正确处理和协调个人与组织、部门与单位、上级与下级等各种关系，建立和谐良好的人际关系，获得上级的支持、下级的拥护、其他单位的帮助。良好的协调能力有助于公共管理者在处理公共事务时将人力、财力、物力合理充分地进行优化配置，变消极的因素为积极的因素，有利于充分调动人的积极性，化解矛盾，加强凝聚力。

(五)公共管理人才职业能力要求

公共管理人才要扮演好其角色，必须具备一些基本的职业能力，也就是管理技能。所谓技能，是指后天发展起来的处理特定的人、事、物的能力。管理技能不同于一般的业务能力。业务能力指从事某种具体工作的能力，如市场调查的产品设计、服务营销、研究发展等。一个优秀的管理者多具有较强的业务能力。一个管理者究竟应具备何种技能，对此许多学者进行了规范的实证性研究。

1974年，凯兹在《哈佛商业评论》上发表了《有效的管理者应具备的技能》一文，文中提出三种管理技能：技术性技能、人际关系技能与概念化技能。此框架对以后很长时间内有关管理者技能的研究一直起着指导作用。1996年，格里芬提出管理者除应具备凯兹所说的三种技能外，还要具备诊断的技能和分析的技能。赫尔立杰和史芬康又提出了批判思考的技能与沟通的技能。这些观点极大地丰富了管理技能的内容，极具启发意义。

综合上述学者的研究，公共管理人才职业能力主要应包括以下几个方面。

1.技术性技能

技术性技能主要指从事自己管理范围内工作所需的技术与方法。现代公共管理的一个显著特征在于其日益成为一种专业化的活动，有效的管理者必须拥有完成专业性工作所需的技术能力。例如，对于一个政策分析者而言，他必须掌握复杂的定量分析的方法。特别是计算机技术广泛应用于政府管理以后，对计算机和网络的了解和掌握就显得十分重要。相对来说，管理层次越低的管理人员就越需要具有技术性技能。对于一线的管理者而言，技术性技能较为重要。一线的管理人员大多从事训练下属人员或回答下属人员有关具体问题方面的工作，因此，他们必须知道如何去做下属人员所做的各种工作。

2.人际关系技能

公共管理的本质在于其是协作性的人际活动，协作活动的核心在于人际互动。一个管理者的大部分时间和活动都是与人打交道：对外要与有关的组织和人员进行联系、接触，对内要联系上、下级，特别是要善于激励下属的积极性（做下属的工作）。一个管理者只有拥有人际关系技能，才能将人员整合到各种协作性的活动之中。人际关系技能十分复杂而且不易概括，包括一种他我意识（"己所不欲，勿施于人"），一种对他人的关怀，对自己责任的认识，对别人权益的尊重，做事符合人情事理等。许多研究表明，人际关系技能是管理者必须具备的技能中最重要的技能。这种技能对各层次的管理人员来说都具有同等重要的意义。在相同条件下，一个具备这方面技能的管理者可以在管理中取得更大的成功。

3. 概念化技能

所谓概念化技能，是指公共管理者所具有的宏观视野、整体考虑、系统思考和把握大局的能力。凯兹认为概念化技能包括一个管理者能够从大的背景上为组织的未来勾画愿景。一位优秀的公共管理者必须了解国内外政治、经济、社会、文化发展变化的现状与趋势，从组织之中超脱出来，将组织视为大环境中的一个有机组成部分，进而建构愿景、发展战略，以保证组织的永续生存和发展。"不识庐山真面目，只缘身在此山中"，说明了身在局中看不清事物全貌的道理。"欲穷千里目，更上一层楼"，表达的是只有站得高，才能看得远。坐井观天、夜郎自大等说明的是人不可缺乏概念化技能的道理。

4. 诊断技能

所谓诊断技能，是指针对特定的情境寻求最佳反应的能力，也就是分析问题、探究原因、提出对策的能力。正如一个医生根据患者的病情进行诊断方能对症下药一样，一个公共管理者应根据组织内部各种现象来分析研究各种表象，进而探究其实质。

5. 沟通技能

没有沟通便没有管理和组织，管理工作所做的每件事情都包含着沟通。管理者没有信息就不能做出决策，而信息只能通过沟通得到；决策一旦做出，就要进行沟通，否则决策再好也无人知晓。要处理好人际关系，就要进行广泛的意见沟通。可见，沟通是管理的基础，也是管理者的一项基本技能。

所谓的沟通技能，是指管理者具有收集和发送信息的能力，能通过书写、口头与肢体语言等媒介，有效与明确地向他人表达自己的想法、感受与态度，也能较快、正确地解读他人的信息，从而了解他人的想法、感受与态度。管理者需要沟通技能。沟通技能涉及许多方面，如简化语言、积极倾听、重视反馈、控制情绪等。虽然拥有沟通技能并不意味着一定会成为一个有效的管理者，但是缺乏沟通技能会使管理者遇到许多麻烦和障碍。

总之，一个成功的公共管理者必须具备上述五个方面的管理技能。不同层次的管理者在基本技能的要求方面可能存在差异。例如，对于高级的公共管理者而言，与低级的公共管理者相比其具备概念化技能就显得重要得多。

二、大数据时代公共管理专业人才数据能力培养

（一）公共管理专业传统数据能力培养模式及其困境

目前，我国大部分高校的公共管理专业在数据能力培养上依然沿用了传统统计学的数据能力培养思路，即重数理推演、轻实践运用，重计算与建模、轻解读与意义构建，重定距定比数据分析、轻定类定序数据分析，少有契合公共管理专业特征、适应大数据时代要求的数据能力培养课程，且缺乏系统的数据能力培养体系，具体表现在以下三个方面。

第一，数据能力培养不能结合公共管理专业的实践导向、问题导向，成为纯数理分析训练。

在传统统计学的培养逻辑下，目前国内高校在统计学课程设置方面千篇一律，如强调纯粹的统计知识技术（数理统计、多元统计、时间序列分析、抽样技术等）教育，忽视专业或现实问题与统计学知识的实际关联，使公共管理专业学生既丧失了学习兴趣，又因数理基础相对薄弱而产生学习挫败感。加上与公共管理真实世界的割裂、与社会治理实际问题的脱节，导致学生对数据能力培养的意义产生了质疑。大数据时代需要跨学科的人才，需要把统计专业知识与所从事专业的相关技能相结合，才能够学以致用、学有所长。很多实践已经证明，对本专业数据的深入挖掘分析会对本学科的发展带来意想不到的效果。统计学提供了数据分析的基本方法和工具，只有与真实世界的数据相结合、与其他领域的专业知识相结合，才能真正体现其应用价值。

第二，数据能力培养不能满足大数据时代公共管理领域的数据诉求。

公共管理领域存在大量的定性数据、非结构性数据。随着大数据时代信息技术的迅猛发展，文本、图像、空间等多种形式的数据大量存在于社会治理与民生建设领域，传统的统计未能提供此类数据的处理分析方法，基于抽样的统计逻辑也不能完全适应全样本时代的大数据挖掘与结论呈现。

第三，数据能力培养不能体现公共管理专业的学科思维与理论视角。

传统的统计学教学注重计算技巧，追求数据因果与统计结论。而随着计算能力与计算工具的日益发展成熟，大数据时代的公共管理专业数据能力培养应该体现为对数据结论的解读与专业认知，形成开放性思维、非线性思维、价值思维等大数据思维。传统统计学的数据能力培养无法达到这一教育目标。

（二）大数据时代公共管理专业人才的数据能力结构

大数据时代的到来、信息科技的迅猛发展，深刻影响着全球各个国家和地

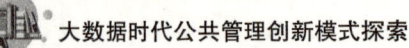

区，公共管理作为现代化治理的重要学科，也面临着全新数据形势的机遇和挑战，面临着数据能力全面提升的时代新要求。

1. 大数据时代公共管理的数据特征

首先，信息技术提升了社会现象被观测和记录的可能性，之前缺乏数据或未被定义成数据的社会现象成为不断爆发的数据新源头。随着云技术对数据传输及处理的提速，实时监控、远程协同、移动终端、社交平台等基础层面的技术应用为公共管理数据的产生、收集、处理提供了强大的支持。

其次，从电子政务一站式的业务数据集，到政府数据开放，到政务双微（微信、微博）的意见沟通，到政务APP的业务办理，公共管理的数据收集越来越高效与多元化，数据分析与统计越来越适用于总体分析。这意味着，公共管理的决策可以建立在更精准的总体数据描述与分析上，而非基于特定假设的抽样估计，是对传统数据处理路径的新突破。

最后，数据挖掘与解读成为公共管理大数据运用的核心关键所在，海量的数据与高度发达的挖掘分析处理技术最终指向的是公共管理大数据的综合运用，从社会的数字化出发，最终实现数字的社会化是公共管理大数据运用的终极目标，即在各种数据可观测、可计算的基础上，依靠专业认知挖掘数据背后蕴含的深刻价值。公共管理数据内涵比自然科学领域的最优解和私人部门利润最大化的商业决策更复杂，因此将计算留给机器，将解读留给人类，是公共管理大数据对传统数据分析范式的新推进。

2. 公共管理专业人才的数据能力结构

基于以上特征，大数据时代公共管理专业人才必须具备与之相匹配的数据能力结构，才能使用数据，发挥数据的最大效用。具体而言，这包括以下五个能力要素。

（1）数据认知与搜索能力

这是在大数据面前，对"数据是什么"和"数据从何来"这两个根本问题的清晰认知能力。在数据极大丰富的时代，这是对数据需求的精准把握能力，是把研究问题操作化为对应的数据类型，并明确数据产出渠道的能力，是保证后续数据分析成为可能的概念化能力。

（2）数据识别与甄选能力

这是根据数据需求，形成数据标准与规范，从数据产生渠道中识别有效数据，屏蔽无效数据的能力。面对无限爆发的大数据，数据需求者的注意力成为稀缺资源，在数据价值随数据流波动的数据海洋中，通过注意力的合理分配精准识别目标数据，有利于优化数据质量、提升数据价值。

（3）数据获取与处理能力

这是在精准识别目标数据之后，对数据的收集、整合、编码、转化能力。所有的数据都需要通过适当的手段进行收集与处理，才能得出分析结论。与以往不同的是，大数据时代数据的获取方式更多样，数据涌现更迅速，如公共管理中的民生数据，类型繁多、数量巨大、更新快速，且包含大量非结构化数据，这就要求更加高效的数据接入界面与数据导出接口设计能力以及精准、简约的数据编码能力。

（4）数据分析与挖掘能力

这是在数据获取并经过处理达到分析条件之后，运用各类数据分析工具对数据进行恰当分析的能力，以及基于现有数据对未来数据、潜在数据预测和关联性分析的能力，如运用爬虫软件收集网络数据，从而进行复杂网络分析、识别数据传播模式、预测社会舆情爆发的关键时间节点与关键网络节点的数据能力。

（5）数据解读与呈现能力

这是在数据统计分析结论形成之后，从公共管理的专业认知与公共利益的价值立场出发，对数据结论的内涵阐释、意义构建、可视化包装与推送宣传能力。数据密集型科学研究的范式特点表现为，不在意数据的杂乱，而强调数据的总量；不要求数据的精确，但要求数据的代表性；不刻意追求因果关系，但重视规律总结与数据价值的提炼。通过大数据分析工具对异质性公民行为、情感、心理、认知、诉求以及社会系统中的公共活动过程等进行大数据监测、相关性测度、全场景分析，通过大数据计算把握现实公共问题之间的复杂关系，其目的是使每一个社会主体了解自己的社会角色和责任使命。

3. 大数据时代公共管理专业人才数据能力的培养体系

（1）数据能力培养的思路探索

能力结构的形成必须依靠专业人才培养体系的构建，公共管理专业人才数据能力的培养需要对现有人才培养方案进行改革，重新梳理培养目标与教育模式。为此，我们必须明确以下三个问题。

首先，统计学纯粹的数理逻辑知识体系与公共管理问题导向、实践导向的社会数据调查分析要求之间的匹配和契合问题。根据公共管理学科脉络，重组统计学的知识模块，并结合大数据时代的数据特征，将数据类型、统计描述、概率分布、抽样设计、参数估计、假设检验、相关与回归分析等知识通过实际案例的教学示范，赋予统计学知识以现实意义，为学生构建统计学知识的实践关联，在解决公共管理实际问题的过程中让学生学习和掌握统计学的相关知识。让统计学服务于公共管理的学科视角与立场，强调结果运用而非统计原理推演，无论在大数据时代还是在以往，这都是至关重要的知识定位问题。

其次，如何消解学生对统计学的排斥心理，提升学生的学习兴趣与学习效能感问题。公共管理专业学生大部分来自文科，数理基础相对薄弱，对单调的统计数理推演和枯燥的数据计算容易产生抵触情绪。因此，应该结合大数据时代数据多维、手段丰富的特征，坚持公共管理专业的现实考量，综合文本、图形等多类型数据，通过课程改革激发学生挖掘现实问题的积极性，以问题驱动替代课本驱动，重新定位统计知识的工具性价值，减少传统统计软件的教学比重，关注 Python、Hadoop 等软件的应用，实现从关注数值数据到关注空间数据（坐标、地图、灯光）、时间数据（注意力分配、心智模式）、时空数据（路径分布）、文本数据（词云、情感值）、关系结构数据（社会网络、社会资本）的数据注意力转移，配合可视化手段和分析技术，激发学生的学习积极性与兴趣。与此同时，简化数理推演，将计算过程交给大数据计算工具，将数据能力培养聚焦于数据价值挖掘与数据结论解读，提升学生以问题为导向的数据分析与对策生成能力，增强学习效能感。

最后，数据能力培养与公共管理整体学科知识体系之间的关系问题。数据能力是公共管理人才的重要专业素质。大数据时代的数据能力培养，更应该贯穿公共管理人才培养的全过程，以数据能力为主线，将大数据分析的知识能力培养模块重新梳理整合，融入公共管理学科体系，形成具有公共管理专业特色的、数据能力驱动的、实践导向的、问题导向的人才培养体系。

（2）以"四力合一"为主线的数据能力培养体系构建

2018年8月，习近平在全国宣传思想工作会议上强调："宣传思想干部要不断掌握新知识、熟悉新领域、开拓新视野、增强本领能力，加强调查研究，不断增强脚力、眼力、脑力、笔力。"这一论断很好地概括了大数据时代知识发展的特征，也为公共管理专业数据能力培养乃至学科整体人才培养提供了宝贵思路。在公共管理专业数据能力培养体系中，增强"四力"即以提高学生的数据能力为目标。具体而言，磨破学生的脚力，即要求学生走出课堂、走出校园，练就一双铁脚板，开展各类与公共管理相关的社会调查与实践，充分挖掘、收集数据；锻炼学生的眼力，即要求学生练就"一双慧眼"，能透过现象看本质，具有恰当运用专业理论和收集到的数据，识别、构建现实公共管理问题的能力；训练学生的脑力，即要求学生练就"大数据思维"，想得全、想得细、想得深，能运用大数据分析工具和专业理论知识，对收集到的数据加以处理与分析；提高学生的笔力，即要求学生练就"一把笔杆子"，能够对数据结论进行专业解读与可视化包装，凝练观点、呈现结论、宣扬主张，形成对公共管理现实问题的综合表达能力。

首先，以《普通高等学校本科专业类教学质量国家标准》规定的"政治学原理""管理学""公共管理学""宪法与行政法""公共经济学""公共政策学""行政组织学""公共部门人力资源管理"八门公共管理专业核心课程为知识基础，从理论上为学生提供专业认知与数据角度，是数据能力培养的出发点。以社会调查的理论与方法等类型课程为抓手，切实提升学生的数据搜集、甄选等能力。

其次，以公共管理统计学数据挖掘与数据分析管理信息系统与电子政务和大数据治理等相关知识改革为契机，切实培养学生问题导向、场景运用导向的数据获取与分析能力，增强学生数据解读与呈现能力。

最后，配合学科竞赛、认知实习、专业实习、毕业实习等实践课程设计，使学生可以通过参加各种有利于提高其数据能力的学科竞赛、参加合作单位的调查项目、参加教师的课题研究等，走出校门练脚力、深入基层观察社会练眼力、发现现实问题后再博览群书深入思考练脑力、撰写比较深刻的研究报告练笔力。

综合以上几个方面才能形成以核心课程为纲领的理论知识教育、以数据能力为主线的专业能力培养、以问题为导向的社会实践成果检验的"四力合一"的公共管理专业人才数据能力培养体系。

第五章　大数据时代公共管理创新模式的应用与思考

公共管理的核心是政府，为给人们提供更好的服务，政府应保证其决策水平，提高其公共服务能力，满足社会大众的个性化需求。公共管理不应将大数据时代的来临视为洪水猛兽，而应详细分析大数据的优势，并将大数据技术应用于创新管理中，创建大数据时代公共管理创新模式，以全面建设我国和谐管理的新局面，促进我国的可持续发展。

第一节　大数据时代公共管理领域存在的问题

党的十八大报告提出加强社会管理信息化建设战略。在这一战略的指引下，政府和非政府组织如何在大数据环境中充分挖掘和利用大数据资源，实现管理方式、方法和模式的创新，转变管理理念，完善相关法律法规，已成为实现社会管理信息化迫切需要解决的问题。

一、大数据时代政府公共管理面临的问题

政府公共管理在大数据的助力下势必会有重大的改革和创新，不仅能够增强政府公共管理能力，也会提高政府公共管理水平。但是在国内大数据的应用还处于相对较为基础的发展阶段，政府在应用大数据进行管理和决策的同时，会面临诸多难题。我们必须清楚认识这些问题，才能够一一找到突破点，为大数据在政府公共管理中的应用打下坚实的基础。

（一）大数据给社会带来重大变革

在大数据的冲击下，互联网上的海量数据所引发的科技进步势必会给人类的生活方式、思考方式以及决策方式带来巨大的变革。在这些变革背景下，正确利用大数据的价值则会对社会生活、经济发展产生深远的影响。

第一，大数据变革人类思考方式。大数据促使人类思维模式从因果关系向相关关系转移。现如今生活中数据产生的速度超过以往任何时候，且数据量快速增长。大数据背景下信息的急速更新和环境的快速变化，要求人们在遇到问题时需要快速做出反应，而不是探求其原因。为适应大数据影响下的生活需要，我们要在以下几个方面做出改变。

一是对收集起来的大数据加以使用，不局限于数据数量。二是接受更为复杂的数据，不局限于对每个数据的细微研究。三是发现事件之间的关联性，不局限于追根溯源。大数据的收集和分析可以帮助人们探究和预测未来，并且研究人员可以从中发现事件的发展规律。这有利于回答是非问题而非因果问题。人们喜欢把大数据和互联网混为一谈，实际上它们是不同性质但是互相促进的。互联网能够帮助收集和共享数据，但是在大数据的环境下，人类的数据意识不断增强，并不断利用大数据帮助自己实现既定的目标和解决各类问题。大数据是一种新型资源，与环境、物质、能源资源不一样的是，大数据是一种高速发展中的互联网科技资源。人们对于大数据的认知以及掌握程度决定了大数据的性质和未来。人们需要用辩证的思维来看待大数据，欣赏、接纳、探索以及研究大数据。

第二，大数据变革人类理解世界的方式。大数据是在哲学、科学、宗教后人类理解世界的第四种方式。人类时刻都在运用大数据来了解和掌握这个瞬息万变的世界。实际上，现阶段所存于世界的一切事物都可以用数据来表述，这也是大数据的一个主要特征。比如，书籍中的文字可以被视为数据，位置信息也可以被视为数据。从更深层次来讲，社交媒体可通过分析人们的爱好来匹配好友，购物网站可通过人们的购买记录来进行偏好设置。美国沃尔玛公司就走在时代的前端，深谙大数据发展所带来的微妙变化。超市工作人员注意到一个特别的现象，在特定时间内购物篮中会出现"啤酒"和"尿布"这两个毫无关联的商品，通过分析得知美国家庭主妇承担繁杂家务，购买孩子尿布的重任就落到了父亲身上，而父亲在下班途中前往超市购买尿布的同时会为自己购买啤酒，从而这两个物品就奇特地出现在一起。沃尔玛公司经由这一发现将啤酒与尿布放在同一区域使父亲可更高效率地完成购物，沃尔玛公司也因两件物品的同时销售量赚取了更高的利润，这就是经典的"啤酒与尿布"案例。当然这一案例具有大数据的技术支持，美国学者阿格拉瓦尔将关联计算方法植入POS机数据分析中才让工作人员得以发现其规律。这一例子也清楚表明，人们不需要追求因果，只需发现事件的关联性。最有说服力的例子就是，人们通过身边的任一智能终端，连接上互联网，海量数据就会扑面而来，动动手指就能够了解

大数据时代公共管理创新模式探索

天下大事、查询股票走势、制订整个出行计划等。经由数据来认识和理解世界，将会变成人类理解世界的主流方式。

第三，大数据变革人类的决策方式。在以往的小数据时代，人类对事物和认识的判断往往依靠直觉和经验，由此带来的偏见随处可见。大数据所带来的科学的预测和决策，不可避免地改变着人们的决策方式。大数据对决策者的意义在于事前预测、事中感知、事后反馈。人们将更加依赖于数据和分析，而不是直觉和经验。同样，大数据还会改变领导力和管理的本质。对于政府来讲，大数据分析促进了政府决策的科学化。决策主体在决策过程中利用大数据获取实时信息，掌握发展趋势，做出准确预测和科学决策。在资源配置中，大数据也发挥着重要的作用。这是因为在市场的资源配置中要将政府的作用发挥到最大化，是不能离开信息的辅助作用的。资源利用最优化需要多个大脑主动克服主观性思维而采取最理智的决策，有了诸多数据作为支撑才能有理智的决策，有了这样的决策才能产生最理想的行动，得到最佳的效果。大数据为决策者改进决策起到了至关重要的推动作用，并且这正逐渐上升到全民意识。

第四，大数据推动政府管理的现代化转型。首先，大数据有助于实现管理主体的多元化。在小数据时代，由于信息获取渠道有限，人们相当于处在一种信息封闭的环境中，而这些信息资源通常掌握在部分领导者手中，导致公众对信息缺乏认识和理解，从而无法有效参与到管理当中。大数据时代的到来打破了这种信息垄断的现象，人们时刻都能通过网络等多种渠道获得海量的数据信息，从而对于管理者的管理活动起到监督作用，使管理活动更公开透明，人们可实现对管理者的监督。大数据为公众参与提供了渠道，人们可以随时通过社交网站表达自己的看法和见解，表述自己的需求等。社会公众是管理活动中的重要因素，大数据有助于实现管理主体的多元化。其次，大数据有利于单向型管理转变为协作共享型管理。过去不同的政府部门拥有各自的信息系统，造成很多数据无法共通，相互隔离，形成一个个"信息孤岛"。大数据打破了这一壁垒，实现了数据信息共享，最大限度地发挥了数据的效用，提高了经济社会的发展速度，也为社会公众带来了更多的便捷。最后，大数据有助于提高决策过程的科学化水平。在过去，管理决策者往往凭借过往经验进行决策和判断，现今由于社会环境和关系的变化，通常会造成决策失误。以大数据为基础和保障的科学决策已经成为发展的趋势。决策者意识到大数据的重要性，并且利用大数据进行分析和判断，从而做出科学决策。

164

（二）政府数据资源不够丰富和开放

与欧美国家政府相比，我国政府对于大数据的利用还处于起步阶段，数据资源总量和数据增加量还有待增加，同时在数据管理方面也有所欠缺，没有一定的标准，准确性、完整性、利用性较低，使数据不能完全发挥其价值。在很长一段时间里，大量的政府信息处于封闭状态，使经济的发展受到了很大程度的制约。部门之间、纵向层级之间的政府信息相互割据，无法有效共享，形成许多"信息孤岛"，对数据价值的挖掘和利用是一种浪费。首先，管理部门存在"数据小农意识"，导致产生许多"信息孤岛"，不仅不能满足群众需求，政府自身的社会管理水平也受到制约。其次，管理部门的数据不够公开透明，导致其数据公信力的缺失。最后，信息系统重复建设，造成大量资源浪费，且无法解决数据口径不统一和数据共享困难的问题。管理部门对数据资源的分割和垄断制约了政府的协同管理水平、社会服务效率和应急响应能力的提高。在大数据冲击下，地方管理部门开始各自为政，建立各种数据、信息中心，制式复杂、重复建设，造成资源浪费，为下一阶段数据信息资源整合制造了新的难题。

（三）政府公共管理体制与大数据运作方式不匹配

利用大数据的根本目的是，以科学的数据分析帮助决策者做出明智的决策，促进社会进步。这就要求政府为了适应大数据环境，必须改变原有的数据收集方式和管理模式，采取与大数据技术工具相适配的管理方式，才能真正发挥大数据的作用。但是目前我国政府的机构设置缺乏科学性，对大数据相对重要的信息部门没有足够重视，而且缺乏专门的大数据统筹机构，要想充分利用和运作大数据还困难重重。大数据的发展在促进政府公共管理体制的现代化、民主化、公开化、效率化方面起着十分重要的作用，对政府公共管理的理念、政府治理的结构、政府工作的流程、政府政策和制度的制定都产生了较大的冲击。有效利用大数据作为行政工具要求政府对在大数据背景下的管理体制和运作流程融会贯通，不断进行改善。

（四）数据分析工具及技术落后

大数据所呈现的信息都是理性客观的，因此这些数据具备很好的参考价值，能够用于各种预测活动中，通过对当下数据的分析能够实现对未来的精准预测，以适时处理各种社会问题。如通过对汽车行驶过程中各项数据值的变化分析，人们可以预测在什么时候汽车可能出现故障，从而提前对车辆进行维护，减少

事故的发生概率。我国的大数据利用正处于起步阶段,数据收集和处理技术基础较为薄弱,有时依赖于国外技术,不仅存在安全隐患,且政府会耗费更多精力在风险预测、现状评估和信息监督上,难以满足大数据在国内大规模应用的需求,也制约着我国社会检测体系和危机预警系统建设。如果把大数据比作铁矿,那数据分析工具就是筛选、冶炼的加工技术,不掌握大数据的关键技术,信息将无法得到有效利用,更无法服务于社会和人民。

大数据资源的特点对我国的数据存储技术提出了一个难题。由于结构化数据和非结构化数据的持续增长以及多样化分析数据来源、海量数据存储系统要求有相应等级的扩展能力,目前,我国的数据储存工具和技术还有待革新,通常很多数据信息只能存储一个月甚至更短的时间,不利于大数据的长期使用和发展。

(五)政府公共管理缺乏大数据思维

首先,政府在公共管理上缺乏动态管理理念。在大数据时代来临之前,政府信息更新速度缓慢,数据相对滞后,不具备很好的参考价值,导致政府决策不能及时调整更新,同时难以对社会活动做出科学的预测,更无法解决一系列的社会问题。传统静态的管理模式已经被大数据时代影响下产生巨大变化的社会环境所淘汰。这个海量数据更新瞬息万变的大数据时代要求政府公共管理跟上信息更新的步伐,在管理的灵活性和及时性上都要有本质的飞跃,对数据资源进行开放、整合和共享,不能让信息建设流于形式。其次,大数据时代对管理者和工作人员也提出了思维上转变的要求。管理者和工作人员要与时俱进,积极、能动地学习先进的管理知识,汲取大数据相关理论基础知识及技术应用知识以武装自己的思想,并将其更好地用于政府公共管理的实践过程中,为大数据在政府公共管理创新中的应用打下坚实的人才基础。

(六)大数据缺少相关法律支持

政府网络信息化要想健康有序发展就必须要有完善的、统一的法律法规和制度保护。许多国家政府都陆续制定并颁布了相关法律、法规和行政命令来规范大数据的运用,因此也保证了政府信息化工作的高效运行。2009年,美国前总统奥巴马签署了《透明和开放的政府》总统备忘录,推进建成政府统一数据门户网站,又通过一系列措施宣告了以大数据为核心,以大数据思维、积极防御攻击性打击为主旨的网络安全新战略。美国、德国、英国、日本、俄罗斯均颁布了《政府信息公开法》。这些法律对政府信息化发展有着重要的保障和规范作用。我国政府信息化的法制建设发展较为缓慢,关于大数据合法利用的理论研究还较为缺乏。如何界定数据资源"合法"与"不合法",在尊重产业发展规律的同时,有力、有序地促进信息产业的发展,也对立法者、执法者与从业者提出了新的挑战。

首先,政府信息保护的基本法律缺失。尚未制定政府信息公开法、政府信息资源管理法、信息和通信服务规范法等。其次,原有的法律法规已经无法适应大数据时代的要求,互联网思维下的治理规则要不断完善才能跟上大数据发展的步伐。最后,我国的法制环境落后于国外,缺乏相关法理基础来制定法律条款,没有专门的法规条例来保护用户隐私,相关问题在解决过程中往往要援引其他法律。总而言之,法律上的缺失势必会为大数据在政府公共管理中的发展带来阻碍,政府如何协同立法部门立足发展趋势,着手建立有关政府信息安全的法律法规,是亟待解决的问题。

二、大数据时代非政府公共组织面临的问题

尽管我国非政府公共组织近几年来得到了较大的发展,成为我国社会发展的重要力量之一,但是,当前我国非政府公共组织总体上发展水平较低,在发展过程中存在很多问题。

(一)缺乏独立性和自主活动能力

政社不分是我国非政府公共组织的最大特色。这里不但有政府部门不肯放权的缘故,也有社会团体先天依赖性的缘故。我国一部分社会团体是在政府机构改革中从政府系统中剥离出来或由政府自上而下筹建的组织,可以说它们无论是在观念、组织、职能上,还在行为方式、工作作风上都具有很强的行政性质,作为政府附属机构发挥作用。还有一部分应社会需要自然产生的非政府公共组织也由于一些客观因素主动挂靠政府机关,制定行政级别,按行政级别确定福利待遇和隶属关系,放弃独立性和自主性。

(二)经费不足

在现今我国非政府公共组织中,无论是官办的、半官方的还是纯民间的,大部分都反映经费不足。非政府公共组织既没有政府的强制性和课税权,也不能通过经营活动获得丰厚利润,只能依靠社会捐助和政府拨款来开展活动。在我国,一方面民间捐赠能力较弱,另一方面非政府公共组织没有被纳入政府福利体系内。因此,非政府公共组织只能靠较少的社会捐赠和收取的服务费和会费维持基本的运转,导致一部分非政府公共组织因为资金缺乏而不能正常开展活动,有的甚至无法生存下去。

（三）专业能力不足

非政府公共组织的专业能力包括其活动能力、管理能力、创新能力和可持续发展能力等。我国的非政府公共组织一般来说规模比较小，资金筹措能力比较差，动员社会资源的能力也比较弱，加上组织管理不规范、不透明、不民主，又缺乏评估和社会监督，使它们难以得到社会的广泛认同和普遍的社会公信，不能发挥应有的积极作用。能力不足的基本原因是人才不足，特别是具有创新能力的人才不足。在很多自上而下的非政府公共组织中，基本的工作人员几乎都来自政府机构，其中有许多是从第一线退下来的离退休人员，在很多自下而上的非政府公共组织中，没有或几乎没有固定的人才供应渠道，定员和编制极为有限，主要依靠志愿者开展活动，因此存在制度不健全、管理不科学等问题。我国现行人事制度上的壁垒限制了优秀人才进入非政府公共组织，使非政府公共组织的发展后继堪忧。

（四）社会公信度不足

造成我国非政府公共组织接到的捐赠较少最直接原因便是其诚信水平较低，公众对其缺乏信任感和认同感，因而不愿意进行捐赠。非政府公共组织的公信度不足根本原因在于组织自身发展的不完善。一是官办性质浓厚，我国公众往往将其作为第二政府来对待；二是进行各种营利性活动，一些组织打着非营利的幌子，挂靠在相关政府部门，利用政府的垄断特权以及非政府公共组织的免税特权大肆谋取利益，进行营利性经营活动；三是管理混乱，我国一些非政府公共组织的组织结构、管理体制、决策程序、财务制度、监督机制、自律机制等不健全，人员老化，财务混乱，挪用资金情况凸出，资金的利用效率较低；四是资金监管不到位，非法侵占和贪污现象严重，少数非政府公共组织的非法行为影响了非政府公共组织整体的社会公信度，使社会对非政府公共组织的认可度下降，社会捐赠和志愿者减少。

第二节　大数据时代公共管理创新发展的意义

大数据在国家治理和社会治理中所体现出的优势充分表明，它已成为21世纪国家战略资源。当前，"互联网＋传统行业"的浪潮席卷全国，"互联网＋政务"也成为政府的创新战略。在这样的大数据时代下，政府如何利用好公共大数据来加强对社会的管理，促进大众创新是行政成败的关键。我国人口众多、复杂性高、变化性大，使我国成为世界上最复杂的大数据国家。将市场需求作为主要导向，将企事业单位作为攻占主体，加大有针对性的政策扶持，建立健全市场竞争和管理机制，使大数据在各行各业广泛运用起来，同时催生新常态，才能使开放的大数据成为促使政府管理创新的全新力量。

一、大数据创新政务公开平台和智慧政府门户的建设

第一，创新政务公开平台建设。大数据的普遍应用已经为政府的政务公开打造了一个全新的平台，不仅将各部门之间、政府和公众之间的壁垒打破，使数据共享成为可能，也促使政府各部门之间的数据资源共享和调用更加便捷，大大提高了政府办事效率和行政水平，也大幅度地提升了政府社会管理的能力和公共服务的能力。开放数据在潜移默化之间提升政府服务能力，政府也从中不断地探索自己新的定位，探求与公众更多互动互通的可能和方式。诸多例子证明，政府的主动性和公众的参与性，二者积极结合所碰撞出的创造力是一种巨大的能量。如美、英等发达国家，它们在电子政府上提前探索，破除了"网站服务由政府单向提供"的观念，充分整合内部数据资源，基于政府所管理的庞大数据资源库建立平台，积极推动政府资源与社会共享。这些国家开通各自的政府数据开放网站，提高了公众查找、下载、使用政府数据的能力，促进了基于政务数据的应用程序开发，更通过政务数据创造了价值。尤其当政府数据开放网站中的政务数据与移动APP有机融合后，将给更多的用户带来方便。作为我国首个政府数据开放网站，上海市政府数据服务网率先实现了政府数据资源向社会开放，网站部分数据已被信息服务企业调取利用，数据经济价值由政府与社会共同创造的格局已初步形成，其内容涵盖了经济建设、资源环境、教育科技、道路交通、社会发展、公共安全、文化休闲、卫生健康、民生服务、机构团体、城市建设11个重点领域。重庆市政府公众信息网打造网上审批系统，简化办事流程，实现了市级机关一些非涉密的事项在网络上的直接申报和办理，大大提高了办事效率，实现了行政执法流程的公开化、透明化和简单化，获得群众的认可和好评。政务公开平台流程示意图如图5-1所示。

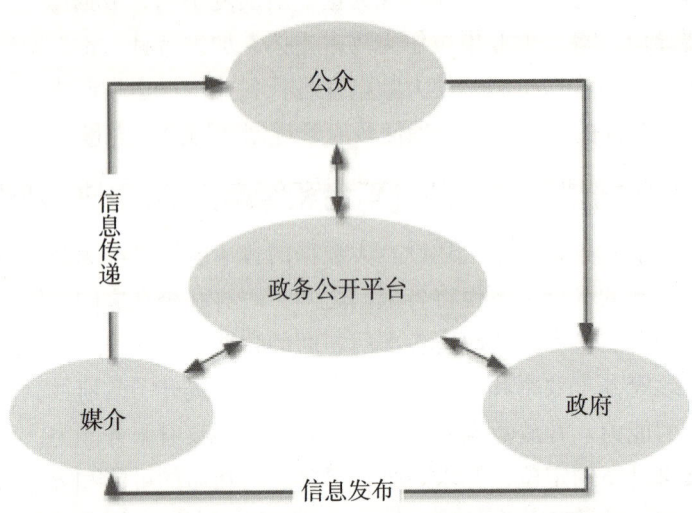

图 5-1　政务公开平台流程示意图

第二，创新智慧政府门户的建设。智慧政府门户的基础是大数据应用。其特点是以广大用户的需求以及满意度为基本导向，对于任何事物能够在最短的时间内以最快的速度做出最有利的理解和处理，经过对海量网民访问数据的深度剖析，实时感知用户需求，做出快速回应，从而为他们提供精确、便利、高质、高效的服务，同时提高政府网上服务的水平和能力，打造一个行政便民、政民相融、互帮互利的互联网执政新局面。政府门户网是服务大众的重要平台，以公众的需求作为基本指向，填补了传统服务"供给导向"资源浪费的缺陷，打造"需求导向"高效精确服务的新模式。以大数据作为基础的智慧政府门户与传统政府网站之间最根本的区别在于，基于实时数据的整合分析全面感知公众各种各样的需求，并且针对不同的需求做出不同的反应，给出不同的结果，实现供应与需求之间的良性互动，促使政府的公众服务更加具有针对性。经由大数据引领的智慧政府门户建设为公众提供更加个性化、丰富多彩、易于获取的可应用信息，使政府运行透明度进一步得到提高。为社会公众提供更加优质高效的公共服务，可提高政府对于公共需求的包容性。对于网上发生的各种各样公共事件及公众诉求的及时处理，可体现政府治理强大的责任感和服务意识，使政府和公众在互相交流中达成共识，获取更多公众的支持和理解。智慧政府服务解析图如图 5-2 所示。

第五章　大数据时代公共管理创新模式的应用与思考

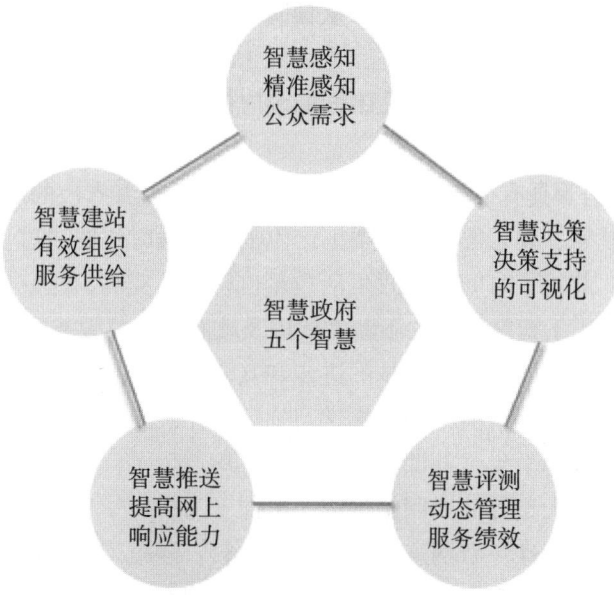

图 5-2　智慧政府服务解析图

二、大数据创新以人为本的社会管理模式

大数据在维护社会秩序、统筹社会教育资源、监管医疗卫生和食品安全、打造立体智能社会管理网络，增强对流动人口的管理等方面发挥了很大的作用。政府秉持以人为本的服务理念，通过数据整合和运用，不断提高管理能力。

第一，智能交通管理的应用。出门堵车、停车无位、交通拥堵的问题困扰着许许多多的大中型城市。国家联合百度打造智慧交通云服务平台，实时接入各省市地区，通过收集遍布各城市交通路口摄像头的实时路况信息，将数据进行辨析后及时反馈给用户。在此系统的帮助下，人们出行时便可自行选择省时省力的出行方式。通过智能 GPS 系统对实时交通信息进行收集整合，对拥堵路段的车流进行及时分流和调度，可以使城市的交通管理运行效率得到大幅度的提高。

第二，智慧城市生活的应用。政府在打造"服务型政府"上始终不遗余力，通过不断创新公共服务和提高服务质量来满足公众日益增长的物质文化需求。在大数据的普及和应用下，打造智慧城市成为政府创新公共服务的新路径。基于大数据技术衍生的拼车软件使人们在出行方式上有了更多的选择，经过网络数据信息的整合和交叉配对使其独特的运营模式满足了乘客多样的乘车需求，如拼车、顺风车、专车等，缓解了很多城市打车难，出租车供不应求的情况，不仅提高了人们的出行效率，也降低了出行成本。出行旅游类的门户网站兴起，

 大数据时代公共管理创新模式探索

为人们提供了出行"一条龙"服务，从预购机票、车票到预订酒店房间、景区门票等都能通过互联网实现。此外，人们的生活费用缴纳，如水电气费，以及个人证件办理，如护照办理等，在不同的政府门户网站上均可足不出户完成，实现生活方式的便捷。

支付宝、微信等具有"城市服务"功能的应用软件与各省市的地方政府签约。人们在购物、就餐、娱乐等生活需要上产生消费金额时均能通过手机支付软件实现快捷交易，节约了时间的同时生活质量也得到了提高。这一切的实现都要归功于大数据应用下智慧城市的不断发展以及政府对公共服务质量的高要求。

第三，教育资源的应用。科技的进步和互联网的发展使人们可以随时随地通过手机、平板电脑等智能移动终端学习知识。在政策的支持及大数据的影响下，网络教育资源为学生弥补课堂知识摄入不均产生了巨大的作用。大数据的普及和发展衍生的大型开放式网络课程（慕课）为广大学子提供了新的学习工具。慕课是全球综合性免费网络公开课程的平台，涵盖了不同国家、不同学科的数字化精品教育资源和名校公开课，学生可根据个人需求选择课程。这在一定程度上缓解了课堂授课无法适应学生个体差异的问题。清华大学、复旦大学、上海交通大学、南京大学等都已经签约慕课平台提供免费优质的教育课程，使我国学生在优质教育资源的选择上更加公平自主。

第四，医疗卫生的应用。医疗行业是受到大数据冲击最早的行业之一，在此影响下医疗行业发生了巨大的变革。医疗服务不均、医患关系紧张等问题一直是公众关注的焦点。大数据的应用使医疗行业在临床操作、医疗开销、技术研发、商业模式创新和公众健康五大方面有了新的面貌。在临床操作上通过大数据可实现患者的远程监控数据收集和病情分析比较；在医疗开销上可更透明、直观地展现给患者大数据分析得到的医疗服务定价；在技术研发上可为患者提供更科学、更有针对性的一对一个性化治疗服务；在商业模式创新上通过社交软件和网络平台可实现网络预约挂号、网络问诊，医患之间可随时沟通病情，患者之间可随时分享治疗经验；在公众健康上公共管理部门利用大数据可实现全国患者电子病历数据库联网，实时监控公众健康，让患者在不同地方就医都能准确明了地使医生了解其信息。

第五，食品安全问题上的应用。"民以食为天"，食品安全问题一直以来都是被公众所密切关注的，关系到公众的切身安全和合法权益。在大数据资源整合下衍生的"肉品质量可追溯系统"、"奶源追溯系统"及"生产源追溯系统"等源头追溯软件，使广大消费者能够放心地购买食材，从而最大限度地防止食品安全事件的发生。

172

第六，在流动人口监测应用上。大数据能够引导交通部门进行更好地规划，为人力资源和社会保障部门在劳动力资源规划方面提供数据支持，促进地区的均衡发展。

三、大数据提高城市公共安全和应急处置能力

第一，在提高城市公共安全方面。2012年，美国洛杉矶警察局和加利福尼亚大学合作利用大数据成功预测罪案的发生。2013年，波士顿马拉松爆炸案，警方在案发现场附近采集10 TB数据，在2小时内迅速锁定犯罪嫌疑人并实施逮捕，并通过网络通缉令求助于民众，在4天后成功击毙嫌犯一人，抓捕一人。大数据在美国城市公共安全上的成功应用案例，为我国利用大数据提高城市公共安全提供了很好的典范。在犯罪预防方面，政府部门可以利用大数据信息技术，通过全球眼、卫星平台、社交媒体、网络电话等可识别设备及时搜集犯罪信息，推断罪犯的习惯从而预测罪案的发生，及时采取措施，打击犯罪。

第二，提升应急处置能力。诺贝尔经济学奖得主西蒙的有限理性理论告诉我们，信息掌握、认知水平和时间限制都将影响到决策者的行为，迫使他们选择"令人满意"的方案而非最优方案。大数据技术不但可抓取多样的数据，还可以通过总体分析而非样本分析获取总体信息，不再是随机样本量的控制，而是采用全体数据来统计分析，可使决策更加科学。另外，在危机处理中，因果逻辑在短时间内不易查找，可以通过大数据的相关关系找出危机事件影响的关键要素，进而干预和控制这些要素，对危机事件进行控制。其实，大数据处理应具有"要效率不要绝对精确"的理念，使应急决策信息的获取更为快捷，应急处置也会更为迅速。

第三，提升应对环境风险的预警能力。政府部门可以利用大数据信息技术，通过互联网实现对于各个地方气候、土壤、动物迁徙等环境要素，核辐射、危险废弃物、医疗废弃物等危险源进行全方位的监测，从而观测环境变化的趋势和状态，实现对某一些灾害事故的预警和防范，提高对于一些环境突发事件的预测能力，及时进行应急准备、人员疏散、资源调配和紧急状态的安全管理等。

四、大数据创新网络舆情监测和增强反腐力量

随着互联网的迅速发展，大数据带来的信息爆炸正在影响着我们的工作、生活和思维方式。在信息爆炸时代（社交媒体蓬勃发展的时代）来临之前，公众所扮演的角色主要是信息的接受者。这就造成了舆情管理者的工作形式单一且没有很大压力。随着社交媒体的出现和迅速发展，公众所扮演的角色也发生

了变化，人们利用QQ、微信、微博、论坛等通信工具传输数据使"蝴蝶效应"变为现实，一件突发事件的产生可以凭借大数据分析的力量直接追踪到一个人、一句话、一张帖子。人们从信息的被动接受者变成了网络信息的缔造者与传播者。这不仅加快了信息的传播速度，而且加大了信息的不可控性，使舆情监控工作形式从单一向多元转化，从监控信息向研判、疏导与处理信息转化。

在这样的时代背景下，网络已经成为社会发展、人民生活中不可或缺的信息工具，更是民意表达不容忽视的一个新兴渠道，利用网络舆情惩治腐败也越来越得到国家和社会的重视和关注。在这样的大环境下，全国各级纪检监察机关探索运用"互联网+"、手机APP、微信等大数据信息技术，把纪律监督平台延伸到群众的眼前、舌尖、指尖，提高群众在反腐败斗争中的参与感、获得感，使人人成为监督员，形成"全民反腐"大气候。加强纪检监察信息化建设，充分利用纪检监察信访管理系统、案件管理系统等现有平台，积极开发新平台，定期进行大数据分析，准确抓取监督重点，精确定位监督指向，切实提高监督执法问责的科学化水平。如"微笑局长"事件，就是因为一个简单的抓拍，引发广大网友的关注，继而发现该局长拥有大量与其实际收入不符的名表、皮带、衣物等奢侈用品，这些成为强有力的反腐证据。最终在纪委监察局查实情况后，该局长受到了法纪的严厉制裁。可见，利用大数据的网络舆情反腐力量是巨大的，"网络曝光—纪委介入—查实处理"这一条以大数据为支撑的新兴反腐路径已经被开辟出来。由此，我们可以看到单一且独立的网络信息可能会被淹没在浩瀚的网络之中，然而通过大数据的采集归纳，许多看似没有作用和意义的碎片化信息被提取出了关联性，从而获得很好的网络监督效果。通过大数据的分析反映揭露官员腐败的事件逐年攀升。

在全国上下持之以恒、强抓不懈反腐败的大背景下，大数据信息系统在网络反腐领域发挥着至关重要的作用，它相当于群众的眼、群众的耳、群众的喉舌，它使腐败分子藏无可藏、避无可避。它将监督的触角深入政府官员的日常生活、言行举止、穿着表现中，给腐败分子强大的压力，给纪检监察机关强大的动力，给广大人民群众强大的信心。它方便高效、快捷真实，成为一种新型的群众监督方式，成为反腐倡廉的新生利器。

第三节　大数据时代公共管理创新模式发展的路径

大数据是一个具有新的时代特征的事物，吸引了来自各方面的关注和研究，其在商业领域最先得到应用和突破，政府等公共管理部门也应在大数据时代下逐渐摸索发展的路径。大数据时代的来临创新了各社会领域的运营模式，同时也为公共管理事业的发展带来了更多机遇。面对大数据时代的挑战，社会公共管理部门要创新工作模式，结合大数据技术的科学性，优化自身的发展决策。

一、我国公共管理创新模式应遵循的原则和理念

管理意识、思想、目的等一系列比较全面的因素的综合是公共管理的"灵魂"，被称为公共管理的原则和理念。现代公共管理需要建立一种适应市场经济发展要求的，与信息社会发展相匹配的，并能适应经济全球化竞争的模式。目前，西方国家公共管理改革凸显出来的国际化、信息化、社会化、法治化和市场化等主要趋势和共同特征是人类寻找一种较好的政府治理模式的努力方向，其在变革过程中所遵循的一些基本原则和理念对于我国政府在外部环境变化条件下的公共管理模式创新具有重要的借鉴意义。

（一）公共管理变革原则

1. 多主体参与构建的原则

公共管理是把政府看作众多主体的核心，由政府公共组织提供公共产品、协同治理公共事务的一种新的管理模式。现阶段行政环境的多元化和动态性，公共问题和公共事务的复杂性，虚拟社会的动态性，使政府不可能成为公共管理这艘航船的唯一舵手，而不得不建立基于网络式和参与式的新型公共管理体系。各种社会团体、公共管理部门及自治组织在公共管理中都起着重要作用。该构建原则意味着公共管理要从以政府为本位逐步转向以社会为本位，从以官为中心逐渐转向以民为中心，从而使公众充分实现政治、社会和法律所赋予的权力，进而参与到公共管理中，最终实现公共管理的价值。

2. 公开透明追求效率的原则

公开透明的公共管理，其含义是有关政治的各种事务，除涉及社会稳定、经济安全和国家机密的特殊事项外，都应当向公众进行公开，让人民群众享有更多的知情权和监督权，进而使公共利益最大化的实现得到保证。在公开透明的背景下，公共管理能否高效运作是衡量政府是不是负责任的重要标志，一直以来也是判断一个公共管理体系是不是优良的重要指标。从某种程度上讲，公共管理也是一种非常重要的经济事项，应充分发挥其杠杆作用，用较小的投资带动更大的收益，有意识地提升公共权力运作的有效性，从而使公共管理行为能够在较好的环境下运转。

3. 法治与德治并举的原则

法与德是不同层面的社会规范，二者相辅相成，所具备的社会价值目标是一致的，但各自又有不同的局限和功能，共同构成社会治理的双刃剑。现阶段，我国的公共管理既需要法治，又需要德治，依靠二者的力量保证公共管理目标的实现。党的十八届四中全会提出全面推进依法治国，在当前法治和德治并举的时代背景下，政府应当是以公众需求为出发点，以高效和廉洁为行为准则，向公众提供更多优质公共产品和服务的政府。公共管理部门以及公共管理者在行使其公共权力的同时，必须相应地承担起与之相对应的法律、道德等公共责任。

（二）公共管理变革理念

1. 职能社会化理念

公共管理是由国家公共管理、政府公共管理、社会公共管理三个层面所构成的，也就是说上述三种模式管理的主体都是公共管理的要素之一。公共管理的共同内涵是社会管理。现阶段，社会上出现的诸多公共管理事务不可能单纯依靠政府自身的力量大包大揽得以完成，一个最理想状态的社会管理模式应当由多形态的公共组织共同治理才可以完成。因此，政府在履行其职能的时候应该尽可能多地把公共事务交由社会管理，进一步简政放权，用间接管理逐步取代之前的直接管理，进而实现公共管理职能的社会化。

2. 公众满意理念

公众满意理念是以公众的满足程度或者感受作为评价标准的一种理念，它的核心和主体是公众，这是当前公共管理的应有之义。在公共管理实践活动中，要想达到公众满意的目的，就必须要牢固树立以人为本的观念，所以评价公共服务的最高标准就是公众满意。此外，要将管理就是服务的思想在实践活动中贯彻，把公共服务作为一种精神进行弘扬。

3. 低成本运行理念

低成本运行是公共管理的应有之义，效能是公共管理的基础，政府公共管理应当谨慎地核算行政成本，珍惜民力，注重行政支出、行政投入、行政绩效，禁止除公共税收之外收取其他行政性费用以及滥用行政权力而造成行政负担。这可以使我国政府的机构设置、行政程序的设定更加合理，各行政主体的行为关系界定更加科学。此外，政府还要通过建立一套管理绩效的监测体系和评估机制，完善政绩的评价方法，实现整体运行成本的最小化。

二、新公共管理模式

20世纪末,许多西方学者结合当代西方行政改革的实践,开始关注未来的公共管理模式,以期克服现存模式的弊端。具有代表性的是美国学者彼得斯对新公共管理模式的分类,即市场式政府模式(企业家政府模式,简称"市场式模式")、参与式国家模式(简称"参与式模式")、弹性化政府模式(简称"弹性化模式")和解制型政府模式(简称"解制型模式")四类。

(一)市场式模式

市场式模式是新公共管理的主要模式。

1. 市场式模式的理念

市场式模式应用于公共管理改革有以下方面的基本理论依据。相信市场是更能有效分配社会资源的一种机制,市场式模式的倡导者将其理念建立在古典经济学的基础上,他们认为管理体制或法律体制的分配形式都是对自由市场体制的歪曲。政府部门使用的传统命令式干预机制是无效率的,应该引入以市场为基础的机制,如合同等。由于政府官员也是理性经济人,政府机构总是尽量争取预算最大化来扩充规模,效率较低。管理具有一般性,应用于私营部门的组织和激励人员机制也可以应用于公共管理部门。

2. 市场式模式的组织结构

市场式模式认为,传统公共管理部门结构存在的最大问题是组织结构化、组织庞大,不能对外界环境做出有效反应。因此,改革的主要原则应该是分散决策和政策执行的权力。为此应该打破政府部门的垄断机制,利用私人组织或非政府公共组织提供公共服务。同时,将大部门分解成若干小的机构,每个机构只提供一种特定的服务。

3. 市场式模式的人事与财政管理

传统的公共管理人事制度,主要以资历决定报酬等级,同一级别的公务员获得相同的工资报酬。市场式模式则认为,应该建立以功绩制为原则的个性化绩效工资制度,主张在对公务人员的绩效上实行差别工资制,公务人员的工资报酬的多少应该取决于其工作成绩的大小,应根据公务员在市场上可能获得的收入来确定其工资收入,绩效突出的给予高收入。打破终身雇佣制的管理方法,仿效企业聘用经理的做法聘用政府部门管理人员,并在合同中明确人员的绩效测评标准。在财政管理方面,市场式模式主张重新思考公共管理部门编制预算的方法和提供公共服务所需要的成本,依据市场原则将购买者与提供者分开,建立政府内部市场，即将全部政府部门区分为购买者与提供者。政府通过实际提供服务的部门购买所需要的服务，核算这些服务的成本需考虑利息、税金、资本等因素。所有提供公共服务的单位都可以转化为公共管理性质的公司，而这些公司对财务的控制则更为严格。

4. 市场式模式的政策制定

市场式模式在公共政策制定方面，主张以市场信号为导向，以组织领导人的判断为基础，将政策制定的权力分授给多个企业。这样可以使公共管理部门制定出更富有革新精神的政策方案。

当然，市场式模式的政策制定也会带来一些问题，其中最重要的是权力分散后所出现的难以协调和控制的问题，也就是说，如果这些独立的企业不能以完善、协调的方式提供公共服务的话，顾客将不得不承担实际的交易成本，被迫到一个又一个企业中去寻求他们所需要的全面服务。因此，市场式模式的政策制定是需要以政府高层的协调与控制为基础的。

5. 市场式模式的公共利益界定

市场式模式所包含的公共利益概念和内容有以下几点。

第一，应该根据政府提供公共服务的成本是否低廉来评价政府。市场式模式要求政府所提供的服务应符合公众的需求，传统公共管理模式批评最多的是施政成本过高而办事效率过低，浪费严重。如果政府能以企业方式运作的话，公众就可以得到更好的服务，从而促进公共利益的实现。

第二，政府应该对市场信号做出反应。市场式模式下的政府责任制是由结果测评取代传统模式下的过程测评的。

第三，公民应被看成消费者和纳税人。这有助于公民在市场中更自由地选择其所需要的公共服务。这种自主性将取代过去那种强制公民接受管理体制提供的整套服务的体制。增加选择机会可以通过两种途径：一是允许私人企业参与公共服务提供的竞争，打破以前主要由公共部门垄断的局面；二是通过发行代币券的方法在教育、住房、服务等领域扩大公民选择权。

6. 市场式模式的实现途径

第一，合同出租。合同出租是政府通过合同的形式，通过投标者的竞争和履约行为，将原先政府垄断的公共产品的生产提供权转让给企业、非政府公共组织等机构，完成公共服务提供的"准市场化"，提高公共服务的质量，提高行政效率。合同主体一方是政府主管部门，另一方可能是内部行政组织、社区组织、企业等。出租合同中的标的是政府依据对公共服务提供的数量和质量等情况确定的，竞争者是在政府确定的框架下进行投标的。这是与普通合同最大的区别，公共服务的性质决定了出租合同双方的不平等地位。

第二，特许经营。特许经营是一种特殊形式的合同出租，政府不需要以纳税人的税收去购买企业提供的服务，而是以政府特许或其他形式吸引中标的企业参与基础建设或提供某项服务。

第三，使用者付费。使用者付费是指公共设施的使用者必须在付费之后才能使用公共设施，或者享受公共服务。这样做可以在不损害公共物品非竞争性的前提下实现公共物品消费的排他性，保证公共物品的消费能最大限度地发挥其作用，增加公共物品提供的效率。简单地说，就是通过收费能使一部分"搭便车"者自动地放弃对某一公共物品消费的权利，从而保证该公共物品的使用不会过分拥挤，同时通过收费又能得到一笔收入，增加政府的财力。

（二）参与式模式

参与式模式是与市场式模式相对立的，它倡导的用以证实其思想的政治意识形态是反对市场的，并致力于寻求一个政治性更强、更民主、更集体性的机制来向政府传达信号。按照参与式模式，在传统模式中被排除在决策过程以外的团体，将允许更多地介入组织机构的活动中。该模式认为，传统模式的组织结构和管理方式是影响行政效率发挥的主要障碍。

1. 参与式模式的理念

参与式模式的基本假设是，大量有能力、有才华的低层员工不能得到很好的利用，对于计划，他们认识较深，掌握的信息也较多，如果他们的才能得到发挥，那么政府的表现将会更好。因此，要使政府的功能得到更好的实现，最好的方法就是鼓励那些一向被排除在决策范围之外的政府组织成员，使他们有更大的个人和集体参与空间。

2. 参与式模式的组织结构

参与式模式反对传统金字塔式的组织结构，认为公共组织的结构应该更为扁平，且应缩减组织的层级，尽可能地缩短高层与低层组织的沟通路径，使信息快速、准确地传递，给低层组织更多的根据具体环境机动灵活决策的权力。其最终目的是提高公共管理的效能。

3. 参与式模式的管理与政策制定

参与式模式认为政府组织能否良好运转的前提是其低层员工和服务对象能否直接参与管理决策。这种模式强调的是全面的质量管理、团队的力量。在决

策上，参与式模式主张自下而上，而不是自上而下的过程，充分发挥低层组织和人员在政府中的积极性和创造性，这是因为，处于低层的公务员每天都与政府服务对象、社会公众接触，每天都要对需要他们处理的特定的事件做出决定。他们做出的决定怎样，不仅直接关系到政府为公众服务的质量，而且直接影响到公众对政府的评价水平和满意程度。公众对政府的看法和态度主要就是通过他们与政府系统中低层公务员打交道而形成的。同时，参与式模式还主张公众通过咨询、公民投票等方式参与政府决策。

4. 参与式模式的公共利益界定

参与式模式的倡导者设想，公共利益可以通过鼓励公民对政策和管理决策进行最大限度的参与来体现，这种参与至少可以通过四种途径来实现。

第一，如果公民认为政府服务不佳或制度运行不当，他们有权申诉。为了使这种权力有效，必须让公民了解公共管理部门。因此，公共管理部门必须公开相关信息。

第二，通过增强公民独立决策和影响组织决策方向的能力来实现其有效参与。

第三，公共决策应该让有政策影响力的公民通过对话过程来做出。

第四，公民能够投入政策选择及提供服务的过程。因为更好的决策取决于公民参与，而不是依赖于技术人员。

（三）弹性化模式

弹性化政府指有应变能力，能够有效回应新的需求的政府。弹性化是指政府及其机构有能力根据环境的变化制定相应的政策，而不是用固定的方式回应新的挑战。

1. 弹性化模式的理念

弹性化模式主要针对政府的永久性问题提出改革。公务员更关心其是否能保住工作以及组织是否存在，至于政策能否得到有效执行就另当别论了。同时，政府的永久性使公务员容易拒绝变革，以不变应万变的政策环境是政府实现有效治理的障碍。

2. 弹性化模式的组织结构

弹性化模式的基本设想是在政府内部采用可选择性的结构机制，以取代那些自认为拥有政策领域永久性权力的传统部门和机构。因此，它试图建立"摧毁组织"原则，主张不断撤销现有组织。弹性化模式在组织方面主张建立临时性机构,诸如一些专门工作委员会、工作小组或项目小组等,完成一些日常事务和特别任务,或者利用非政府部门与非政府公共组织开展工作。这些组织的结构不很正式且编制很少,但它们既保持了组织的弹性也能提供公共服务。弹性化模式建议建立虚拟组织来完成这些临时机构的协调工作,虚拟组织是建立在信息技术基础上的。

3. 弹性化模式的管理与政策制定

弹性化模式在人事上主张实施短期的或临时的雇佣制,在任务完成后即解聘。这样可以为政府节省开支,减少公民所认为的政府铺张浪费的感觉,同时有助于产生双薪家庭,对员工有利。但这种模式会削弱公务员的工作责任感和追求卓越的动机,临时雇员可能会因为"临时"而缺乏献身精神,甚至有失道德水准和职业感,产生行政管理的短期行为。因此,弹性化模式对行政管理提出了更高的要求。针对弹性化模式下的政策制定,一些学者提出了实验性的政策概念。比如,美国社会心理学家坎贝尔一直在提倡"实验社会"。在这个社会中,政府必须勇于尝试创新的政策。坎贝尔认为,所有的政策(包括既有的政策)本质上都是一种关于"政府是否有能力改变行为和结果"的理论,因此值得以实验的态度来进行处理。

弹性化模式对政策制定的影响至今学术界尚无定论。一般认为,其影响主要是由于该模式是对传统组织结构的否定,使现行的稳定机构和稳定队伍变得不稳定,由此导致行政政策的不稳定。这主要是因为新的组织机构、新的公务员常常有新的行政管理思路,使行政管理政策不具有连续性。但有的学者、政治家却认为这样更利于组织机构创新,也有学者认为即使这一观点可取,仍需有一个对各种创造性建议分析、论证、取舍的过程,否则就可能适得其反。

4. 弹性化模式对公共利益的界定

弹性化模式对公共利益界定很不清晰,但其主要的观点就是政府的花费越少,对社会越有利。因为雇佣较多的临时员工可以降低政府的成本,而组织因永久性程度的降低,也可以避免大型计划的浪费。同时,公众会因政府的创新和较少的花费而受益。

(四)解制型模式

解制型模式主要是针对政府本身的内部管理而言的,与经济政策无关,主要是指减少政府内部过多的限制,发挥公共管理部门潜在的能力和创造力。

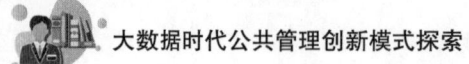

1. 解制型模式的理念

解制型模式的基本设想是，如果取消政府内部过多的限制，政府部门就可以更有效率地处理目前的工作，还可能从事新的创造性的工作，以促进社会的整体利益发展。解制有助于废除内部人事控制的许多其他机制。解制的部分原因是发挥公共管理者的创造力。

2. 解制型模式的组织结构

解制型模式的倡导者认为，用来控制公共组织及其成员的法规和程序比组织结构更重要。因为在他们探讨政府是否具备有效运作能力时，发现传统层级结构并不像现代组织描述的那么糟糕。传统的层级结构是可以接受的，在某些情况下是可取的，管理者必须在组织内部做到行动一致，而层级解制或许是做到行动一致的最切实可行的办法。

3. 解制型模式的管理和政策制定

解制后的政府要求公共组织内部的管理者承担起更多的实现目标的责任，管理者不仅应具备市场式模式所要求的企业家创新精神，而且应具备参与式模式所要求的民主领导人的某些品质。也就是说，解制型改革只有在公务员制度精神占优势地位的情况下才有可能有效果。公务员制度的价值观，包括为任何政治领导忠诚服务、操守清廉、正直公平等，可以使减少对公务员事前控制的做法成为可行的改变现状的方法。

关于政策制定，解制型模式更关心做出决策与执行法律的程序，主张组织更强的决策角色。他们认为，既然组织是思想和专业的总汇之处，那么就应该允许他们有更多的决策权。因为如果缺乏公务员的参与，很难制定出成功的政策。解制型模式与市场式模式一样，使协调和政策的连贯一致更加困难。

4. 解制型模式对公共利益的界定

解制型模式设想，公共利益可以通过一个更积极的政策来实现。解制型模式的本质是用其他的控制形式来代替法令规章形式的控制。对传统的公共管理部门责任监督来讲，应用解制型模式也许不是好的建议，因为任何民主国家都有责任监督的形式。如果没有这些结构和程序的限制，公共管理部门不是盗用公共权力，就是一事无成。

三、大数据时代我国电子政务模式建设

（一）转变观念，树立大数据意识

落后的管理理念是不可能促进政府的发展的，理念指导着实践活动，转变

政府管理理念，树立大数据思维意识，是当今时代发展的必然。在传统的管理理念中，政府将数据资源的拥有视为对权利的掌握，政府作为数据资源的最大拥有者，一直凌驾于公众之上，政府的服务型职能大打折扣。随着信息技术和通信设备的发展，当今人人都能创造数据、拥有数据、储存数据，数据的自由流通性使传统的政府数据权威受到挑战。

大数据技术和大数据平台的建设使政府对信息的控制和垄断不再成为政府权威的来源，相反权威的树立更多来自公众真心的拥护和支持。在大数据时代，政府必须转变传统的管理理念，树立用数据管理和服务的理念。

首先，政府要改变以往经验式和依靠小范围的、未及时更新的数据决策的理念和方式，将大数据作为政府管理服务创新的新途径，依靠全样的而非抽样的数据，动态的可实时监测的数据，来增强政府决策的科学性、前瞻性、权威性，增强政府的公信力。同时，大数据给政府公共管理创新带来了机遇，政府也要增强对大数据的科学认识，要认识到大数据也不是全能的，没有缺点的，防止过分夸大数据的作用，不能盲目依赖数据，要注意筛选可利用的数据，剔除虚假数据和相同内容数据，打造健康的数据文化和理念，实现政府公共管理与大数据的有效融合。

其次，针对已经认识到大数据，了解大数据的价值，但却不会用、盲目用的政府部门，要对其加强有关大数据知识的宣传和培训，对政府工作人员进行专业的培训，培养其运用大数据管理的理念，使其熟悉大数据的运行流程。邀请大数据方面的专家和学者对政府工作人员进行相关知识的讲解，举办大数据思维宣传讲座，使政府工作人员逐步形成用数据管理的意识和能力。

最后，要制定切实可行的大数据战略发展规划，将大数据建设纳入政府公共管理的日常工作中，并具体规划实施工作，从整体上统筹推进大数据建设工作。

（二）加强顶层设计，构建大数据共享平台

针对各部门数据标准不统一，缺乏统一的大数据共享平台，数据共享难，数据资源浪费的问题，政府部门要做好顶层设计工作。

首先，政府可以设立专门的信息资源管理职位，类似于首席信息官制度，或者设立专门的大数据管理中心，负责政府部门信息资源的共享工作。其主要工作内容就是，统一制定大数据共享的标准和具体规范，负责指导各部门的大数据信息资源建设工作，协调各部门的数据资源共享工作。

其次，政府要加快制定有关大数据信息共享的标准和法律法规，从法律上对数据共享的内容和标准进行规范。目前，我国还没有正式的政务信息公开法，

大数据时代公共管理创新模式探索

虽然我国在 2007 年公布了《中华人民共和国政府信息公开条例》，但其在法律效力上明显弱于政务信息公开法，没有明显的约束作用。一些发达国家由于完善的数据共享和相关法律标准的出台，数据共享已经成为一种潮流，我国要加快相关法律的制定进程，尽快出台有关部门数据处理、交换、共享的标准和规范，为数据共享提供法律上的支持和指导。

最后，要尽快建立统一、标准的大数据共享平台，统一的大数据共享平台可以将不同部门的数据库联系在一起，数据在统一的大数据平台上经过大数据技术的处理，完成快速的传递和共享。政府和公众都可以从数据共享平台上获取其所需要的信息，避免了传统信息上传下达中产生的信息失真、服务延迟的问题，提高了公共服务的效率。

（三）加强大数据技术研发，提供技术支持

电子政务数据的分布广泛和高速增长对我国的数据处理和分析能力带来挑战，要挖掘政务大数据的关联性、分析大数据的价值，我国必须在技术和制度上有所突破。

首先，在政府内部建立电子政务建设和数据资源管理的综合协调部门，以政务需求为导向，制定基础数据资源的采集标准，完善数据采集利用的相关制度，确保信息资源采集的质量。在收集数据资源时要考虑全面性，要进行跨部门的数据资源整合，按照不同主题建立数据资源库，如网络舆情数据、交通监控传感数据、个人日常生活中积累起来的经验数据等往往易被传统的电子政务系统所忽略。

其次，要充分认识大数据在电子政务建设中的价值，提高自身的数据处理能力。在政务系统中，并非加入大数据技术就能自动分析出需要的结果，政府还需要掌握从海量数据中获取知识所必需的工具和技能。政府要培养和引进掌握大数据分析工具和技能的数据管理和分析人员，培养高水平的数据分析队伍。上级政府部门要指导下级部门具体使用大数据的技能，学会利用现有的电子政务资源挖掘电子政务大数据的信息价值。

最后，政府要加快数据共享平台的建设进程，完善各数据资源库的建设，为大数据技术的应用铺平道路。

（四）加大大数据人力资源的开发力度

在电子政务建设的迫切要求下，政府要进一步提高大数据的应用水平，必须加大对大数据人力资源的开发，确保电子政务的建设工作在技术研发与实际应用上不脱节，保证电子政务建设工作的可持续推进。

首先，对政府在职人员而言，要常态化开展技术和理论培训工作，提高其对大数据和大数据价值的认识，提高其运用大数据的业务水平，转变其传统的管理型的服务理念，培养其"用数据说话，用数据决策，用数据管理"的意识和能力。

其次，为了保证电子政务建设的后备力量充足，政府要积极做好人才储备工作，可以通过与高校和教育机构合作，培养一批年轻化的技术与管理能力都具备人才队伍，来保证电子政务建设力量的源源不断的供给。

最后，政府可以采用引进体制外人才的机制，通过聘用制吸收社会上的大数据技术专业人才，或是聘请企业里面的技术专家对大数据开发和应用工作给予指导，建立长期的指导合作机制，保证大数据人力资源的供给。

（五）优化网络环境，保证数据安全

政府要从法律法规、数据监管、技术保证上来保障电子政务数据的安全。

首先，要保障大数据环境下电子政务的健康发展，离不开良好的法治环境保障。政府要完善政务服务相关的法律法规，制定适合网络政务服务运行的有关法律和规章制度，规范政务工作人员的权利和职责范围，同时要建立一套完善的个人隐私保护法律，规范大数据技术的应用和个人隐私保护的关系，保证个人隐私的安全。针对计算机犯罪制定一些合理的处罚条款，并要求相关立法部门严厉打击互联网违法犯罪行为，确保网络环境的安全性，为电子政务营造良好的法律环境。

其次，要加强对政务大数据的监管，建立健全数据监管机制，安排专人负责数据监管工作，提高数据监管水平，定期对政府数据库资源进行检查，保证进入数据库资源的准确性、安全性。

最后，可以采用数据加密、备份恢复、身份认证、权限访问控制、数据审计等技术加强数据安全保护，以确保大数据的完整性、可靠性、可用性、可控性。

（六）完善政策法规，推进数据共享平台建设

目前，我国还没有形成全国统一的政府数据共享平台，且我国的数据共享平台建设呈现出分布不均匀，"重技术、轻服务"，政府数据开放数量、质量和价值都有待提升的状态。为了保障数据共享平台建设的稳步推进、数据开放质量的高价值性，政府还需继续完善数据共享平台建设方面的法律法规。政府需进一步细化数据共享平台的推进策略，制订分步建设计划，以法律的形式明确规定政府数据开放共享的内容和时间。

大数据时代公共管理创新模式探索

政府要注重建立数据共享评估体系，政府的一切行为都应该从公众的利益出发，每一项政策的实施，无论是前期的准备阶段还是后期的结果反馈阶段，政府都应该将真实的数据和成果向公众公布。通过数据共享评估体系引导社会组织和公众监督政府数据开放共享工作，激励地方政府部门积极主动地做好数据公开共享工作，保证数据开放的质量，建立良好的数据共享平台建设和数据开放的生态环境。

（七）鼓励公众的主动参与

公众提供的数据是政府提供精确化服务的依据，提高公众的参与度将有助于政府收集数据的完整性和提供服务的准确性。一方面，政府要加大宣传力度，让公众了解政府电子政务平台所能提供的公共服务，这些电子化的服务项目能为生活带来哪些便利，积极引导公众参与到数字化平台的使用中。同时，政府要培养公众对政府开放数据的价值性认识，让公众了解大数据技术已经渗透到生活的各个方面，通过各种途径向公众普及大数据和大数据技术方面的知识，提升公众对大数据相关知识的关注度。另一方面，政府要扩大信息化教育的普及度，公民是政府服务的直接对象，对于经济条件较差的弱势群体，政府要加大信息化教育和培训的力度，使公众熟悉计算机方面的知识，了解政府网上服务的操作流程，从根本上消除公众参与电子政务服务的障碍。

四、大数据时代构建服务型政府的路径

（一）完善数据制度供给，为服务型政府夯实制度基础

1. 巩固顶层制度设计，加强国家大数据战略研究

作为数据收集者和数据使用者，同时又是公民基本权利的捍卫者，各国政府对数据科学和大数据的关注研究与战略行为直接影响着社会发展。科学既能造福人类也可危害人类，大数据也不例外。因此，我们有必要加大相关科研力度，对发达国家的大数据经验进行比较分析，从而深入我国电子政务和智慧政府建设，研究制定并实施适合我国国情的大数据发展战略，真正实现建设成为现代化的国家治理体系的目标。由各级政府组建研究战略小组，联合学术界、社会组织等多方合作人员，加强大数据战略研究并对大数据实施应用做理论支撑和技术支持。

2. 出台相关数据立法，加大数据安全保护力度

制度为行为设定范围和边界，数据价值吸引了各方关注，也因此产生了一些违法违规的事件。随着大数据时代的来临，在对数据开发利用之前一定要建

立健全相关制度框架，构建数据规范和相应的法律后果承担条例，确立好数据应用原则和机制规范、数据分级标准、数据发展及使用的责任与权益等，但制度和规则总是落后于事务的发展速度。大数据时代到来，当企业已经从中获利颇丰的时候，政府的大数据管理才刚刚开始纳入议程。大数据时代的发展已对社会生活的各方面产生影响，因此有必要从公共利益的角度加强大数据制度建设，筑牢数据堤坝，规范数据应用，加强数据安全，建立数据安全分级评估机制，包括数据对公众开放程度、安全等级、受众权限等，尤其是涉及个人隐私或国家安全的数据信息。设定数据类型标准和建立分类制度，才能为更好地开发利用数据奠定基础。

（二）完善数据组织机制，为服务型政府夯实运转基础

1. 打破条块分割机制，形成合作共治的网络化模式

政府虽作为社会分化格局中最具有权威和公信力的组织，也是数据的合法垄断者，但由于其条块分割的机制障碍，创新活力难以与企业相提并论，更加难以将数据的有效性得到最大化的体现和灵活地应用。大数据时代是开放交融、互利共赢的时代，是数据共享、共同开发的时代，因此公共管理部门虽然是数据的合法拥有者，但其在数据利用和开发应用方面却远远不及竞争意识和创新意识以及应用能力较强的企业。因此有必要加强政府、企业及其他社会组织之间的合作与交流，用政策鼓励技术创新、用资本吸引人才、用合作实现双赢。政府固化的意识在大数据时代难以为继，因此必须树立开放包容、合作共赢的意识，明确数据建设边界和范围，保证数据安全并防止"数据寻租"的现象，构建国家专业开放数据网站，分层分级、公开共享数据，提高数据公开化和透明度，激发社会、市场等方面的积极性，协同共治，提高数据利用效率，助力服务型政府的构建。

2. 明确各级部门的职责，提升数据保护能力

目前，各级政府部门中信息技术部门仍然主要发挥着传统政府门户网站信息数据的发布更新、后台维护服务等边缘性和附属性的功能。在大数据时代，信息更迭迅速，行政效率的提升有赖于政府部门对于网络平台的开发和利用。当大数据意识完全融入政府管理体系后，政府管理平台将呈现数据信息化的全新面貌，清晰明了和对应准确的数据平台应成为政府门户网站建设的重点，与之相适应的信息公开、业务流程、互动反馈应放在各级服务型政府建设的框架中。

（三）建立健全数据基础设施，为服务型政府提供治理工具

1. 发挥政府主导作用，加大数据挖掘力度

决策能力是公共管理部门治理能力的核心要素，科学决策能力更是衡量大数据时代政府服务效能的重要考量因素之一。"社会化"也会是大数据时代公共管理决策的趋势，并为公共管理部门的科学决策提供坚实的社会基础。当公共管理部门还未认识到数据价值的时候，众多企业已开始运用大数据技术将数据中所包含的消费者信息资源等用来服务于自己的企业，为消费者提供精准的商品和服务，抓住了大数据时代的机遇并成为行业先锋。

伴随着信息技术的发展，公民社会的权益诉求的表达更为便捷、信息传递成本也逐渐递减，公民和社会组织表达意愿和诉求的主动性更为强烈，无形中也会形成众多分散的数据集和信息源。作为社会中最具有权威和公信力的公共管理部门应发挥其聚集人力、财力和技术资源的能力，确立数据战略，树立数据意识，加大挖掘力度，用以创新管理。

公共管理部门可以提前规划，防患于未然，利用先进的云计算等数据分析计算挖掘技术将这些众多无序零散的无结构信息数据串联整合成结构化可利用的数据集，将有可能发生的社会问题和社会危机事前做好防范应急措施，减少社会问题的破坏性。现代社会中的各种决策也呈现出被大众舆论和网络热点等引发的社情民意影响的趋势，因此公共管理部门应该时刻关注网络热点等舆论走向，准确把握各个阶段社会关注的热点问题以及公众真实的社会需求和政治期望，以期使公共决策及时高效地回应社会公众的意愿，更多地集聚民意和民智。不仅如此，我们必须将数据的价值物尽其用。一方面，要不断扩充数据的大容量，形成可用于关联预测的技术支持；另一方面，要寻求方法将数据精简成更为直观和可用的小数据。在这里我们可以学习一些企业的分析研究方法和技术，如淘宝、亚马逊等购物平台可以根据用户搜索浏览轨迹等数据为用户量身定制商品推荐信息。又如，谷歌将其无数搜索引擎用户的搜索浏览数据通过分析加工成为一个个流行指数。

2. 加强财政投入，完善数据人才培养

从发达国家的数据应用经验可以明显看出，对数据战略的重视程度和在财政资源、人力技术等方面的投入力度与社会、企业、高校等方面的积极合作和开发创新应用相关。只有从国家战略上重视大数据价值，才能形成在大数据时代的各方合力，形成投入、开发、共享、合作、交流的循环联动机制，进而加大投入力度才能应对大数据时代的挑战，获得数据应用价值。政府若想获得数

据应用价值，必须从资源供给上和人才配备上加大投入力度，形成大数据开放应用的政治生态环境，激发各方面的积极性和创造性，加快数据资源信息的利用共享，同时从优势项目、创新激励、政企联合培养及高校相关专业创新等方面入手，形成理论研究、实践深入、全社会合作交融的数据开放、应用及数据共享氛围。真正将大数据的价值与优势用于服务型政府的构建，人力资源在其中的主观能动性作用必不可少。一方面，可以从高校既有课程设计中扩展大数据相关的课程，培养专业大数据分析、开发人员；另一方面，加强高校与企业的联合培养，设置企业实践课程，及时高效地将人才主动性运用起来，引导企业、高校共同发力，实现大数据时代服务型政府的技术创新。

3.借鉴国外相关经验，完善数据基础设施建设

在互联网应用开发上，一些发达国家处在领先的位置，因此也积累了很多的实践经验。随着国际竞争的加大，我们需要借鉴西方国家的先进应用经验并结合我国特定国情，将大数据时代的开放性、数据价值性、数据有效性用于服务型政府的构建，为我国人民提供更加优质高效的服务和产品。通过引进数据人才、举行数据高峰论坛（官方的和民间自治组织的）、搭建完善的数据设施等方式，可从各方汲取经验，努力构建高效的为人民提供满意服务和公共产品的服务型政府。

参考文献

［1］王乐夫，蔡立辉. 公共管理学（精编版）[M]. 北京：中国人民大学出版社，2012.

［2］陈振明. 公共管理学原理 [M]. 北京：中国人民大学出版社，2006.

［3］李华，李燕凌，朱朝枝. 农村公共管理 [M]. 2版. 北京：中国农业出版社，2016.

［4］张冉. 非营利组织管理 [M]. 北京：北京大学出版社，2014.

［5］林子雨. 大数据技术原理与应用 [M]. 2版. 北京：人民邮电出版社，2017.

［6］涂子沛. 大数据：正在到来的数据革命，以及它如何改变政府、商业与我们的生活 [M]. 桂林：广西师范大学出版社，2012.

［7］赵国栋，易欢欢，糜万军，等. 大数据时代的历史机遇：产业变革与数据科学 [M]. 北京：清华大学出版社，2013.

［8］[甄峰，王波，秦萧，等. 基于大数据的城市研究与规划方法创新 [M]. 北京：中国建筑工业出版社，2015.

［9］陈潭. 大数据时代的国家治理 [M]. 北京：中国社会科学出版社，2015.

［10］杨现民，田雪松. 互联网＋教育：中国基础教育大数据 [M]. 北京：电子工业出版社，2016.

［11］王克照. 智慧政府之路：大数据、云计算、物联网架构应用 [M]. 北京：清华大学出版社，2014.

［12］江青. 数字中国：大数据与政府管理决策 [M]. 北京：中国人民大学出版社，2018.

［13］胡键. 大数据与公共管理变革 [J]. 行政论坛，2016（6）：6-12.

［14］蔡剑桥. 基于大数据的公共管理决策模式演进与趋势 [J]. 吉首大学学报（社会科学版），2017（5）：103-109.

[15] 刘爱景. 大数据时代公共管理创新模式探究 [J]. 武汉商学院学报, 2019（2）: 69-71.

[16] 杨翠碧. 大数据时代下的政府公共管理创新 [J]. 管理观察, 2017（32）: 85-87.

[17] 宋若涛. 大数据与政府公共管理决策探析 [J]. 新闻传播, 2014（13）: 15-17.

[18] 王峥嵘. 大数据时代公共管理的变革启示 [J]. 中国西部科技, 2014（12）: 35-36.

[19] 方志仕. 大数据时代下的公共管理创新 [J]. 建材与装饰, 2018（46）: 290-291.

[20] 张明钟. 国外公共管理应用大数据的启示 [J]. 中国电信业, 2020（2）: 77-80.

[21] 侯乐乐, 白向伟. 基于大数据背景下的公共管理创新研究 [J]. 科技风, 2019（4）: 58.

[22] 詹宏惟, 肖轶, 李岩. 公共管理变革与大数据应用的思考 [J]. 辽宁科技学院学报, 2016（6）: 31-32.

[23] 杨东援. 如何在公共管理领域内推进大数据分析技术 [J]. 交通与港航, 2016（5）: 1.

[24] 曹煜炜. 大数据时代公共管理学科发展对策探究 [J]. 智富时代, 2018（3）: 179.

[25] 陈瑾. 大数据时代公共管理的挑战及创新模式探究 [J]. 商业故事, 2018（3）: 24.